JN105591

栄光の昭和映画スター

知られざる虚像と実像

西川昭幸
Nishikawa Noriyuki

さくら舎

はじめに――映画スターを見つめて五〇年

終戦から七八年。経済や社会変革のスピードは速い。その中でも文化、とりわけ映像の世界が激変した。通信網の発達と共にテレビ、パソコン、スマホが生まれ、いまでは日常生活の中で映像が欠かせない存在になった。戦後の、映像といえば映画だった時代から大きく様変わりした。

映画が娯楽の王様として慕われたとき、俳優の顔だけで映画館がいっぱいになった時代があった。銀幕スター、映画スターと呼ばれ人気があった。それがいまではテレビ・ネット時代になり、〝映画スター〟の呼び名は死語になった。情報社会の中で、社会生活が平均化し、俳優はタレント化、私生活に神秘性もなくなった。あわせて映画製作システムや出演する作品の質的変化もある。ここがハリウッドと根本的に違うところだ。

私は一九四一（昭和一六）年生まれで、文明の利器の浸透が遅かった北海道の田舎で育ったせいか、阪東妻三郎《ばんどうつまさぶろう》「砂絵呪縛」（27）、「天狗の安」（34）、嵐寛寿郎《あらしかんじゅうろう》「鞍馬天狗・地獄の門」（34）、田《た》中絹代《なかきぬよ》「伊豆の踊子」（33）などの無声映画を活動弁士付きで、日本初のトーキー映画「マダムと女房」（31）、日本初のカラー映画「カルメン故郷に帰る」（51）なども、田舎の「大成座」劇場で観られた。

また一八歳未満お断りだった「十代の性典」（53、主演・若尾《わかお》文子《あやこ》）、「チャタレイ夫人の恋人」（55、フランス映画）なども学校に隠れて観に行った。日本初のシネマスコープ「鳳城の花嫁」（57）は高校時代に封切館で観られた。要するに映画が好きだったことが大きい。この頃憧れたのがやっぱりスターと監督だった。

私の実家は呉服業のかたわら書店も経営していた。「平凡」「明星」などの芸能誌が発売になると、雑誌の表紙と同じ写真を使った店頭用告知ポスターがついてくる。そのポスターがほしいと、発売日をめがけてもらいに来る人が多かった。私にはこのファンの気持ちがよくわかった。映画スターは庶民のアイドルで憧れ、羨望《せんぼう》の的《まと》だったからである。

では、昭和時代に輝いていた映画俳優とは何だったのか、私たちを魅入らせたあのスターたちは、何を考え、どう演じ、いかに生きたのか。また彼らの輝きのヒミツは――。

本書ではそうした素朴《そぼく》な疑問に添って、戦後を代表する俳優の足跡と素顔を追ってみる。そこには戦後日本映画の軌跡と、一人の人間の葛藤《かっとう》が見えてくるはずだ。

映画に関する書物は、映画評論家、監督、脚本家、俳優などが書くものが多い。要するにその道の専門家の人たちである。しかし、私は映画が好きなだけの普通人である。ただし、ちょっと違うのは五〇年間、映画、芸能に関わるあらゆる現場を経験したことだ。

東京の大学に入って映画を年間三〇〇本以上観るようになった。大学卒業後、東映傘下の広告代理店「東映エージェンシー（東映ＡＧ）」に入社。以後、東映作品の広告宣伝を手掛けた。さらに、テレビ番組「東映アワー」も担当して16ミリフィルムの編集なども学んだ。

こうした仕事を通じて、俳優、マスコミなどとの交流が多くなった。一九七七（昭和五二）年の「人間の証明」（角川映画の宣伝を東映が委託されていた）では、札幌の商店街と新聞広告を「人間の証明」のPRで埋め尽くす宣伝をおこない、キャンペーンに来た角川春樹《かどかわはるき》社長、佐藤純彌《さとうじゅんや》監督、松田優作《まつだゆうさく》のビックリしていた顔を思い出す。

二〇年勤めた東映AGを退社後は、角川春樹事務所で映画興行の現場を経験したり、私自身がプロデューサーとなってJAC（ジャパンアクションクラブ）とテレビ映画を製作したり、とさまざまな形で映画との関わりは続いている。

二〇〇一（平成一三）年からひばりプロダクションと提携して「フィルムコンサート」を一三年間、日本全国、さらにハワイ、ブラジル各地も含め二三八公演実施した。ここで歌謡界の裏表も知った。

このように、私が仕事をしてきた五〇年は昭和の映画の歴史と軌《き》を一《いつ》にしている。映画と芸能のあらゆる現場とその裏表を経験した者として、忘れられない映画スター、スタッフなどの記憶がたくさんある。私が実際に見聞きしたエピソードを含め、スターがスターらしかった頃の映画スターの魅力をお伝えできれば幸いである。

西川昭幸《にしかわのりゆき》

目次◆栄光の昭和映画スター――知られざる虚像と実像

Ⅲ

有馬稲子――映画界の因習に立ち向かう先駆者

V

高倉健――背中で魅せる最後の映画スター

VI

渥美清——老若男女に愛される風来坊

Ⅶ

倍賞千恵子——息長く活躍する庶民派スター

VIII

吉永小百合——清純派美少女からレジェンドへ

IX

松田優作——人を惹きつける孤高の異端者

Ⅹ　夏目雅子――語り継がれる早逝の大女優

栄光の昭和映画スター

――知られざる虚像と実像

I

三船敏郎

——豪快で繊細な国際スター

一九二〇（大正九）年四月一日〜

一九九七（平成九）年一二月二四日（77歳没）

三船敏郎《みふねとしろう》は終戦の焼け跡の中から、目をギラギラさせて登場した。黒澤明《くろさわあきら》監督と出会い、戦後の映画黄金期を象徴するスターとなり、世界に羽ばたいた。自らプロダクションを興《おこ》し、撮影所を建設するなど華やかに活躍した。そのスケールの大きさゆえに、次第に勢いを失う日本映画界で居場所を探すが難しくなり、海外作品にも多く出演した。まさに三船の足跡は戦後日本映画界の歴史であり、大スターそのものであった（扉写真は「用心棒」〈61、東宝〉ポスター）。

第一章　世界のミフネ、酒と女に弱かった

三船の私生活はあまり語られることはない。しかし、日本が誇る名優も酒乱騒ぎや愛人との不倫生活、離婚訴訟《そしょう》、三船プロダクション撮影所の倒産、心筋梗塞《こうそく》、認知症との闘いなど、晩年は不本意なものとなった。

後年になり喜多川美佳《きたがわみか》との同棲生活で、妻が起こした離婚訴訟がマスコミをにぎわした。酒にまつわる逸話も多くあり、人間・三船の側面が垣間《かいま》見られて面白い。

繊細で几帳面だが酒癖が悪かった

三船敏郎を悪く言う人はいない。黒澤作品でスクリプター（記録係）をしていた野上照代《のがみてるよ》は「繊細で几帳面《きちょうめん》だった。灰皿の吸い殻はきちんと並べる。撮影現場には誰より早く来る。セリフは完璧に覚えてくる。相手役がとちっても嫌な顔ひとつ見せない。ぐじゃぐじゃ言うのは嫌いで、さっぱりしていた」と語る。

三船主演のテレビ作品「荒野の用心棒」「荒野の素浪人」などを演出した宮越澄《みやこしきよし》監督は、「三船さん

はお付きを絶対つけず、小道具に至るまで、自ら取りに来て、自ら草履《ぞうり》を履き、現場には絶対遅れなかった。ほとんどの俳優は弟子と称してカバン（化粧箱など）を持たせるが、三船さんはすべて自分ででした。毎日、朝早く自社の撮影所前を掃除していて、几帳面で整理、整頓、掃除、礼儀も一流で、折り目正しかった。サインは毛筆しかしないし、台本のセリフも毛筆で巻き紙に書き覚えた。荒っぽく怖そうに見えるが優しかった。映像に映る姿には男の哀愁、特に背中、後姿が抜群だった」と語る。

三船は人格者でスタッフにも声をかけるなど気さくな一面もあった。しかし、酒癖が悪かった。ふだんは物静かで撮影中は衣裳をつけたままで、いくら待たされても文句をいわず、どんな注文にも応じた。そうした日頃の我慢が鬱積《うっせき》していたのか、酒を飲むと人が変わった。「蜘蛛巣城」（57）の撮影で本物の矢を顔面や首筋近くに、ビシビシと何本も射られたときは、さすがに恐怖で顔が引きつった。「用心棒」（61）ではたまたま遅れて注意されたとき、撮影が終わった夜、酔った勢いでオープンカーに日本刀を持って黒澤監督の自宅周りを「黒澤のバカヤロー」と叫び廻った。このバカヤロー騒動、「風林火山」（69）の稲垣浩《いながきひろし》監督宅にもあったという。

また、ヤクザの安藤組組長で俳優に転向した安藤昇《あんどうのぼる》の映画企画が三船プロであった。銀座で安藤昇と打ち合わせの帰り、酔って口論になり車内で安藤に殴りかかると、逆に車外へ蹴飛ばされ、さらにボコボコに殴りまくられ完全ダウン。翌日、顔が派手に腫《は》れたままで撮影にならなかったことも。

さらに有名なのは、自宅近くの東京・成城《せいじょう》警察が、飲酒運転の取り締まりをやっていたときのこと。そこに三船がほろ酔い運転で停められた。窓を開け、「俺は三船だ」と言ったが、若い警官は細かく質問攻めをするので口論になり、「てめえ、待ってろ！」と言って、目の前の自宅へ戻り、日本刀を持ち出し成城警察署前で大立ち回りを演じる一幕もあった

この酒乱現場が、芸能記者・竹中労《たけなかろう》に見つかった。竹中労は、記者仲間では何にでも噛《か》みつくという「暴れ者」で通っていたから、酒乱の件が書かれてしまった。

「三船の酒癖の悪さは昔から定評があり、乱暴の果てに腕力を振るったり、関係のない人間に暴言を吐いたりするクセがある。私自身、ある酒場でその酔態を確認したことがあった。三船は、居合わせた客に『出ていけ！』とどなり、本当に全部の客を店から追い出してしまった。一人残った私を、三船は凄《すご》い目でニラミつけて、なにか言おうとしたが、トリマキ連が慌てて制止した。そのとき私は、彼を本気でブンなぐってやろうと思った。『オレは天下の三船だ』という傲慢《ごうまん》な態度が、まことハラにすえかねたのである」（「週刊平凡」一九六九〔昭和四四〕年一二月一三日号）

この記事で多くのファンが三船の酒癖を知ることになった。

仲代達矢と大喧嘩、「御用金事件」の真相

この酒乱がさらにマスコミを騒がせる大事件へと発展する。「御用金」事件である。主演作も「赤ひげ」（65）、「太平洋奇跡の作戦　キスカ」（65）、「大菩薩峠」（66）、「グラン・プリ」（67）、「日本のいちばん長い日」（67）、「黒部の太陽」（68）、「連合艦隊司令長官・山本五十六」（68）、「風林火山」（69）などに出演し、押しも押されもせぬ大スターの道を歩んでいたときである。

「御用金」（69、監督・五社英雄《ごしゃひでお》）はフジテレビが初めて劇場用映画製作に進出した作品である。主演

の仲代達矢《なかだいたつや》が黒澤作品で三船と共演していたので、声をかけ、出演してもらった。ところが撮影中に事件が起きた。

「撮影は極寒の下北半島の長期ロケだった。撮影三日目、三船は後ろ手に縄《なわ》で縛られ、雪の中を転がされ、引っ張り回されるシーンがあった。その撮影が終了し、宿に引き揚げた。夕食時に仲代が三船をねぎらうつもりで部屋を訪ねて、酒を酌み交わした。

酒の量が進む中、三船が『こんな映画、本当は俺の出る映画じゃないんだ』と始まった。

仲代は聞き流していたが、この日は撮影進行への不満に始まり、やれシナリオが悪い、日本映画のここが気にいらんと、くだを巻き、荒れていた。

仲代は『すみません』とお茶を濁し、お酌《しゃく》を続けたのだが、三船の不満はとどまるところを知らない。

『モヤ、お前は映画人なのか、舞台人なのか、どっちだ?』などと、仲代へ何度も突っかかる。仲代も酔っていた。感情が激していった。

『いい加減にしろ』『出たくなかったら降りろ!』と、売り言葉に買い言葉で、仲代は手元の台本を三船へ投げつけた。

『モヤ、てめえ!』

怒号が旅館の静寂を切り裂いた。

『外へ出ろ!』三船は席を蹴った。

仲代が戸を蹴って三船の後を追うと、腰まで雪が積もる銀世界が広がっていた。雪の中、大乱闘が始まった。共演の丹波哲郎《たんばてつろう》はじめ、スタッフたちが気づいて大騒ぎに。

『殺してやる！　俺も死ぬ』仲代は叫び、向かっていった。

『テメエ〜！』三船は充血した目を吊り上げる。

闘争を続けること数分、仲代がけりをつけ引き揚げた」（『未完。』仲代達矢著、KADOKAWA）

翌朝、仲代は、やりすぎた、何はともあれ謝るべきだと食堂へ駆けつけると、三船はすでに昨夜のうちにタクシーを呼んで、翌朝一番の列車に乗って青森を後にしていた。三船の出演部分はほとんど撮影済みで、代役となると、それらがすべて無駄になってしまう。撮影中止になってもおかしくない緊急事態であった。

事件はマスコミにも知られ、当時互いに出演していたコマーシャルをもじって「アリナミン対ポポンS」という見出しが躍《おど》った。三船は殺到する取材に対して「仲代との不仲説は事実無根」「降板の理由は胃潰瘍《いかいよう》」などと答えていた。二人は沈黙を守ったが、マスコミが面白おかしく取り上げ、記事が氾濫《はんらん》した。

俳優としては、やってはいけない行為であった。出演放棄は契約違反である。この映画のゼネラルプロデューサー藤本真澄《ふじもとさねずみ》・東宝専務に聞くと、三船はすでにギャラの前渡金を受け取っていたとか。三船は民法上の契約不履行を犯したことになった。

三船は自分の撮影所を支えるための出演だったが、迷惑をかけたことに落ち込み、後日、心配した黒澤明が仲介に入り、仲代とは赤坂の料亭で手打ち式がおこなわれた。

また三船が五社英雄監督と東宝に謝罪したことは言うまでもない。結局、代役は中村錦之助《なかむらきんのすけ》（のち萬屋錦之介《よろずや》）が引き受け作品は完成した。

酒と女で泥沼の離婚訴訟

この酒乱、家庭内ではよくあった。酔うと妻・幸子《さちこ》に暴力を振るい、日本刀を振り回すので、幸子は家から逃げ出し、志村喬《しむらたかし》の家へ駆け込み仲裁に入ってもらうことがたびたびだった。そのためご乱行《らんぎょう》の家は物が散乱し、柱は刀の刃で削れていた。しかし酔いが覚めると、後片づけはいつも三船自身がしていた。

幸子は三船の酔いがひどいときは、車の中に避難し寝起きすることもあった。こうした状況に我慢ができず、ついに幸子は三船を家から追い出してしまった。三船が離婚しようとしたが幸子は「二人の子供のため」と言って拒否。

幸子は一九七二（昭和四七）年一月二七日、家庭裁判所に離婚の調停を申請した。以後、幸子は成城の三船の家を出て実家の目黒に帰った。三船五一歳、幸子四四歳のときである。

調停は揉めに揉めた。そのため三船は翌年の一二月、自分からも離婚訴訟を起こした。二〇年以上連れ添った二人だったが、これを境に約五年におよぶ不毛の離婚訴訟裁判に突入した。

じつは幸子の訴訟は三船の女性関係も絡《から》んでいた。三船は女遊びが下手だった。情が深いせいか一度関係した女性とはいつも深入りしてしまった。「五十万人の遺産」（63）の撮影でスタッフと神戸の三宮《さんのみや》で飲んだとき、キャバレーのホステスと関係ができてしまい、東京へ連れてきて銀座のクラブに勤めさせ、囲ってしまった。またこの彼女を「レッド・サン」(71、共演・チャールズ・ブロンソン、アラン・ドロン)のスペインロケにまで同行させたのを、日本のマスコミが嗅《か》ぎつけ、ゴシップ記事が週刊誌をにぎわした。こうした女性関係はほかに何件かあった。

しかし決定的だったのは三船プロで製作した「赤毛」(69)のちょい役で出演した女優・喜多川美佳との不倫であった。喜多川にはマンションを与え、半同棲生活をするようになった。

一九八二(昭和五七)年九月には子供(現・タレントの三船美佳《みふねみか》)までもうけた。

三船は離婚裁判で喜多川との結婚を望んだが、幸子は「私は一生、三船敏郎の妻です」と断言し離婚を拒否、幸子とすれば三船に猛省を促すための離婚訴訟だったが、マスコミがあること、ないことを過激に報道するので思わぬ方向に進展し、三船個人と三船プロは大打撃を受けた。

三船は一九七六(昭和五二)年一〇月、訴訟を取り下げたが、喜多川との生活はそのまま成城の自宅で続けていた。しかし、一九九二(平成四)年一〇月、三船が心筋梗塞で倒れ、その後、軽度の認知症を患ってから喜多川が三船の看病を嫌い、同棲生活を一方的に解消、成城の自宅を出ていった。

そのため看病を希望した幸子が成城に戻るも、三船の症状が進み、幸子を妻だとは認知できない状況だった。それでも幸子は体調のすぐれない三船を支え、平穏な夫婦生活を送っていた。しかしその幸子も一九九五(平成七)年死亡。それから二年後の一九九七(平成九)年一二月二四日、杏林大学医学部付属病院で三船は多臓器不全のため、幸子の後を追うように七七歳の生涯を閉じた。

第二章　日本映画黄金期を築いた三船の名作

三船の出演作には名作が多い。その中から俳優の節目となった作品を取り上げておきたい。三船は戦後映画の復興期から、映画が加速度的に斜陽化する昭和後期までを見届けた俳優だ。激動の中で演じ続けた作品は膨大である。その足跡はまさに時代と共にあった。

極限状況下の人間を描いた「銀嶺の果て」

三船のデビュー作は谷口千吉《たにぐちせんきち》監督の「銀嶺の果て」（47）である。この作品で谷口監督は野性的な俳優を探していた。たまたま東宝撮影所まで行く同じ電車に乗り合わせた三船を見て、誘うことを決めていた。

しかし、三船はもともと東宝撮影部のカメラマン志望であった。谷口監督の出演依頼に「俳優にはならない。男のくせに面《つら》で飯を食うのは好きでない」と断った。谷口監督は撮影所の演技課からも「あいつは不良みたいなやつですが、いいんですか」と念を押される始末だった。

そのとき、谷口監督は三船が着ていた航空隊の制服を見て、背広を作ってやると口説き落とした。谷口監督の熱意に押され、食べるためにしぶしぶ出演した三船は、雪山で遭難《そうなん》する三人の一人として好演した。

内容は三人の銀行強盗が雪の北アルプスの山中に逃げ込み、次第に仲間割れしていく。その過程で人間の持つ虚像と真実の凄《すさ》まじい葛藤がドラマチックに構成された佳作である。三船は若い獰猛《どうもう》な銀行強盗の役で出演した。日本映画ではきわめて稀《まれ》な、雪の山中だけを舞台にしている。

「銀嶺の果て」（47、東宝）、三船敏郎と志村喬

映画は大ヒット。一九四七（昭和二二）年度の興行収入ベストテン七位に入った。三船二七歳のときである。黒澤明は親友谷口千吉（妻は俳優・八千草薫《やちぐさかおる》）の監督昇進を祝って、脚本を書いていた。この作品で自分が感じていた三船のたぐい稀な才能を確信することになった。

翌年、黒澤は「酔いどれ天使」（48）で、破滅的なヤクザ役で三船を登場させ衝撃を与えた。

作品はこの年のキネマ旬報ベスト・テン一位、興行収入もベストテン一位に輝き、三船はスターとしての地位を築いていった。

金獅子賞受賞で敗戦国民を鼓舞した「羅生門」

三船を世界に知らしめたのは、黒澤明監督と組んだ五作目の「羅生門」（50）である。作品は戦乱や天変地異、疫病《えきびょう》が続く平安の世を舞台に、武士による殺害の状況を証言する関係者の陳述の食い違いが、人間のエゴを暴き出していく。芥川龍之介《あくたがわりゅうのすけ》の小説『藪《やぶ》の中』を橋本忍《はしもとしのぶ》が脚色。これを黒澤が手直しし、東宝が争議中で撮れなかったので、大映へ持ち込み製作した。しかし、公開してみたものの、興行的には振るわなかった。

ところが翌年の一九五一（昭和二六）年、第一二回ベネチア国際映画祭で「人間の心理という普遍的テーマ」が高い評価を得てグランプリ（金獅子賞）を受賞した。

受賞が決まると、日本映画界は狂喜してこのニュースに拍手を送った。そのため急遽《きゅうきょ》、全国で凱旋《がいせん》興行（再上映）が実施された。これがまたインテリ層を中心に客が入り、水準以上の興行成績をあげた。

この受賞、当時の日本はまだ米軍占領下にあり、国際的な自信をまったく失っていたときだけに、現在では想像もできないほどに、国民に希望と勇気を与え、敗戦国日本の自信回復の一歩にもなった。前評判が高く、その前評判をさらに超えるような映画が誕生することはめったにないこと。まして、日本映画界低迷のときでもあった。奈落《ならく》の底で、珠玉《しゅぎょく》の宝石が輝いたといえようか。

墨汁入りの豪雨、泥まみれの極寒撮影「七人の侍」

さらに黒澤と三船を世界の映画人が認めた作品が三作ある。「七人の侍」（54）と「用心棒」（61）、

「椿三十郎」（62）である。

「七人の侍」は一九五四（昭和二九）年四月公開された。三時間二七分の長編は観る者を引きつけて離さない。物語の密度、画面から来る圧倒的重量感、黒澤明の代表作であり、日本映画の最高傑作と評される一編。侍と百姓がお互い疑心暗鬼のなか、最後は一枚岩となり野武士と対峙《たいじ》するクライマックスは、観ている者を興奮させる。西部劇調のタッチもあり、外国監督にも影響を与えた世界の名作である。

この作品に関する研究、資料は膨大にある。それだけ密度が高く、映画人には衝撃的だった。撮影にまつわる話も山積している。その中でもいちばん興味があったのは、雨の中の合戦シーンだ。

じつはこの雨降りの合戦撮影時、オープンセットは雪が積もっていた。その雪を解かすのに消防ポンプ数台でぐちゃぐちゃにし、さらに大量の水をポンプで撒《ま》いたため、現場全体が泥濘《でいねい》と化した。黒澤監督は、これを逆に利用した。また豪雨の中での合戦シーンは、モノクロ（白黒）映画だったので雨をより激しく見せるため、雨の中に墨汁《ぼくじゅう》を混ぜて撮影した。

従来の映画ではなかった方法で、ハリウッドだけでなく世界中の映画関係者や映画ファンを驚かせた。それも極寒の二月である。俳優は肌着一枚か、ほぼ裸の姿。過酷な撮影と寒さに泣かされた。おかげで出演者は、毎日身体を洗っても洗っても、尻《しり》についた墨と泥が落ちなくて困ったという。

撮影期間一年余、製作費二億一〇〇〇万円（製作が遅れて三億円とも言われる）。一九五四年、ベネチア国際映画祭銀獅子賞。キネマ旬報ベスト・テン第三位。毎日映画コンクール男優助演賞（宮口精二《みやぐちせいじ》）を受賞した。ハリウッドではこの作品をユル・ブリンナー主演で「荒野の七人」（60）、「続・荒野の七人」（66）としてリメーク、世界的に大ヒットを飛ばした。

リアルで暴力的な殺陣のド迫力「用心棒」

「七人の侍」以降、三船敏郎を世界のスターダムに押し上げた作品が「用心棒」（61）と「椿三十郎」（62）である。

「用心棒」の内容は、からっ風が吹きすさぶ馬目の宿《しゅく》に一人の浪人者（三船敏郎）がやってきた。この宿では二人の親分が縄張り争いをしている。浪人者は双方を争わせ両方から稼ぐことを思いつき、このヤクザ同士を衝突させ壊滅させるという物語である。黒澤が徹底した娯楽作品に仕上げた。

この作品は従来の時代劇に象徴される歌舞伎調の立ち回りではなく、リアルで暴力的な実践殺陣《たて》に仕上げた。斬られると手首や腕が飛び、血しぶきまで飛ばした。さらに殺陣に効果音までつけ、迫力を出した。時代考証や身分制度、忠義なども無視。まさに理屈ぬきの娯楽映画である。興行成績もその年のベストテン三位と大ヒットした。

三船はこの作品で第二二回ベネチア国際映画祭男優賞を受賞。日本人俳優では初めてだった。日本ではキネマ旬報男優賞、ブルーリボン賞主演男優賞、日本映画記者会賞最優秀男優賞などを受賞した。

ドバーッと噴き出す血しぶきが度肝を抜いた「椿三十郎」

もう一作の「椿三十郎」は、完成が遅れて一九六二（昭和三七）年元日に公開された。前年の「用心棒」の続編とも言われるもので、「用心棒」では、たった一人で宿場の悪人どもを全滅させるのに

「椿三十郎」（62、東宝）、三船敏郎と仲代達矢の凄まじい決闘シーン

対し、ここでは上役の汚職を暴き出そうと立ち上がる九人の若侍たちの味方につき、その凄腕でお家騒動の黒幕と対決する物語である。

加山雄三《かやまゆうぞう》をはじめとする若侍の、血気にはやる暴走をうまくコントロールし、敵の室戸半兵衛（仲代達矢）と丁々発止の知恵くらべをするが、最後にその室戸半兵衛と対決する。この決闘シーンはまさに圧巻。日本映画史上の有名なシーンとなった。

二人がにらみ合い、間髪を入れない早さで三船が仲代を斬殺《ざんさつ》する。斬られた仲代の身体から血が噴き出すという特殊効果が用いられていた。この手法は「用心棒」でも使われていたが、夜間シーンで暗いことと出血の量が少なかったため目立たなかった。これを今回、多少オーバーぎみに演出した。ピーカンの日中、「ドバ〜」と血しぶきが噴き出す劇画調の演出は、観客を驚かせた。

このときの仕掛けを仲代が明かしている。

「三船さんと対峙する前、衣裳の下に細いホースをつけられた。ホースは地面の下を通って、二〇メートルくらい離れたところまで続いている。元に圧搾《あっさく》ボンベがあり、私が斬られた瞬間、胸のところから血糊《ちのり》がブワ〜ッと出ることが予想できた。
そして本番。三船さんの刀が空気を切り裂いた。私が上段から振り下ろすより早く、下段から斬り上げられた。その瞬間、もの凄い圧力が全身にかかり、後ろに跳ね飛ばされそうになった。なんとか踏み止まると、真っ赤な血しぶきが辺り一面に噴出した。（略）対決を見ていた若侍の加山雄三さん、田中邦衛《たなかくにえ》さんが口をポカンとさせていたのを覚えている。彼らもまた、何が起こるか知らされていなかったのだ。驚きは相当だったろう」（『未完。』）
なにせ映画の宣伝文句も「ご存じ三十郎、面白さ！　物凄さ！　世界を唸《うな》らせた逆抜き不意打ち斬り」というのだから頷《うなず》けた。

三船と黒澤の殺陣で時代劇に革命が起きた

この二作品で時代劇に革命が起きた。まさに革命だった。いままでの時代劇の殺陣は歌舞伎調の延長線上にあった。いわゆる綺麗《きれい》、綺麗のチャンバラは、斬られても着物はそのまま、出血はしない。現実にはありえない闘いである。大映や東映に代表される時代劇は昔からほとんどそうだった。

ところが「用心棒」と「椿三十郎」では、リアルな殺陣が表現されていた。殺陣は相手を斬る際、必ず一人を二度斬っている。「一度斬ったぐらいでは、すぐには死なないだろう」という黒澤監督と三船の考えによって完成した殺陣という。

あわせて、椿三十郎がわずか四〇秒で二〇人を叩き斬るシーンは、黒澤をして「一秒二四コマでは捉えきれない速さに舌を巻いた」。殺陣の見どころをはじめ、物語の面白さなど話題の多い作品だった。

「用心棒」と「椿三十郎」は既存の時代劇を完全にノックアウトした。いままでのリアル感のない時代劇は観客を遠ざけた。夜間シーンなのに昼間のように明るい照明、脚本の安易さなどが、もう通用しなくなった。これ以降、従来型時代劇が衰退する。日本時代劇の変革だった。

その後、三船と黒澤のコンビが日本映画界を牽引《けんいん》していく。三船が黒澤作品に出演したのは全一六作。「黒澤なくして三船なし」と言われるほど黒澤作品には欠かせない存在で、コンビは一七年間も続いた。現場や俳優にうるさい黒澤が「三船に演技の注文をつけたことは一度もなく、およそ批判的な目で見ることはなかった」という。

こうした黒澤作品の凄さは、監督の力量もさることながら植草圭之助《うえくさけいのすけ》、小国英雄《おぐにひでお》、橋本忍、菊島隆三《きくしまりゅうぞう》、久板栄二郎《ひさいたえいじろう》、井出雅人《いでまさと》などの一流の脚本家と意見をぶつけ合い、共同執筆で書いているところにある。ここがほかの監督、作品とまったく違う要因で、黒澤作品の最大の特徴は共同脚本にあるといってよい。

第三章　映画界に貢献した三船プロ撮影所

三船は日本映画復興のためと、その目的を大上段に構え、プロダクションを作り、撮影所を建設・運営した。俳優が撮影所を建設したのは、一九二六年、阪東妻三郎《ばんどうつまさぶろう》が京都・太秦《うずまさ》に造った前例がある。この撮影所は阪妻作品を製作することを目的としていた。しかし三船は他社作品も製作し、日本映画、ひいてはテレビ作品など全般にわたって製作できる撮影所にしたところに違いがある。

映画復興のため、私財を投じて撮影所建設

三船は「椿三十郎」を撮っていた頃は、押しも押されもせぬ東宝の、いや日本映画界の大スターになっていた。「馬喰一代」(51)、「荒木又右衛門　決闘鍵屋の辻」(52)、「太平洋の鷲」(53)、「宮本武蔵」(54)、「生きものの記録」(55)、「蜘蛛巣城」(57)、「柳生武芸帳」(57)、「無法松の一生」(58)、「隠し砦の三悪人」(58)、「暗黒街の顔役」(59)、「ハワイ・ミッドウェイ大海空戦　太平洋の嵐」(60)、「悪い奴ほどよく眠る」(60)などで主役を演じ、東宝を支えていた。

しかし、映画界は一九五八(昭和三三)年に映画観客動員数一一億二七四五万人と戦後最高を記録

したのをピークに、急坂を転げ落ちるように観客数を減らしていた。

長く続く不況打開のため経費削減を考えた東宝は、一九六二（昭和三七）年、三船へ「仕事を回すから、プロダクションを作らないか」と相談を持ち掛けた。三船、四二歳のときである。

この話を聞いた黒澤明は、三船が会社経営をすることには反対だった。「三船君のあの性格で、社長は無理だろう。気を遣う人間が増えて、神経をやられるだけだ」と語り、谷口千吉監督も「正直言わせてもらうと、僕も反対だよ。三船ちゃんはのんびりして、このまま歳を重ね、ある時期がきたらシブくて味のあるふけ役をやってほしい」と願った。三船敏郎の存在感は俳優だからこそ他を圧倒するものがあることを二人は熟知し、性格を見抜いていたのだ。

しかし、三船は日本映画の危機を感じていたので、映画産業再興のためと、この年の七月、三船プロダクションを設立した。会社は東宝の重役・森岩雄《もりいわお》、藤本真澄、川喜多《かわきた》長政《ながまさ》を取締役に、運営にプロデューサーの田中友幸《たなかともゆき》を招き、三船プロは東宝のスタッフ四〇人近くと俳優を抱えて出発した。

三船プロ製作の第一作は宝塚映画と提携した「五十万人の遺産」（63）である。三船が自ら監督し主演した。黒澤明も編集に協力した。興行収入も二億一四八〇万円と上々の成績を上げた。このとき、まだ自社の撮影所は持っていなかった。以後プロダクションは「侍」（65）、「血と砂」（65）、「怒涛一万浬」（66）、「奇巌城の冒険」（66）を製作。東宝の支援もありそれなりに順調だった。

その後、三船プロは、一九六六（昭和四一）年、東京都世田谷区成城に時代劇が撮影できる撮影所を建設した。企画社員を雇い組織を拡大、撮影スタッフも増強して映画製作を本格化した。

このとき、撮影スタッフには東宝で「太平洋の鷲」「無法松の一生」「日本誕生」（59）などを撮っていた名カメラマンの山田一夫《やまだかずお》、黒澤監督の撮影助手を長く務め「椿三十郎」でカメラマンデビューした斎藤孝雄《さいとうたかお》、「柳生武芸帳」「佐々木小次郎」「社長繁盛記」の美術監督・植田寛、小道具の佐藤袈裟孝《さとうけさたか》など、技術陣も充実していた。

のちにテレビ監督として活躍した宮越澄《みやこしきよし》、鹿島章弘、白井政一、猪崎宣昭《いざきのぶあき》なども三船プロで同じ釜の飯を食った仲間である。

三船プロの撮影所での第一作は、第四一回キネマ旬報ベスト・テンの第一位に輝いた「上意討ち　拝領妻始末」(67)である。しかし、三船プロの撮影所ですべての撮影ができたわけではない。三船プロのステージは、当初、映画撮影を目的とした建設が許可されず、住宅という名目で完成させた。そのため電力が家庭用と事業所用を併用したものだった。電源も二〇〇キロワットまでしか使用できなかった。大きなライトが使えず、セット撮影は五〇〇ワット、一キロワットの小さいライトを集めてのライティングだったので能率が上がらず、大オープンセットは国際放映のいちばん大きい第五スタジオを使用して完成させた。

この作品の小林正樹《こばやしまさき》監督は一台のカメラで順撮りしかしないので経費がかさみ、三船は借金までして製作した。ところが、この「上意討ち　拝領妻始末」が大ヒットし収益を上げたので、撮影所の敷地も二〇〇〇坪から三八〇〇坪まで増やし、オープンセットやスタジオの数も増やし、馬五頭も飼った。会社組織も三船をトップに、専務、常務などの取締役、企画・製作の社員も採用し、撮影関係のスタッフも含めると三〇〇人を有する会社に拡大していった。

五社協定の壁を破った「黒部の太陽」

三船プロの作品で、石原プロと共同製作した「黒部の太陽」（68）がある。一九六八（昭和四三）年公開、劇団民藝が全面的に協力して、三億九〇〇〇万円の製作費をかけた超大作である。原作は木本正次《きもとしょうじ》が毎日新聞に連載していた『黒部の太陽』。

物語は関西電力が社運をかけて黒部川上流に「第四発電所」を建設することになり、建設会社の技師で、現場責任者の北川（三船敏郎）や、下請け会社の岩岡（石原裕次郎《いしはらゆうじろう》）らが作業に従事する。作業が進むにつれ犠牲者は増え、山崩れと大量の出水にトンネルが襲われる。しかし、北川らの懸命な努力により、工事用トンネルは貫通。一九六三年三月、黒四ダムは見事完成する。

この映画の製作は最初から難問山積だった。監督は熊井啓《くまいけい》、プロデューサーは石原裕次郎、製作は三船プロ（撮影所）と、各社の責任で進めていた。

当時は映画五社（松竹、東宝、大映、日活、東映）による協定（五社協定）があり、監督も俳優も特定の会社と契約を結んでいた。三船は東宝、石原と熊井監督は日活。三人が映画をつくるのは協定違反だと言われ、途中で製作を中止するよう五社から圧力をかけられた。

熊井監督は日活の助監督だったことから、会社に無断で他社の映画監督を引き受けたというので、会社をクビになってしまった。

さらに五社会の会長である日活・堀久作《ほりきゅうさく》社長が、プロダクション作品は商売仇《がたき》になるので、五社経営の映画館では上映を断るという通達をしてきた。三船と石原は苦しい状況に追い込まれた。このと

「黒部の太陽」（68、日活）　中央右から石原裕次郎、三船敏郎

き、その悔しさで、キッチンで男泣きしている裕次郎を、三《み》枝《え》夫人は陰から見ていた。裕さんの泣いた姿を初めて見たと語っている。

三船は「そんな馬鹿があるか」と怒り五社側と交渉を重ねるが、埒《らち》があかなかった。

三船は「とにかく作ろう。日本で配給してくれなければ、世界中のどこでもフィルムをかついで行こうじゃないか」と真っ先に決断した。この一言で皆が安心して、撮影に踏み切ることができた。

日活の堀久作社長は、関西電力にも圧力をかけた。しかし、関西電力は三船と裕次郎の作品に対する情熱に感銘。圧力に屈するどころか、社を挙げて全面協力することになった。

紆《う》余《よ》曲折があまりにも多いので、怒った三船敏郎が堀久作社長に直談判。ロードショーは東宝、一般上映は日活とし、関西電力から協力してもらった。前売り券一〇〇万枚を保証することで、配給を取りつけた。

また劇団民藝は五社協定で三船、裕次郎たちが、思うように動けない中、所属俳優、スタッフ、撮影に必要な装置などすべてを提供し、劇団員総出で協力した。出演俳優も民藝で固められた。三船と裕次郎は、劇団民藝と代表の宇《う》野重吉《のじゅうきち》に感謝、感謝で頭が上がらなかったという。以降、裕次郎は宇野重吉を生涯の恩人として慕うようになった。

この映画は俳優プロダクションの難しさ、日本映画界の閉鎖性、企業による前売り券映画の先駆けとなるなど、いろいろな問題を抱えて製作され完成した。

上映されるや、大きな反響を呼び、観客動員数七三三万七〇〇〇人、興行収入一六億円を上げ日本新記録を樹立した。

この作品の実績は大きく、強固に守られていた俳優の他社出演、スタッフの貸し出しなどの邦画五社協定が破られた。また、俳優プロダクションでも映画が製作できることを証明した。文句をつけた倒産寸前の日活もこの映画の上映で潤《うるお》った。熊井啓監督の復帰も認められた。日活が不振でポルノ映画を撮る三年前である。

三船プロは勢いに乗り、翌一九六九（昭和四四）年に製作した「風林火山」でも東映の佐久間良子《さくまよしこ》を出演させ、さらに五社協定の壁を破っていった。邦画各社はそれほど衰退していた。

この作品も公開と同時に大ヒット。この年の観客動員一位、配給収入七億二〇〇〇万円という記録を作った。大ヒットしたこの二作品のおかげで、三船プロは借金をすべて返済し、おつりまで出た。

スターで客を呼ぶ時代の終わり

しかし、映画界の斜陽は止まらなかった。三船プロでは続いて「新選組」（69）、「待ち伏せ」（70）を製作するが、この「待ち伏せ」が大誤算、興行的に不入りで劇場はガラガラ。三船プロは倒産の危機を迎えた。

一九七〇（昭和四五）年公開の「待ち伏せ」は、監督が稲垣浩《いながきひろし》、脚本・小国英雄、高岩肇《たかいわはじめ》、宮川一郎《みやがわいちろう》、音楽・佐藤勝《さとうまさる》などの一流スタッフを揃え、製作中から大ヒットが噂されていた。出演は東宝の三船敏郎、大映の勝新太郎《かつしんたろう》、東映の中村錦之助（のち萬屋錦之介）、日活の石原裕次郎と浅丘《あさおか》ルリ子の豪華配役陣である。一九五〇年代は、彼らが出ているだけで映画館に客が殺到した。

テレビの普及によってスターが特別の存在でなくなると、観客動員力はダウン。まさにこの作品がそうしたスターシステムの安易な企画に警鐘《けいしょう》を鳴らした。スターで客を呼ぶ時代の終わりを象徴した。これ以降、俳優プロダクションの製作が激減。俳優は映画興行の怖さを知った。また日本映画に数々の名作を残した巨匠・稲垣浩監督（65歳）は、この作品を最後に映画界から去った。これで、映画会社は高い専属料を取るスターと監督の契約を解除していく。その俳優の価値を証明したのが「待ち伏せ」だった。

東宝も、植木等《うえきひとし》の「無責任男」や加山雄三の「若大将」シリーズも当たらず、一九七二（昭和四七）年にはついに製作から撤退していく。三船プロは東宝の製作中止にともない撮影所の解雇人員を受け入れ、スタッフがさらに膨らんでいった。そのためテレビ番組の受注を拡大しなければならなかった。

三船は「男は黙ってサッポロビール」のCMに出演していたので、毎年夏には四トントラック一台分のビールが届いた。そのビールを俳優、スタッフ、社員家族、取引先のテレビ局などを交え、撮影所内で毎年、無礼講で暑気払いのビール祭りをおこなっていた。所内では屋台も出し、お祭り飾りをするなど活気があった。年末の一二月二八日には毎年、新宿・京王プラザホテルで大忘年会も開催していた。そうしたことでも撮影所はアットホームな環境だった。

内紛、経営悪化、撮影所は閉鎖へ

順風満帆《まんぱん》の三船プロだったが、一九七九（昭和五四）年、経営上の内紛が勃発《ぼっぱつ》した。専務の田中壽一《たなかじゅいち》が俳優の竜雷太《りゅうらいた》、多岐川裕美《たきがわゆみ》、秋野暢子《あきのようこ》、真行寺君枝《しんぎょうじきみえ》、夏圭子、岡田可愛《おかだかわい》、勝野洋《かつのひろし》、中野良子《なかのりょうこ》や、スタッフを引き連れて、半ば強引に独立したのだ。この事件で三船プロの約半数が去った。残ったのは伊豆肇《いずはじめ》、夏木陽介《なつきようすけ》、かたせ梨乃《りの》、竹下景子《たけしたけいこ》、喜多川美佳など少なかった。

当時会社は撮影スタジオ三棟、町並み、川端、長屋、オープンセットなどがあり、敷地面積三八〇〇坪、整音のトリッセン・スタジオ、三度屋美術工房をはじめ、喫茶店「トリッセン」などもあった。社員四〇人、契約スタッフ二〇〇人。年間二〇〇本近くの映画、テレビ作品を受注していた。CM撮影や俳優のマネージメントも入れて、年商三五億円を売り上げていたときである。この分裂劇で三船の離婚訴訟や個人のプライバシーまで攻撃され、過激な報道もあり、三船プロダクションは大打撃を受けて衰退していく。

一九八一（昭和五六）年には撮影所内に三船芸術学園を設け、役者や製作スタッフの育成に力を注いだが、内紛騒動でできた穴を埋めることができなかった。

三船は撮影所を維持するため海外作品に積極的に出演せざるをえなくなった。赤字解消のためである。なにせ三船の海外作品のギャラが三〇万ドル（一億八〇〇〇万円）で、日本ギャラの一七本分はあった。まだ一ドル三六〇円の時代で、日本映画一本の製作費が二五〇〇万円前後だった。

そのため「グラン・プリ」(66)、「太平洋の地獄」(68)、「レッド・サン」(71)、「太陽にかける橋 ペーパー・タイガー」(75)、「ミッドウェイ」(76)、「大統領の堕ちた日」(79)、「1941」(80)など続々出演した。それでも倒産を防げなかった。

これ以降、三船は撮影所の規模を縮小して会社を支えたが、時代が許さなかった。経済成長にともなう国民の意識変化で、映画、テレビから時代劇が消えていった。あわせてテレビ局のスポンサー離れも加速し、作品の製作費が極端に細っていった。とても並みの作品が撮れる製作費ではなくなり、受注を諦めることが多くなった。

そうしたことも重なり、東宝からの支援もなく、一九八四（昭和五九）年撮影所を閉鎖した。負債総額が八億円強あったが、撮影所の土地を売却して全額返済。一八年間で一三本の劇場映画を製作して、三船プロ撮影所としての役割を終えた。小田急バスが「三船プロダクション前」としていたバス停も二〇〇三（平成一五）年四月「成城八丁目」と改名された。いま、撮影所跡にはマンションが建っている。

テレビ時代劇の黄金期を支える

一八年間続けていた撮影所は東京で随一《ずいいち》の時代劇が撮れる撮影所だっただけに、関係者から惜《お》しまれた。

たしかに、三船プロの撮影所はテレビ時代劇の本拠地として貴重だった。一九六七（昭和四二）年の尾上菊五郎《おのえきくごろう》（当時は菊之助《きくのすけ》）主演の「桃太郎侍」（NTV）を最初として、林与一《はやしよいち》主演の「昔三九郎」（NTV）、「五人の野武士」（NTV）、一年間の民放版大河ドラマ「大忠臣蔵」（ENT・現テレビ朝日）、三船主演の「荒野の素浪人」（NET）、「荒野の用心棒」（NET）、さらに「大江戸捜査網」（12ch）、「浮世絵女ねずみ小僧」（CX）、「破れ傘刀舟　悪人狩り」（NET）などのシリーズ物を次々と撮っていた。

このとき、テレビ局に自社制作の番組企画を持ち込むと、必ず三船の出演条件がつけられた。その条件を呑まないと新興の三船プロへの発注はなかった。そのため三船は自社制作のテレビ作品に出ざるをえなくなっていく。大物俳優のテレビ出演は当時話題になったが、三船は五〇本以上に出演し撮影所を支えた。三船プロ撮影所で制作した作品は視聴率が取れるものが多かった。撮影所閉鎖は本当に残念だったといえる。

人情に厚い三船が会社の中でも「情」を通し、会社経営である「資本の論理」を全《まっと》うできなかったことが事件を起こし、倒産させた。あわせて何でも自分でやる性格や、同棲していた喜多川美佳が撮影所の経営や人事に干渉するなどの悪影響もあった。会社に信頼できるブレーンを育てられなかったことが大きい。

じつは、先にも述べたが俳優の経営する撮影所は過去にもあった。阪東妻三郎が一九二六年五月京都太秦に設立したのがそれ。のちに太秦は時代劇映画のメッカになっているが、阪妻が撮影所を造った頃は京都の人も知らないほどの田舎だった。これ以降、映画各社が太秦に進出し撮影所を造った。俳優自ら撮影所を造らなければならない日本映画界、底の浅い企業体質は現在まで続いている。いまでは既存の映画会社は映画製作をせず撮影所を閉鎖、閉鎖しないところは貸しスタジオ化し、かつての製作会社もいまは配給が本業である。

しかし、世界を見るとき、国立撮影所を有している国もある。日本でも一九七五（昭和五〇）年頃、脚本家の八住利雄《やすみとしお》、橋本忍を中心に、文化庁初代長官・今日出海《こんひでみ》、二代目長官・安達健二《あだちけんじ》などを交えて国立撮影所計画が進展していた。建設の調査予算もつき、イタリア・チネチッタ国立撮影所の視察まで実施したが、松竹、東宝などの反対にあい頓挫《とんざ》した経緯がある。実現していれば日本映画の発展に寄与し、業界も変わっていっただろうと思うと、なんとも残念な話であった。

時代劇の衰退と関東のオープンセット

ここで横道にそれるが、時代劇と関東の撮影所のことにふれておきたい。

時代劇という用語は活動写真が発祥で、名付け親は脚本家でのちに監督となる伊藤大輔《いとうだいすけ》である。一九二三（大正一二）年に公開された「女と海賊」（監督・野村芳亭《のむらほうてい》）で、旧劇と呼称されていた髷物《まげもの》を「時代劇」と名付けて公開した。これが時代劇と称する始まりである。

それにしても映画に時代劇が少なくなって久しい。特に一九七三（昭和四八）年度からの落ち込みが激しく、平成に入りさらに加速して激減した。また、テレビから時代劇が消え、ＮＨＫの大河ドラマも視聴率が低迷し放送中止も時間の問題といえそうだ。

こうした激減はいろいろな問題を提起している。時代劇を書ける脚本家が少なくなり、演出の監督も高齢化。若い監督にいたっては時代考証もメチャクチャ。芝居をつけられない小手先だけの監督が大手を振って歩いている。

本来、ふんどしであるべき男性の下着が猿股《さるまた》になったり、元禄《げんろく》の物語なのに服装や髪型が江戸後期の仕様だったり、時代や職業に合わせた着物の着付けがわからず、雑な部分も多い。乗馬する馬がサラブレッドやクォーターホースの西洋馬になり、俳優が和鞍《わぐら》を乗りこなせず洋鞍で済ませる。特に撮影、美術、大道具、小道具、結髪などの職人をはじめ、演じる俳優がいなくなっているのも寂しい。

しかも、深刻なのは撮影現場である。映画の発祥から撮影所は東京が中心で回っていた、古くは東京・巣鴨《すがも》に「大都映画巣鴨撮影所」（一九一九〔大正八〕年天然色活動写真株式会社が開設。大都映画は三三〔昭和八〕～四二〔昭和一七〕年）もあった。それが関東大震災以降、「松竹蒲田《かまた》撮影所」の一部などが京都へ進出、時代劇の多くは京都が中心になった。

それでも東京なりに頑張っていたが、最近、時代劇の撮影ができる自然や撮影場所がなくなってきている。関東では三船プロ撮影所のほかに、川崎市多摩《たま》区に「日本テレビ生田《いくた》スタジオオープンセット」もあった。江戸の町並みや長屋で「大江戸捜査網」シリーズなど多くの時代劇を撮っていた。それが一九九〇（平成二）年に東京ヴェルディの練習グラウンドに変わってしまった。

いま関東で時代劇が撮れる施設は二ヵ所

関東では時代劇撮影が困難かといわれた時期の一九九一（平成三）年七月、千葉真一《ちばしんいち》、JACと私が日光江戸村などを運営する株式会社時代村へ移籍した。そこで私がプロデューサーになり、日光江戸村の施設を利用して映画を製作することになった。そのとき会社に嘆願《たんがん》してオープンセットを造ってもらった。参考にさせてもらったのが、東映、三船プロ撮影所と生田オープンセットだった。また日光江戸村に当時使われていない撮影スタジオが一棟あり、それも改装した。

日本庭園、商家街、長屋、武家屋敷、俳優控室棟、スタッフ棟、衣裳、結髪、美術、大道具、小道具をはじめ、撮影に必要なカメラ、照明機材、録音機材、ゼネレーター（電源車）なども完備。新しいスタッフも採用した。総費用は数億円かかった。

気がついてみるとオープンセットの坪数は七〇〇〇坪、時代村のテーマパークを含めると一〇万坪の巨大な撮影所が生まれた。東映京都撮影所をはるかに凌駕《りょうが》する施設である。

この施設を使って「徳川無頼帳」が一九九二（平成四）年四月一四日からテレビ東京系でスタートした。主な出演は千葉真一、ハナ肇《はじめ》、西城秀樹《さいじょうひでき》ほか、監修・深作欣二《ふかさくきんじ》で、全二四話が完成し全国放送された。この作品で、日光江戸村で時代劇が撮影できることを証明した。

私はこのとき、現場責任者兼プロデューサーだったので、完成したオープンセットをフル活用して撮影素材にビデオを使用した。この当時、テレビ時代劇の撮影はまだ16ミリフィルムが主流で、NHKだけがビデオで撮っていた。ビデオ撮影は「テレビ東京」のプロデューサーから激しく非難され揉めた。撮る写真に深みがなくてダメ、というのが理由。しかし、ビデオの特性と撮影方法が時代と共に変化していくことを主張し、その反対を押し切って撮影を続行した。激しい抵抗を受けた。いまでは映画の撮影はすべてビデオになった。

以降、江戸村で自主制作として、三時間スペシャル「戦国を駆けた若獅子・森蘭丸」(93)、「姫将軍大あばれ」全48話(95)、四時間スペシャル「徳川の女」(97)、「尾張幕末風雲録」(99)など、その作品は多い。最近は関東で時代劇が撮れる撮影所としてさらに充実し、テレビ局の番組やCM撮影などが入っている。しかし、テーマパークとしての機能もあるため、オープンセットの昼間は施設の音がときどき入ったり、町並みを俯瞰《ふかん》で撮った場合、山が入るなど撮影に規制があるのが難点でもある。

二〇〇〇(平成一二)年には茨城県つくばみらい市に「ワープステーション江戸」がオープンした。都心から約一時間の近場に、五・五ヘクタールの広大な敷地に時代劇のオープンセットが立ち並ぶ施設である。セットの時代設定は戦国から江戸、そして明治から昭和まで幅広く、時代考証も対応した収録、撮影ができるようになっている。

景観のバリエーションも豊富で、建物内の一部は室内撮影にも対応できる。ほかに一五〇坪の簡易スタジオも配置、支度《したく》部屋や出演者控室のバックヤードも充実、運営は株式会社NHKエンタープライズが担っている。ただし、神社、仏閣が近くにないのが欠陥。オープン当初は一般客に公開をしていたが、現在は客を入れていない。いまはNHKの大河ドラマなどが利用している。現在、この二施設が関東で時代劇が撮れる場所である。

第四章　戦後映画を牽引した国際スター

三船を語るとき、その活躍はあまりにも広くて多彩で、広大な荒野を駆けるようなものである。敗戦で苦労していた時代から、三船は映画を通じて国民に勇気と希望を与えた。その活躍と功績は日本映画史を塗り替えたといってよい。あわせて島国日本人が初めて世界に羽ばたいた唯一《ゆいいつ》の俳優でもあった。

目をギラギラさせて三船敏郎が登場した

三船敏郎は一九二〇（大正九）年四月一日、中国・山東《さんとう》省青島《チンタオ》で父・徳造と母・センの長男として生まれた。一歳違いの弟と四歳違いの妹がいる。三船敏郎のルーツは秋田県で、祖父は現在の秋田県由利本荘《ゆりほんじょう》市で医師をしていた。

三船の父が中国へどうして渡ったかは定かではないが、父は青島でカメラ店を営《いとな》んだ。父親が病気で倒れると、家業の写真屋を手伝いながら大連《だいれん》中学を卒業した。二〇歳のとき兵隊に取られて現地の満州《まんしゅう》で陸軍航空隊に入隊。航空隊では身についた技術を生かして、機上から地上を撮る航空写真の仕事についた。軍隊には六年もいて、終戦は熊本県の飛行場で迎えた。

故郷の大連は中国領土になり、実家の写真館は爆撃で焼け落ち、両親も戦禍《せんか》に巻き込まれ死亡。一歳違いの弟と妹も行方不明だった。生きるためにカメラの技術を生かそうと、軍隊時代の先輩、大山年治を頼って上京し、大山の推薦で東宝撮影所にカメラ助手として履歴書を出したが、撮影部に空きがなかった。そのとき、ちょうど俳優のニューフェイス募集をしていたので、撮影部で欠員が出たときに引き取るからと書類が俳優志願へと回されてしまった。

俳優部にこの取り次ぎをしたのが、当時、撮影部の委員をしていた山田一夫で、のちに三船プロでカメラマンとして三船と一緒に仕事をすることになる。

三船が試験を受けた一九四六（昭和二一）年五月は、組合が賃金と労働改善要求で「第一次東宝争議」の真っただ中だった。それでも会社は第一期ニューフェイス募集を大々的におこなった。

三船は、俳優面接で審査員に「笑ってみてください」と言われ、俳優になる気がないので、「面白くもないのに笑えない」と言ったり、およそ試験官をナメたような態度で、その振る舞いはほとんど無礼に近かった。審査員の質問にはロクに答えもせず、唇《くちびる》を真一文字にひきしめて、ときどきギロッ、ギロッと審査員を睨《ね》めつけ、まったくとりつくしまもなかった。

その面構えから、喧嘩《けんか》が強いだろうと聞かれた三船は、「四、五人までならなんてことはない」と答えた。結果、「性格に穏便さを欠く」という理由で不合格になった。

ところがこのとき、面接会場に女優の高峰秀子《たかみねひでこ》（22歳）がいた。高峰はこの三船の存在感に胸騒ぎを感じ、「わが青春に悔いなし」（46、主演・原節子《はらせつこ》）の撮影で審査に参加できなかった黒澤明監督

（36歳）に、このことを知らせた。スタジオから駆けつけた黒澤も三船を見て、ただならぬ雰囲気を感じ、審査主査だった山本嘉次郎《やまもとかじろう》監督に採用を直訴。黒澤の意見を聞き入れた山本は「彼を取って駄目だったら俺が責任をとる」と言って三船を補欠で合格させた。

このときの応募者は約四〇〇〇人。男一六人、女三二人が東宝第一期ニューフェイスとして採用された。そこには久我美子《くがよしこ》、堀雄二《ほりゆうじ》、伊豆肇、若山《わかやま》セツ子、のちに三船の妻となる吉峰幸子らがいた。

これ以降、三船のデビューと作品と活動歴は前記した通りである。三船は海外作品も多く、世界の映画人に多大な影響を与えた。

日本映画を世界に知らしめた名優

数々の話題作で日本映画界に輝かしい足跡を残した三船敏郎。その三船の最後の作品「深い河」を撮った熊井啓が、キネマ旬報の「三船敏郎追悼《ついとう》特集」で、追悼文を書いている。三船の映画に対する姿勢がうかがえるので取り上げておきたい。

熊井啓は「日本列島」（65）、「忍ぶ川」（72）、「サンダカン八番娼館　望郷」（74）、「天平の甍」（80）、「海と毒薬」（86）などで、日本をはじめ国際映画祭でも数々の賞を受賞している名匠である。

その熊井はこう語る。「三船敏郎さんは豪快な役柄の出演作が多かったが、ご本人は繊細で情が厚かった。私が最初にその人間性に触れたのは、一九六八年に三船さんと石原裕次郎さんが製作・主演した映画『黒部の太陽』の際だった。

役に入り込む集中力は、誰も真似できないほどすごかった。『黒部の太陽』のクライマックスにトンネルが開通して労働者たちが歓喜に酔う中、三船さん演じる北川のもとに、娘の死を知らせる電報が届くシーンがあった。喜びと悲しみが入り交じった難しい演技だった。普通なら、そんな撮影の前日は早く休んで備えるのに、三船さんはロケ先の近くの小料理屋で朝まで飲み通した。

翌日どうなることかと心配したが、目を血走らせ、憔悴《しょうすい》しきった格好で現れた彼は、役にぴったりとはまっていた。しかもセリフは完璧に頭に入っている。この場面をこなす計算をしても無理で、自分でなりきるしかない。そう思い、飲んで自分を殺したのだ。そのシーンを見て、さすがの石原（裕次郎）さんも『負けた』とうなっていた。

撮影所には脚本を持ってこなかった。セリフを暗記していたからだ。そんな三船さんが一度だけ現場に脚本を持ってきたことがあった。一九七八（昭和五三）年の『お吟さま』を経て、最後の主演作となった一九八九（平成元）年の『千利休 本覺坊遺文《ほんかくぼういぶん》』の撮影中のことである。セットへ入ってくると大きな風呂敷包みをほどいて、脚本と漢和辞典を取り出した。

秀吉と利休の対決するシーンで、利休のセリフに出てくる『侘』という字をさし、原作では『侘』の字を使っているのに、ここで『侘』となっているのは、何か特別の演出意図があるのかと尋ねた。誰も気づかなかったミスプリントだった。

この作品がベネチア映画祭で上映された際には、三船さんの演技が絶賛された。またこの映画祭の期間中の三船さんの立居振る舞いはじつに紳士的だった。パーティーでの態度も授賞式の舞台上のマナーも堂々たるもので、日本を代表する民間大使といっても過言ではないと思われた。

最後の出演作は一九九五（平成七）年の『深い河』で、ビルマ戦線で闘った元日本兵を演じていただいた。以前に比べ体力は衰えていたが、カメラが据えられ、ライトがつくと、演技者としての気迫が甦《よみがえ》ってきた。その風格は三船さんならではのものだった。

生まれながらの素質を持った一〇〇年に一度の名優は、世を去った。あれほど映画に打ち込む俳優は、もう日本にはいない。全力で疾走《しっそう》して人の何十倍もの俳優人生を送り、日本映画を世界に知らしめた。よく頑張ってくださった」

「僕は三船という役者に惚れこんだ」と語る黒澤

一九九七（平成九）年一二月二四日、三船敏郎が亡くなったニュースは世界中を駆け巡った。日本では新聞、雑誌各紙がトップ記事で報じ、テレビは特番を組んで放送した。

フランスやイタリアの国営放送でも三船のニュースを流し、アメリカのニューヨーク・タイムズは「サムライ映画のヒーロー三船敏郎死す 七七歳。傍若無人《ぼうじゃくぶじん》、でも知恵者の貧乏侍で世界に知られた三船敏郎が亡くなった」と報じた。タイム誌でも三船の死を大きく取り上げるなど、外国報道機関がこぞってニュースを本国へ送った。日本の一俳優の死をこうして世界中が大々的に報じ、哀悼《あいとう》の意を表した例は過去にはなかった。

生前の意向で葬儀は執りおこなわれなかったが、一ヵ月後の一九九八（平成一〇）年一月二四日に三船プロ、黒澤プロ、東宝の合同葬という形で、東京・青山葬儀所でお別れの会が営まれた。参加者は映画界、芸能界、政官界などから一八〇〇人が参列した。しかし式場には喜多川美佳の姿はなかった。葬儀にはフランス大統領はじめ、スティーブン・スピルバーグ、アラン・ドロン、チャールトン・ヘストン、マーロン・ブランドなど世界各国のスター、著名人から弔電《ちょうでん》が寄せられた。

その中で、黒澤久雄が嗚咽《おえつ》しながら父・黒澤明の弔辞《ちょうじ》を読み上げた。

「三船君、今日は君の葬式だというのに、僕はそこへ行けない、ということを、まず、謝ります。いまだに足の具合が悪くて、表に出られないのです（略）。僕が三船君のことを思うとき、君は『酔いどれ天使』の松永だったり、『七人の侍』の菊千代だったり、『用心棒』の三十郎だったりするのだ。彼らはいつまでも僕の中にいきているのです。だから三船君が、この世からいなくなったとはどうしても思えない。

昭和二一年、敗戦直後の日本は、活気に溢れていた。東宝の第一期ニューフェイス試験で、山本嘉次郎さんが、型破りの応募者、三船敏郎を発見した日のことをよく憶えています。

その後、谷口千吉第一回作品『銀嶺の果て』で三船君はデビューし、翌年、僕の『酔いどれ天使』で主役のヤクザを演じました。そのとき、僕は、いままでの日本の俳優に見られなかった、三船君のスピーディーな演技にド肝を抜かれました。それでいて、驚くほど繊細な神経と、デリケ

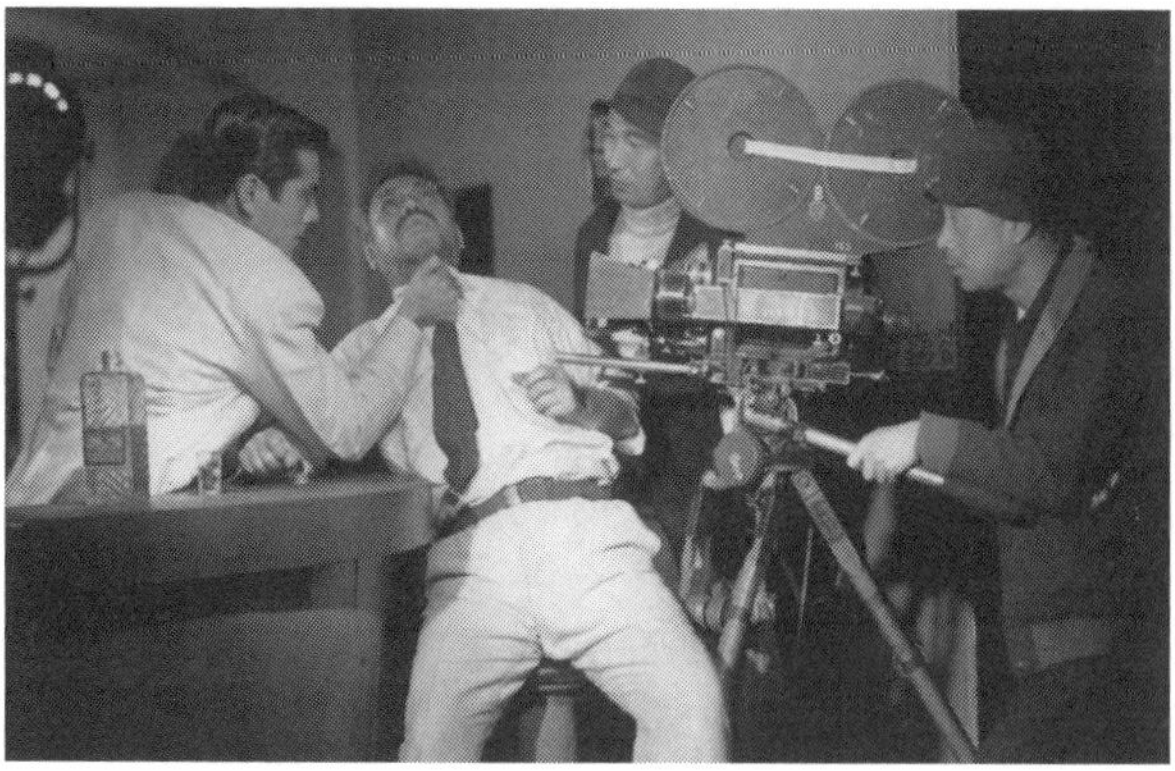

「酔いどれ天使」（48、東宝）撮影スナップ、右からカメラマン・伊藤武夫、黒澤明、志村喬、三船敏郎

ートな心を持っているので、荒っぽい役でも、単なる粗暴な性格にならないところが魅力でした。とにかく、僕は、三船という役者に惚《ほ》れこみました。

『酔いどれ天使』という作品は、三船というすばらしい個性と格闘することで、僕はやっと、これが俺だ、というものができたような気がしています。

もし、三船君に出逢わなかったら、僕のその後の作品は、まったく違ったものになっていたでしょう。僕たちは、共に日本映画の、黄金時代を作ってきたのです。いま、その作品の、ひとつ、ひとつを振り返って見ると、どれも三船君がいなかったならできなかったものばかりです。君は本当によく演《や》ったと思う。三船君、どうも、ありがとう！　僕はもう一度、君と飲みながら、そんな話がしたかった。さようなら、三船君。また、会おう。

一九九八年一月二四日　　　　黒澤明」

三船が亡くなった九ヵ月後の一九九八年九月六日、黒澤明も八八歳で逝去《せいきょ》。また、三ヵ月後の一二月三〇日、巨匠・木下恵介《きのしたけいすけ》も八六歳で他界。ここに映画界の巨星三つが落ちた。以後、映画界はますます勢いがなくなっていく。

スターゆえの栄光と挫折

三船敏郎は終戦の混乱期に強い男を演じてスターになった。三船が演じる主役は、とにかく強くなければならなかった。観客も歓迎した。

しかし、昭和後期になると民主主義教育も浸透し、父親像や強い男の概念も変わっていった。そのあたりから三船の演ずる作品が変容し、出演作も少なくなった。

俳優・三船敏郎の足跡を見るとき、黒澤監督作品がズバ抜けて輝いている。黒澤監督との最後の作品「赤ひげ」（65）、以降の秀作といえば「上意討ち　拝領妻始末」（67）、「日本のいちばん長い日」（67）、「連合艦隊司令長官　山本五十六」（68）、「風林火山」（69）。海外作品は「グラン・プリ」（67）、「レッド・サン」（71）などか。

三船の俳優人生は、一九六二年、自分のプロダクションを設立し、撮影所を構えてから変わっていった。まず黒澤明監督との決別である。撮影所の経営者になったことで、一本のギャラで、黒澤作品で一年間スケジュールを取る余裕はこのとき三船にはなかった。黒澤監督も忙しい三船の出演は無理だったと語っている。撮影所経営のため、好きでもないテレビ作品への出演、会社と撮影所の膨大な人件費と設備投資、あわせて、ドイツ・ミュンヘンの「レストラン・ミフネ」の経営失敗など三船の負担は大きかった。

三船敏郎は、いわば黒澤明が映画という〝非現実〟の世界で作りあげた、大いなる虚像の一面があった。その虚像が独り立ちして歩き始めたとき、悲喜こもごもの劇が始まった。国際スターと崇《あが》められ「日本男児の心意気」を世界に発揚した三船敏郎。日本映画復興の使命感に憑《つ》かれて、独立プロを設立し、スタジオを建設し借財を負って倒産した。

酒と愛人問題、撮影所倒産、この三つが三船の晩節を汚す結果となった。俳優は俳優業だけに専念していれば晩年の不本意な境遇《きょうぐう》はなかったのでは――と考えるのは、私だけだろうか？

しかし燦然《さんぜん》と輝く足跡は残った。外国や日本での各映画賞は二四度受賞。作品以外では、芸術選奨文部大臣賞、牧野省三《まきのしょうぞう》賞、勲三等瑞宝章《くんさんとうずいほうしょう》、紫綬褒章《しじゅほうしょう》、川喜多賞、フランス芸術文化勲章、ロサンゼルス名誉市民、カリフォルニア大学ロサンゼルス校名誉学位などがある。

さらに二〇一六年にはハリウッド映画の殿堂入りを果した。日本では早川雪洲《はやかわせっしゅう》、マコ岩松、ゴジラに次いで四番目である。しかしなぜか、国民栄誉賞の受賞はない。

▼三船敏郎・主な出演作　※傍線部は黒澤監督作品

「銀嶺の果て」（47）でデビュー、「酔いどれ天使」（48）、「静かなる決闘」（49）、「ジャコ萬と鉄」（49）、「野良犬」（49）、「羅生門」（50）、「白痴」（51）、「馬喰一代」（51）、「西鶴一代女」（52）、「戦国無頼」（52）、「太平洋の鷲」（53）、「七人の侍」（54）、「宮本武蔵」（54）、「生きものの記録」（55）、「蜘蛛巣城」（57）、「柳生武芸帳」（57）、「隠し砦の三悪人」（58）、「無法松の一生」（58）、「日本誕生」（59）、「ハワイ・ミッドウェイ大海空戦　太平洋の嵐」（60）、「悪い奴ほどよく眠る」（60）、「用心棒」（61）、「椿三十郎」（62）、「天国と地獄」（63）、「赤ひげ」（65）、「侍」（65）、「上意討ち　拝領妻始末」（67）、「日本のいちばん長い日」（67）、「黒部の太陽」（68）、「連合艦隊司令長官・山本五十六」（68）、「日本海大海戦」（69）、「栄光への5000キロ」（69）、「赤毛」（69）、「風林火山」（69）、「新選組」（69）、「座頭市と用心棒」（70）、「激動の昭和史　軍閥」（70）、「お吟さま」(78)、「男はつらいよ・知床慕情」(87)、「千利休 本覺坊遺文」(89) ほか。

外国作品＝「価値ある男」(61)、「グラン・プリ」(67)、「太平洋の地獄」(68)、「レッド・サン」(71)、「ミッドウェイ」(76)、「1941」(79)、「将軍」(80)、「武士道ブレード」(81) ほか。

Ⅱ 美空ひばり

――歌って演じる大衆の女王

一九三七（昭和一二）年五月二九日～
一九八九（平成元）年六月二四日（52歳没）

焼け跡、闇市から突如《とつじょ》現れた天才少女・美空《みそら》ひばり。その歌声と映画は、占領下の日本で熱狂的に愛され、後年は日本歌謡界の女王と呼ばれ、国民栄誉賞まで受賞した。しかし、俳優・美空ひばりを語る人は少ない。なぜなら映画賞と名のつくものは一つもないし、評論家が言う名作もまったくない。しかし、ひばりの映画は最も安定し、ズバ抜けた興行力があった（扉写真は「悲しき口笛」（49、松竹））。

第一章　映画が育てた焼け跡の天才少女

美空ひばり生涯の映画出演作は一七〇本。映画の題名に「ひばりの〜」とついた作品は四七本。日本一である。しかし、ひばりが映画界で活躍したのは、わずか一四年間であった。とにかく題名に「ひばり」の名がついているだけで客が入った。出す映画、出す映画が当たった。時代も後押しをした。戦後の大衆娯楽が映画だった時代にデビューし、映画の隆盛と共に美空ひばりも成長した。まさに戦後映画の黄金期に君臨した大女優である。

ひばりが映画でデビューしたとき、戦争情報を聞くため必需品だったラジオが、終戦後は娯楽源としての力を持ち、夕食時にはちゃぶ台を真ん中に家族中がラジオで歌や漫才を聞くようになった。映画も地方では神社やお寺の境内《けいだい》に天幕を張り、巡回映画が来て野外上映された。そうした時代に、歌の上手い天才子役が映画に登場したので映画人気も高まった。

もの真似ちびっ子が映画出演

ひばりが子役として活躍したのは、一九四九（昭和二四）年（12歳）〜五一（昭和二六）年（14歳）

までの三年間で、二八本の映画に出演した。

代表作は「悲しき口笛」(49)、「憧れのハワイ航路」(50)、「東京キッド」(50)、「とんぼ返り道中」(50)、「鞍馬天狗　角兵衛獅子」(51)、「あの丘越えて」(51)などである。

ひばりの映画デビュー作は「のど自慢狂時代」(49)である。この作品は一九四六(昭和二一)年一月からNHKラジオで放送していた「のど自慢素人演芸会」(のち「NHKのど自慢」)にあやかった映画で、俗にいうB級作品であった。

当時ひばりは大人の歌を歌い「こまっしゃくれた子供」と言われながらも日本劇場の舞台に立っていた。もちろん、自分の持ち歌もなく、スーパー歌手・笠置《かさぎ》シヅ子の「東京ブギウギ」(48)や、「買い物ブギ」(50)をもの真似で歌っていた。

このとき、喜劇映画の巨匠・斎藤寅次郎《さいとうとらじろう》監督に川田晴久《かわだはるひさ》と映画プロデューサー杉原貞雄から、歌の上手い子がいると売り込みがあった。斎藤はちょうど「のど自慢狂時代」(東横映画、のち東映)を撮ることになっていたので、チョイ役で使うことになった。出演は花菱《はなびし》アチャコ、渡辺篤《わたなべあつし》、清川虹子《きよかわにじこ》、並木路子《なみきみちこ》、灰田勝彦《はいだかつひこ》である。

ひばりを京都東横撮影所に呼んだものの、斎藤はひばりの歌を聞いたことがなかった。本番前にアカペラで歌ってもらうことになった。ひばりは、まず、笠置シヅ子の「ヘイヘイブギ」(48)を身振り手振りで歌いはじめた。

斎藤は、ひばりのブギの上手さに舌をまいた。このときひばりは、耳飾りをつけ、指輪まではめ、大人っぽい服装だった。声がのびのびして素晴らしかった。笠置シヅ子にそっくりだった。いや、笠置より溌剌《はつらつ》としていていい声だった。

ひばりは続いて笠置の「セコハン娘」を歌った。聞いていた斎藤は唸《うな》った。

「笠置の味と違って、この子の方が哀愁にあふれている――」

このとき、撮影所では天才少女がやってくるというので、セット中がいっぱいになった、どんな大スターが来てもそんなことはなかった、ひばりが歌い終わるとセット中は拍手に包まれた。斎藤はひばりのまったく物怖《ものお》じしない態度に、すっかり惚《ほ》れ込んだ。

「よし！　これからも、俺の映画に使おう――」

これ以降、斎藤監督はひばりを、どんどん使っていった。ひばりは斎藤監督の指導で映画のイロハを覚えていった。ひばり一二歳のときである。

ひばりの子役時代は、敗戦日本が復興へと国民が気持ちを一つにして頑張っていた時代で、そのため作品もおのずと懸命に生きる子供や親を描いたものが多い。ひばりもそうした作品で売り出した。

「悲しき口笛」が映画も歌もいきなり大ヒット

ひばりはその後「新東京音頭・びっくり五人男」(49)、「あきれた娘たち」(49)などを撮っていたが、一九四九（昭和二四）年、出演五作目「悲しき口笛」(49)がいきなり大ヒットになった。

内容は「悲しき口笛」という曲を作って戦地に行った兄（原保美《はらやすみ》）が、終戦になっても帰ってこないので、戦災孤児になった妹（ひばり）が、いろいろな苦難を乗り越えて、その歌を頼りに兄を探す物語である。名匠・家城《いえき》巳代治《みよじ》監督のデビュー二作目の作品であった。敗戦日本の貧しい中、逞《たく》しく生きる一少女の生き方を描いた作品は、大衆の圧倒的支持を得た。話の骨格、ストーリー展開、演出も優れていた。

映画の挿入歌「悲しき口笛」も一〇〇万枚を売り、当時としては異例のヒット曲になった。終戦直下で蓄音機も十分に普及していなかった時代である、いまでいえば一〇〇〇万枚相当に匹敵する。

この作品でひばり人気が一気に高まった。家城監督は「とにかく歌を歌わせりゃ、どんな歌でも二〇～三〇分で歌いこなし、そのうえ何もかも知りぬいているし、セリフを云わしたって、芝居をつけたって、大人の俳優さんはだしのエロキューションを持っているんだからねエ。もう負けたよ――」（映画週報）と脱帽している。

この作品、ひばりは「映画もレコードも私の一生涯忘れられない好きな作品です」と語る。娯楽に飢《う》えていた大衆の渇望《かつぼう》に支えられ、映画産業が急速な発展をとげていくときでもあった。

明るく生きる戦災孤児「東京キッド」で庶民のアイドルに

次いで翌一九五〇（昭和二五）年の「東京キッド」も、時流を捉えていたのか大ヒットになった。

戦争で生き別れになった父子の再会までの物語である。終戦で孤児になった子供たちがガード下で靴磨きをし生計を立てていた時代で、ひばりは靴磨きのマリ子役を演じた。

戦災孤児でも明るく生きる子供に、大人たちも勇気をもらった。この映画でひばりは、初めてポスターの配列が一番になった。

この撮影前、ひばり母娘はアメリカ公演から帰国したばかりだった。斎藤寅次郎監督と打ち合わせのとき、母・加藤喜美枝《かとうきみえ》は「アメリカの靴磨きの少年はチェックのハンチングを横っちょにかぶっていたわ。服装も胸当てのズボンでカッコいいの。ひばりの服装もあれと同じにしてはどうかしら」と提案。監督はさっそくこの要望を取り入れ、シャレた靴磨きの服装が仕上がった。これが観客に大受けし、ひばりは確実に庶民のアイドルになっていった。

芸能記者の竹中労《たけなかろう》は「ひばり初期の最高傑作である。ひばり映画の総路線を決定した記念碑的ヒット作である。斎藤寅次郎監督は、松竹大船《おおふな》撮影所の中庭にオープンセットを組み、二週間で撮りあげた。榎本健一《えのもとけんいち》（エノケン）、花菱アチャコ、川田晴久、喜劇の大スターをしたがえて、一三歳のひばりは一回のＮＧも出さず、堂々と主役を演じている。すでに芸能界の女王であった。そして同時に、芸術映画と無縁の大衆路線をゆく宿命を彼女は負うのである」。

映画の挿入歌「東京キッド」も大ヒット。明るく楽しいリズムが受け、戦後混乱期の日本に夢と希望を与えた。「キッド」とは「子供、若者」という意味である。歌詞に「マンホール」「チューインガム」「フランス香水」「チョコレート」など世相や舶来のものが多く含まれており、戦後間もない当時としては斬新《ざんしん》なもので、歌うひばりの姿は、戦後を生きたローティーンの少女そのものであった。

アラカンと組んだ「鞍馬天狗」も大人気

鞍馬天狗《くらまてんぐ》は大佛次郎《おさらぎじろう》原作の主人公で、勤王討幕派の剣士である。黒紋付の着流しに宗十郎頭巾《そうじゅうろうずきん》というスタイルは嵐寛寿郎《あらしかんじゅうろう》自ら考案したものだが、この役はマキノ・プロダクション御室《おむろ》撮影所製作の「角兵衛獅子《かくべえじし》」（27）が最初だった。この一代の当たり役を彼は戦前だけで二三作演じて大人気だった。

「鞍馬天狗 角兵衛獅子」（51、松竹）、右から美空ひばり、嵐寛寿郎、山田五十鈴

ひたすら庶民と勤王派を守って佐幕派と戦う、めっぽう強い剣士で心優しく、敵方である近藤勇《こんどういさみ》と友情を交わすなど、その強さと人間味でアラカン天狗はファンのアイドルになった。お供は角兵衛獅子の杉作少年。大佛次郎の創り上げた天狗は嵐寛寿郎によって生きて血の通う存在になった。

ひばりはその「鞍馬天狗 角兵衛獅子」（51）で杉作少年を演じることになった。終戦で時代劇が撮れなかった後に、大映と縁が切れた嵐寛寿郎が松竹で再生を期す大事な作品でもあった。この作品、美空ひばりの人気と相まって嵐寛寿郎の久々の大ヒット作になった。

このときのことを嵐寛寿郎は「映画はお盆に封切って空前のヒットになった。近藤勇に月形のオッサン（月形龍之介《つきがたりゅうのすけ》）、杉作が美空ひばり、黒姫の吉兵衛が川田晴久、くわえて鞍馬天狗の生命を狙う女を山田五十鈴《やまだいすず》、ゆうたら理想の配役です（略）。美空ひばりには魂消《たまげ》た。まあゆうたら子供の流行歌手ですよってな、多くは期待しませんでした。かわゆければよいと、ところがそんなもんやない（略）。美空ひばり、これがおそろしい。ゆうたらオマセや、これまでの杉作と一味ちごうたんです。第二作『鞍馬の火祭』（51）、第三作『天狗廻状』（52）は、

美空ひばり人気でお客さんも倍増や。天性のものですわな、あれは」。（『鞍馬天狗のおじさんは』竹中労著、筑摩書房）

ひばりがそれまで数々の映画で親なしっ子を演じてきたから、そのイメージが時代劇の魅力と結びつき、鮮明な印象を形づくっていた。この杉作少年が大人気になり歌も流行った。

嵐寛寿郎は生涯「鞍馬天狗」シリーズを四二作撮っている。時代劇の名作である。その後、一四人以上の俳優が入れ替り立ち替り鞍馬天狗を演じたが、嵐寛寿郎に優る鞍馬天狗はなかった。

一七〇本の出演作、主題歌もヒット

主演の子役がうたう歌が数多くヒットしたのは映画史上、ひばりが初めて。これ以降、映画の主題歌を出演俳優に歌わせる手法が流行った。ひばりの影響である。戦後すぐはテレビも普及していなかったので、映画はヒット曲を生むいい媒体《ばいたい》だった。

この時期、ひばりの映画主題歌で超ヒットしたのは「悲しき口笛」(49)、「東京キッド」(50)、「越後獅子の唄」(50)、「私は街の子」(51)、「ひばりの花売り娘」(51)、「角兵衛獅子の唄」(51)、「あの丘超えて」(51)、「陽気な渡り鳥」(51)、「リンゴ追分」(52)、「悲しき小鳩」(52)、「お祭りマンボ」(52)など。ひばりは生涯一七〇本の映画に出演し、主題歌を歌った。歌わなかった作品は「たけくらべ」(55、監督・五所平之助《ごしょへいのすけ》)の一作だけである。

ひばりは歌の声質を浪曲調、民謡調、ジャズ調とすべてを器用に変化させ歌った。この天才歌手の出現は、満天下の主婦や少女の憧れの的になり、「第二のひばり」を夢見て、子連れの母親たちがレコード各社への売り込みに殺到した。また子供に芸事を習わせる家庭が急増したのもこの頃から。

それだけではなかった。ひばりのソックリさんやニセ者が全国各地に横行《おうこう》した。「美空ひかり」とか「美空ひはり」「美空すずめ」と名乗る歌手もいた。コロムビア全国歌謡コンクールの宮城県代表に「青空ひばり」という娘が堂々と出場したのには、審査員も笑うしかなかった。

また「美空小ひばり」という七歳のちびっ子が、浅草六区の一流劇場で公演をしてのけた。これがなぜか受けたのだから驚く。ひばりの目覚ましい躍進と人気にあやかろうと、興行者の懸命な知恵である。それが結構儲かった。

ニセ者が現れたら一流と言われた時代、真似られた浪曲師も多かった。テレビがなかったので声が似ていれば騙《だま》せた。こうした傾向は終戦直後から流行った。そのため全国各地にインチキ芸人による被害が多発し、警察に苦情が殺到。そこで労働省が興行各社に、当時としてはかなり高額の五万円の補償金を出させ「許認可制度」を導入し、取締りを強化した。

第二章　人気絶頂、ズバ抜けた興行力のひばり映画

ひばりが子役から脱皮し、成人するまでの六年間を第二期とする。この時期、ひばりが最も勇躍し輝いていた。出演本数六〇本、話題作、ヒット作も多い。

ひばりは歌手だったので、どこの映画会社へも所属せず活躍できた。ひばり人気もますます加速。映画主演も増えていった。マネージャー福島通人《ふくしまみちと》と、ひばり母娘と三人でやってきた仕事も忙しくなり、一九五一（昭和二六）年五月、「有限会社 新芸術プロダクション」（新芸プロ。のちに株式会社）を作り、社長・福島通人、取締役・加藤キミ（喜美枝）、川田晴久、田端義夫《たばたよしお》、斎藤寅次郎、児玉博が就任した。

事務所を設立した翌年には、日本映画興行収入ベストテンにひばりの作品が三本入った。「ひばり姫 初夢道中」（52、松竹）が二位、「陽気な渡り鳥」（52、松竹）が五位、「ひばりのサーカス 悲しき小鳩」（52、松竹）が七位と、ひばりは絶好調を迎えていた。

勢いのあった一九五二年、会社は「映画は儲かる」と踏んで松竹と提携し、ひばり映画の製作に乗り出した。その第一作が「リンゴ園の少女」（52、監督・島耕二《しまこうじ》）である。ひばりが出演していたラジ

オ東京（現・TBSラジオ）の連続ラジオドラマの映画化で、この番組は当時、NHKラジオの「君の名は」と人気を二分するほどの人気があった。

しかしこの映画、出来が悪く新芸プロは気に入らなかった。

ところがひばり人気だけで客が入った。

なにより主題歌「りんご追分《おいわけ》」の歌が流行った。後年、名作として歌われるようになった「津軽のふるさと」もこの作品の挿入歌である。

「伊豆の踊子」で旅芸人の少女の哀れを演じきる

「伊豆の踊子」（54、松竹、監督・野村芳太郎《のむらよしたろう》）は、忘れがたい作品である。ひばりが演じた一四歳の薫は、旅芸人一座の踊子。伊豆の旅すがら一高生（現・東京大学生）との淡い恋と別れを経験する。ひばりはこの役を見事に演じて、映画はヒットした。

出演したひばりは「川端康成《かわばたやすなり》先生の伊豆の踊子は、かねてからやりたくて仕方がなかったもので、これほど夢中で映画に取り組んだ作品は初めてです。また野村芳太郎監督からは『ひばりちゃん、早くて安いというのが僕の定評だけど、今度はうんとねばるからね』とおっしゃっていただいたときには『立派にやらなくちゃあ』と心に誓《ちか》いました」と語っている。

川端康成のこの名作は過去六回映画化されている。私はこの作品が好きで全部観たが、ひばりの作品がいちばんいい。ひばりは文学的表現を軽々と踰《こ》えて、旅芸人の少女の哀れを生身で演じた。

作品に対する評価は二分された。ある評論家は、ミスキャストと決めつけ、「ひばりの文芸映画」

を冷笑したが、評論家・八森稔《はちもりみのる》は「田中絹代《たなかきぬよ》から山口百恵《やまぐちももえ》まで六人がヒロインを演じているが、旅芸人のムードはひばりが一番だった」と評した。

ちなみに踊子を演じた俳優を年代順に上げると、無声映画時代の田中絹代（33）を最初に、美空ひばり（54）、鰐淵晴子《わにぶちはるこ》（60）、吉永小百合《よしながさゆり》（63）、内藤洋子《ないとうようこ》（67）、山口百恵（74）となる。

「ジャンケン娘」（55、東宝）、右から美空ひばり、江利チエミ、雪村いづみ

人気の三人娘が揃った青春映画「ジャンケン娘」

変わったヒット作もあった。「ジャンケン娘」（55、東宝）で、この作品は芸能誌「平凡」に中野実《なかのみのる》が連載していた小説の映画化で、たわいない友達の初恋騒動と親子関係の話である。

この映画で、当時、人気絶頂の美空ひばり、江利《えり》チエミ、雪村《ゆきむら》いづみが出演した。この三人娘、プロダクション、レコード会社も違う、まして先々のスケジュールがびっしり。共演は不可能とされたが実現した。夢の顔合わせである。これが大ヒットした。この作品が、その後のアイドル映画の先鞭《せんべん》となり影響をあたえた。

映画評論家・山根貞男《やまねさだお》は「青春のはつらつたる息吹が画

面からあふれていた。歌が、恋が、若さを謳歌《おうか》していた。映画の中身が三人娘それぞれの個性を、じつに的確にクローズアップして見せてくれた。要するに単純きわまりない娯楽映画ではあるが、誰もが全力投球していた。三人の中では、やはりというべきか、美空ひばりが大きく見える。幼い頃から積み重ねてきた芸の年輪の違いが、おのずと出ている」と語った。

この大ヒットで味をしめた東宝は、これ以降三人娘出演の「ロマンス娘」（56）、「大当り三色娘」（57）を公開して成功している。ひばりはこの作品で同年代の女性との話もはずみ、撮影終了時には三人ともすっかり仲良しになった。

山口組に守られた興行活動

美空ひばりが新芸プロに所属したのは一九五八（昭和三三）年七月までの七年間であった。母・喜美枝と社長・福島通人との間で、営業面での意思疎通や、金銭の溝が埋まらず、デビューから一〇年、苦楽を共にしたマネージャーと別れた。

ひばりが最も絶頂のときで、歌も「波止場だよ、お父つぁん」（56）、「港町十三番地」（57）、「浜っ子マドロス」（57）、「三味線マドロス」（58）などが大ヒットし流行っていた。この年、ひばりの個人申告所得は三五七三万円と、二位の長谷川一夫《はせがわかずお》の一六八四万円を大きく引き離し、芸能界ではダントツの一位で、年賀状も二万通以上が届いた。

このとき新芸プロは、日本でも屈指《くっし》の芸能プロダクションに成長していた。所属タレントは、美空ひばり、川田晴久、田端義夫、堺俊二《さかいしゅんじ》、白根一男《しらねかずお》、若山彰《わかやまあきら》、伴淳三郎《ばんじゅんざぶろう》、清川虹子、丹下《たんげ》キヨ子、あきれたぼういず（益田喜頓《ますだきいとん》、坊屋三郎《ぼうやさぶろう》、山茶花究《さざんかきゅう》、芝利英《しばりえ》）、星十郎《ほしじゅうろう》、石田守衛《いしだもりえ》、中村錦之助《なかむらきんのすけ》、大川橋蔵《おおかわはしぞう》、伏見扇太郎《ふしみせんたろう》、南郷京之助《なんごうきょうのすけ》、楽団レッドスターズ、ダイナブラザースなど、俳優、歌手、お笑い、バンド、などあらゆるジャンルの芸能人で一大勢力を誇っていた。

しかし、福島の人望で集まった芸能人は、福島が辞めると新芸プロから潮が引くように退社していった。その年の八月一日、ひばりは株式会社ひばりプロダクションを設立した。社長・加藤和枝《かとうかずえ》（美空ひばり）、副社長・加藤キミ（喜美枝）、常務・小野満《おのみつる》、そして会長に山口組三代目組長・田岡一雄《たおかかずお》が就任した。山口組に守られた興行は一九五〇（昭和二五）年から続けていたが、これ以降、ひばりはますます、山口組（神戸芸能社）と組んだ活動を続けていくことになった。

幼少期から次々と当たるひばり映画を映画会社が手をこまぬいて見逃すはずもなく、激しいスカウト合戦がおこなわれていた。強引に口説き落としたのが新興企業の東映で、時代劇が大当たりし稼いでいた。日本映画も全盛期を迎え、製作本数五〇〇本、劇場七六七館、観客動員数一一億二七四〇万人を記録していた。

第三章　時代劇映画の黄金期を疾走した大女優

東映と専属契約した第三期は、一九五八（昭和三三）年八月（21歳）～六三（昭和三八）年一二月（26歳）の契約解除までの六年間である。あわせてこの時期、時代劇が多くなるので、ひばりは京都市左京区岡崎法勝寺町《おかざきほっしょうじ》に京都用の住宅を購入した。

「時代劇の東映」を支えた八面六臂の活躍

東映専属になってからのひばりは、歌い、踊り、はたまた男装で派手な立ち回りを演じるなど八面《はちめん》六臂《ろっぴ》で活躍した。東映作品は全九三作。「時代劇の東映」の全盛期を支えた。

作品はプログラムピクチャー（二本立て上映のプログラムを埋めるために毎週量産される映画のこと）のベルトコンベアに乗り量産された。秀作はなかったが、ひばり作品はすべてが安定した興行力があったので劇場は潤《うるお》った。しかし、その専属契約も六年間と短いものだった。

主な代表作には「ひばり捕物帖」（58）シリーズ、「希望の乙女」（58）、「花笠若衆」（58）、「べらんめえ芸者」（59）シリーズ、「ひばりの森の石松」（60）、「魚河岸の女石松」（61）、「ひばり・チエミの弥次喜多道中」（62）、「花笠道中」（62）、「新蛇姫様　お島千太郎」（65）などがある。

斬られ役集団「東映剣会」との親交

ひばりは新芸プロ時代から新人男優を発掘し、自分の作品で共演して育てた。中村錦之助（のち萬《よろず》屋《や》錦之介）、東千代《あずまちよ》之《の》介《すけ》、大川橋蔵がその代表格で、伏見扇太郎、高倉健《たかくらけん》、里見《さとみ》浩太《こうた》朗《ろう》などがそれに続く。

「ひばり捕物帖　ふり袖小判」（59、東映）撮影スナップ

また、大部屋の俳優を大事にした。東映専属になってからは時代劇が多かったので、チャンバラで絡《から》む人たちを特に大事にした。いつも作品がアップすると、皆を自宅や食事処に招き一緒に食事をした。

当時、チャンバラで絡む俳優は撮影本数が多かったので、掛け持ち、掛け持ちで、スタジオ内を昼夜走っていた。ひばりは、さぞやいいギャラを取っているのだろうと思い、ある日聞いてみると、その安さに驚いた。

皆からも同じ答えが返ってきた。毎回チャンバラで一緒にする人たちの苛《か》酷《こく》な労働を見ているひばりは、さっそく撮影所長にギャラアップを相談した。しかし会社は拒否。それでもひばりは辛抱強く交渉した。全員がだめだったら、せめて自分の作品に出ている人だけでもアップしてくれと強硬だった。

再三再四の交渉で、会社もついに折れ、ギャラアップが決まった。俳優が喜んだのはいうまでもない。東映にはチャンバラで絡む人たちで作る「東映剣会」がある。後年、その中心をなしたのが殺陣《たて》師・菅原俊夫《すがはらとしお》である。


菅原俊夫は、時代劇に憧れて二〇歳のとき新潟県から上京し、東映京都撮影所に入った。大部屋俳優を続けていたある日、このままでは自分の俳優人生も見えないので、尊敬する美空ひばりに俳優を辞めて、殺陣師になりたいと相談した。

菅原を日頃から見ていたひばりは、「殺陣師になるなら私も応援するから、日本一になる覚悟でしなさい」と賛成した。それ以降、菅原は殺陣師に転向。毎日毎日勉強し、頑張った。

殺陣のつけ方がユニークだったので、沢島忠《さわしまただし》、深作欣二《ふかさくきんじ》監督などから次々とオファーが来た。時代を代表するスターからの指名も受けた。その作品は「柳生一族の陰謀」「里見八犬伝」「座頭市」や、テレビ作品の「水戸黄門」「大岡越前」「影の軍団」など数えきれない。直近では北大路《きたおおじ》欣也《きんや》の「三屋清左衛門残日録」（BSフジ）などの殺陣も菅原である。

菅原は二〇一三年三月に第三六回日本アカデミー賞で協会特別賞を受賞した。受賞理由が「伝統的な立ち回りは元より独自のアイデアとケレン味溢れるアクションで常識を打ち破る殺陣を創出し続けた」ことであった。菅原はこのとき、押しも押されもせぬ日本一の殺陣師になり、美空ひばりとの約束を果たしていたのだ。

私は二〇一一年、『美空ひばり公式完全データブック』（角川書店）を編纂《へんさん》するため、菅原俊夫にひばりの思い出を綴《つづ》ってもらった。二人の絆《きずな》がうかがえるので紹介しておきたい。

「初めてお目にかかったのは、もう五〇年も昔になります。その間いろいろなことがありました。NHKの取材で『あなたにとってひばりさんはどんな人ですか』と質問され『人生の二番目の恩師です、一番は自分の両親』。天下のひばりさんに大変失礼なことを――。でもひばりさんは、にっこりと笑って『そうよ、誰にとっても親が一番よ』。またあるときには、ひばりさんが梅田コマ出演中に、最愛のママが京都の病院に入院されたとき、私も撮影が終わるとその足で病院に駆けつけ、ママの寝顔をみては、そっと帰る日が続きました。

千穐楽《せんしゅうらく》が近づいた頃、食事に誘っていただいたその席には、ひばりさんがたった一人で座っておられました。私の顔をみるなり、敷いていた座布団を外し手をついて『すがちんありがとう〝ママは眠ったようにしていてもすべて見てたのよ〟ありがとう。私が歌をやめようとも、すがちんが殺陣師をやめようとも、一生つき合おうね』。

私は顔を上げることができませんでした。親を愛することも、人を愛することも、ひばりさんに教えていただいて今日にいたっています」

菅原とひばりの親交は生涯続いた。映画を離れてからも、ひばりの舞台の立ち回りは必ず菅原の殺陣で「東映剣会」が演じた。死後、京都・嵐山《あらしやま》に「美空ひばり記念館」が建ったときのイベントなどにも必ず参加して花を添えた。メンバーは「ひばりさんへの恩義は忘れない」といつも語る。菅原は現在も現役で活躍している。温厚な人柄なので俳優、スタッフの信頼も厚い。

「ブルーリボン賞大衆賞」での騒動

東京映画記者会が一九六一（昭和三六）年、第一二回ブルーリボン大衆賞を美空ひばりに授与した。その理由が「映画主演で一三年間、大衆に愛され親しまれてきた功績」だった。ひばりは喜んだ。信念として貫いたことが認められたからだ。授賞式は一九六二年一月二五日、銀座ガスホールでおこなわれた。

ひばりが受賞した東京映画記者会のブルーリボン賞は、日本アカデミー賞より歴史が古く、一九五〇（昭和二五）年に設立された権威のある賞である。ところがひばりの選出について、ひと騒動があった。

この賞は東京に本社がある新聞社の映画担当者が選考、一七項目にわたる各賞は、スターにとっての金鶏勲章《きんしくんしょう》（かつて武功抜群の軍人・軍属に与えられた勲章）のようなものだった。受賞者のギャラは二、三割方跳ね上がるし、作品もいいものが回ってくるといったことで、俳優の誰もが口にするのは「ブルーリボン賞をもらえたら……」であった。

ブルーリボン賞に大衆賞ができたのは一九五三（昭和二八）年の第四回目からである。いわゆる娯楽作品ばかりに出演して、主演賞の対象にならないスターの功績を讃《たた》える賞で、最初は長谷川一夫が受賞した。以後、第五回は該当者ナシ、六回・片岡千恵蔵《かたおかちえぞう》、七回・市川右太衛門《いちかわうたえもん》、八回・渡辺邦男《わたなべくにお》監督、九回・中村錦之助、一〇回・月形龍之介《つきがたりゅうのすけ》、一一回・小林桂樹《こばやしけいじゅ》が受賞した。

毎回候補に上りながらどうしても受賞できなかったのが美空ひばりで、受賞の二年前の一九五九年度には、なんとしても――と考えたようだ。

それが、ひばりが主催した「ひばりの会」に、数名の記者が招待されたことにつながってしまった。このとき出席したメンバーがどんな顔ぶれかはともかく、やがて一部の記者から「ひばりに招待され、パーカーの万年筆をもらった者がいる。記者会は反省しなければならない」という声が起きた。

反省すべき会社は、すぐに脱会すべきだと騒ぎになった。ところが不思議なことに、招待された事実も、まして万年筆をもらった、などということもまったく知らない記者連が多く「なぜオレたちは反省しなければいけないのだ」と、アッケに取られていた。

反省を迫られた会社は、朝日、毎日、読売、日経、東京、産経、共同通信の七社、ポカンとしていたのは報知、日刊スポーツ、スポニチ、デイリー、東京タイムズ、内外タイムズ、サン写真、英文毎日、時事通信の九社。

どちらかといえば、ひばりに招待された者が多かったのは、後者の一部記者だったから皮肉なものだった。結局この間こじれて、反省組七社は翌年の一九六〇年三月、東京映画記者会を脱会。翌年、日本映画記者会が設立され、東京映画記者会は分裂した。しかしブルーリボン賞は、これまでと同じ形で九社の記者連が選考して出した。

いずれにしても、ひばりが東京映画記者会を分裂させるきっかけを作ったもので、後で調べたら、万年筆をもらったものは誰一人としていなかったのは大笑いで、大山鳴動《たいざんめいどう》して鼠《ねずみ》一匹の一幕であった。なお、現在のブルーリボン賞はスポーツ七紙の映画担当記者で構成されている。

時代劇からヤクザ映画の時代へ

ひばりは東映時代、毎年、年間一〇本以上のペースで作品を撮っていたが、一九六三（昭和三八）年一二月二六日をもって東映との専属契約を解除した。時代劇の衰退が激しく、ひばりの神通力も通じなくなってきたからだ。また歌もテレビ、ラジオ、レコードの普及でどこでも聴けるようになり、映画からひばりファンを遠ざけた。

東映との専属は六年間と短いものだった。以後、ひばりは新宿コマ劇場、梅田コマ劇場などを中心に、舞台と歌に活動の基軸を移していく。

ひばりが退社したこの年、東映は鶴田浩二《つるたこうじ》主演の「人生劇場 飛車角」（63）が当たり、ヤクザ映画製作へと進んでいく。ひばりと共演が多かった高倉健も翌年公開した「日本俠客伝《きょうかく》」（64）がヒット、以降東映はヤクザ映画を量産していった。

第四章　いばらの道が芸を深めた女王の宿命

人気者のひばりは、いつも世間から一挙手一投足を見られ、やることなすことすべてがマスコミで騒がれるのだからたまらない。そうしたことをニュースに取り上げる媒体があることも、また一因といえる。マスコミでひばりとの浮名を流した人が四〜五人いたが、その中で特に騒がれた三人を見ておきたい。

バンドマスターの小野満と婚約

まず、最初は小野満《おのみつる》。ひばりが小野満と初めて言葉を交わしたのは一九五四（昭和二九）年五月四日、日本劇場で開催中のジャズショー「ソングス・フォア・ユウ」で江利チエミに会うため楽屋を訪ねたときで、小野満が「フォー・ブラザーズ」を率いて出演していた。小野はこのときジャズのベース部門で人気一位だった。

小野満は一九四六（昭和二一）年千葉から上京し、銀座のキャバレーに潜《もぐ》り込みベース演奏の道を歩み始めた。右の中指と左の小指が同じ大きさになるほど研鑽《けんさん》を積み、一九五三年（昭和二八）、伝

美空ひばりと小野満

統の「ビッグ・フォア」を結成するなど、ジャズブームの最前線で活躍した。

リズム楽器なのに、前に出てきて汗だくでベースをかきならすその姿にファンは熱狂。髪形もピシッと決め、スーツは銀座の英国屋、二枚目ときているから、ひばり好みだった。

チエミから紹介されたひばりは、ジャズと歌謡曲の違いの話などで、小野との会話がはずんだ。小野は楽屋を訪ねてきたひばりに「世間の噂と違い、素朴な感じのいい娘《こ》だ——」と好感をもった。これが縁で、小野がひばりのバックバンドを務めるようになった。公私共に交際を続けていたが、小野の優しさにひばりの思慕《しぼ》は募《つの》った。小野の方も急接近して二人はアツアツになった。

一九五七（昭和三二）年一月一九日、浅草国際劇場の公演中、ひばりが塩酸をかけられる事件が起きた。このとき小野は、とっさにひばりを背負い、浅草寺病院へ駆けだした。一キロもある病院まで、凄《すさ》まじい勢いで走りに走った。この忌《い》まわしい事件が、二人の絆を強くした。

ひばりの顔の傷も癒《い》えた頃、母・喜美枝から申し出があって二人は婚約した。小野はひばりより八歳上。これ以降、小野は加藤家と行動を共にする生活が続いた。

ひばり堕胎記事のスキャンダル

その小野満とのスキャンダル記事が飛び出した。出た当初はひばりの事務所が否定したので、業界でも飛ばし記事扱いされたが、ひばりが逝去《せいきょ》した後、マネージャーだった嘉山登一郎《かやまといちろう》が自著『お嬢…ゴメン。』（近代映画社）で、その記事のことに触れているので真実味が出てきた。取り上げておこう。

夕刊紙「国民タイムズ」の一九五八（昭和三三）年六月二八日号に、「天才歌手の悲劇。自由に結婚できない身。噂の父親は小野満？　妻になりたかったひばり」という見出しで、美空ひばり堕胎《だたい》事件が報道された。

「話は昨年の二月中旬にさかのぼる。深夜、東京都渋谷区幡ケ谷《はたがや》本町二丁目六番地にある玉沢病院〔院長・玉沢芳幸（44）〕の四階特別二号室に一人の女性が入院した。彼女は諏訪とだけ称していた。しかし、一般患者はもちろん看護婦でも特定の者しか特別二号室に近づけないという厳重な管理は、逆に人々の疑念を濃くした。その頃諏訪と名乗る女性を見舞った客に、美空ひばりのマネージャーだった福島通人（50）がいた。たまたまその顔を見た患者の一人がつぶやいた。『福島さんが心配そうな顔で来るのだから――』。この諏訪という女性、じつは美空ひばりだった。入院したのが二月一三日だったが、五日間で退院した」

「手術は一三日、玉沢院長、医師ら三人と、慶應大学医学部付属病院産婦人科主任教授・中原正氏が立ち会っていわれた。

記事にはひばりと小野の仲が書かれ、最後に玉沢院長との一問一答が載せられている。

問＝当時、美空ひばりが特別室に入っていたということはどうしても思い出せないか。

答＝記憶にはっきりしていないが、その頃若い女性で流産をした患者が特別室に入ったと思う。あなた方が苦労したこともよくわかる。話は話として、金ですむことだったら相談しよう。

ここで『誤解しては困る』と憤然《ふんぜん》として帰ろうとした記者を、玉沢院長は玄関先まで送ってきた。そして記者に『記事にしないでくれ』と何回もくり返し頼んだのである。

なお、玉沢院長は約一時間、記者と質疑応答を続けたが、その間、諏訪という女性が美空ひばりではないと具体的に否定できず、ただ、あいまいに『記憶がない』の一点張りで、最後は『書かないでほしい』と頼むのだった。

（この記事を検証すると、記事にある諏訪とは、ひばり母方の実家名である。手術をしたという年の二月は一一日に「港町十三番地」のレコーディングをコロムビアで、映画は京都で三月二〇日公開の「ふり袖捕物帖　ちりめん駕篭」（東映）の撮影中になる。歌手の地方公演はない）

この堕胎記事が一面を飾った『国民タイムズ』はその夜、輪転機が刷り出す間ももどかしく、まるで飛ぶように売れた。

記事が出たその日の編集局は、まさに戦場のような騒ぎ。電話がジャンジャン鳴りっ放しで応対に出ると、『ひばりちゃん、あんまりいじめないで』『あれはウソなんでしょう。ねえ、本当だったとしても私にはウソだといって――』と切々と哀願するものから、『こんどひばりちゃんのことを書いたら、新聞社に火をつけるわよ』という物騒なおどしなど、ひばりの根強いファンの集中砲火の前には、さすがの強者記者共も、たじたじだった。

この記事が出ると、雑誌社も勝手に想像してスキャンダルを書いた。

創刊されてまもない週刊誌も入院に秘密ありと騒ぎ、激しい報道合戦が繰り広げられた。

当のひばりプロダクションも電話が鳴りやまなかったが、『記事は事実無根です』と言い続けた。じつは会社でこの事実を知っていたのは、ひばりを病院まで連れていった社長・福島通人とマネージャー・佐藤一夫だけだった。興行を担当していた嘉山登一郎が知ったのはその後である。入院した玉沢病院は福島通人の実家の目と鼻の先にあって、福島がかかりつけの病院でもあった。この記事を取材した記者は、某産婦人科の医師からはっきりその事実をつかんで書いたと自信を持っていた。

福島と嘉山は『ひばりが入院したとき、外部に漏《も》れなければいいが』と恐れていた。しかし幸い、当時、芸能雑誌は『近代映画』『平凡』『明星』くらいだったから助かった。

それがなぜか二年後に記事が出てしまった。このときひばりプロダクションは終始、素知らぬ振りをしていた。病院を退院した直後にでも暴露《ばくろ》されていたら、こうは冷静に対応できただろうか。二年以上もたっていた。お嬢にもいっさい反応しないよう因果を含め、嵐の吹き去るのをじっと待った」と記している。

この事件以降、小野満との婚約は破棄され、しばらくしてから、小野はひばりの元から去った。小野はその後、母の薦めで一九五八（昭和三三）年、銀行員の女性と結婚。気持ちを新たに一九五九（昭和三四）年「スイング・ビーバーズ」を結成し活躍していた。後年、テレビでひばり死去のテロップが流れたとき、「感情を表に出さない父が一日中ぼろぼろ泣いていた」と長男が語った。

その小野も心筋梗塞《こうそく》で倒れ、肺炎を併発し二〇〇八（平成二〇）年一月二日、七八歳の生涯を閉じた。ひばりとの親交は晩年まであった。

暴露記事専科「国民タイムズ」とは

当時「ペンの殺し屋」と騒がれた「国民タイムズ」は発行部数わずか数万部の三流紙で、お色気記事を中心に細々と食いつないでいたというのが実情だった。

「なんとか部数を増やそう」と編集スタッフが行きついた先が、徹底した暴露記事でセンセーションを巻き起こそうというものだった。そのやり玉に上がったのが芸能界やプロ野球など、とにかくスキャンダルには事欠かないスターの世界だった。

当時、曲がりなりにもスターと名がついた芸能人は、そのペンの下にバッサ、バッサとなで切りされた。そうしたときのひばり堕胎記事であった。

こうしたスキャンダル記事に、さすがに映画会社もカチンときて、六社の宣伝部長会が「国民タイムズ」に「事実無限のことを書かれてスターの人気にもひびく」と抗議。同時に「国民タイムズ」は日本新聞協会から除名されてしまった。さしもの「国民タイムズ」もこれを境に落ちぶれ、紆余《うよ》曲折のすえ、一九六〇（昭和三五）年、大映の永田《ながた》雅一《まさいち》社長が経営に乗り出し新社を設立。四月、「夕刊・東京スポーツ」が誕生。一九六二年「東京スポーツ」に改題。しかし、この新聞も誤報、ガセネタ、飛ばし記事の多さから業界では「飛ばしの東スポ」の異名《いみょう》を取る媒体で、現在も発行されている。

マザコンの萬屋錦之介に心底惚れていた

二番目は「ひよどり草紙」（54）で共演した中村錦之助（のち萬屋錦之介）。「唄しぐれ　おしどり若衆」（54）、「八百屋お七　ふり袖月夜」（54）などで共演しているうち、お互いが好きになり二人は結婚を望んだ。

しかし、錦之助の母・ひなさんが歌舞伎の名門には「魚屋」の娘は不釣り合いと大反対したとか、しないとか噂がとんだ。困ったのは東映で、二人の共演ができなくなるからだ。京都撮影所の山崎真一郎所長は二人の仲を取り持つべく、一席を設けた。

なにせこのご両人、うるさ型と呼ばれ、その影さえ見てもみんな避けて通ったくらいだから、仲直りの仲介などできるはずもなかった。案の定、席を設けた料亭では、二人はそっぽを向いたきりで話もしない。山崎所長が「まあ一杯！」といいながらいろいろ話をするが、ひばりの母・喜美枝はタバコをプカプカ吹かし返事もしない。喜美枝は三〇分もしないうちに帰ってしまった。

喜美枝は「なにが歌舞伎役者の家柄よ、なにが名門よ。たかが何代か続いただけの家柄じゃないの。私のところだって、横浜に『魚増』っていう、立派な魚屋に家柄があるんですから」と憤慨《ふんがい》していた。スタッフには「もう金輪際《こんりんざい》、お嬢は錦之助なんかと共演させませんからね」と言い張った。

この一件で、錦之助との結婚はオジャンになった。錦之助は猛烈《もうれつ》なマザコンであった。このときもひばりは黙《もく》して何も話さなかった。ひばりの深酒が進んだのもこの頃。しかし、錦之助とひばりの親交は晩年まで続いた。

後年、東映・岡田茂《おかだしげる》社長がエピソードを語っている。

「いまでも語り草になっているが、錦之助さんと有馬稲子《ありまいねこ》さんの結婚式を、大川博《おおかわひろし》さんの仲人で、銀座東急ホテルでやったときのこと。ひばりさんがちょうど公演期間中だった。その頃僕は東京の撮影所長をしていた。ひばりさんのお母さんの使いが僕を呼びに来た。

『ちょっと、来て下さい』

『どうしたんですか』

『いまから、ひばりさんが披露宴に行くと言い出しています』

『ひばりが行ったってしようがないじゃないか』

話を聞くと、大きな猫の絵がデザインされている、ものすごい着物を仕立てているというのだ。

『明日のスポーツ新聞の一面になるじゃないの！』

『ひばりちゃん、そんなことダメだよ。やめなよ』と説得したら、バーッと泣き出した。

『そんなこと、やめてくれよ。あんたの長い人生、まだまだあるじゃないか。錦之助が結婚したぐらいでなんだ』

しかし、あの子は役者を辞めてもいいというぐらい、心底から錦之助さんに惚れていた。錦之助さんは多少逃げ腰だったが。

『だいいち錦之助と結婚したって、歌舞伎界のおかみさんだぜ。そんなことできるんか。いちいち部屋を回ってな、はい勘三郎先生おはようございます。よろしくお願いします。なんて挨拶してまわることなんてできるんかい』

それでも『ほっといてよ、そんなこと』と強気だった。

ひばりさんが惚れていたことは事実だ（略）。晩年でも錦之助さんの話をすると顔がさっと赤くなったくらいだ。美空ひばりさんの最期には、錦之助さんがその亡骸《なきがら》を抱えて、病院から出た。よくぞ

マスコミに写真に撮られずにできたと思う」（『波乱万丈の映画人生』岡田茂著、角川書店）

ひばり二四歳のときである。

小林旭との結婚生活の真相

三番目にご登場願うのは小林旭《こばやしあきら》。この人との話は多く語られているので簡略に記しておきたい。

ひばりと小林旭との出会いは一九六一（昭和三六）年九月号の芸能雑誌「明星」の対談だった。それからつき合いが始まった。ひばりは対談後、小林からつき合っている人がいないと知らされ、思慕を一途に募らせた。ひばりは仲良しの江利チエミ、雪村いづみが結婚していたこともあり、結婚願望が募っていたときである。

このとき小林旭は「渡り鳥」シリーズで超売れっ子、共演の浅丘《あさおか》ルリ子と半同棲していた。対談後、ひばりは京都作品が多かったので、東京の旭に毎日毎日電話攻勢を始めた。思いは募るばかりであった。

喜美枝は、ひばりがあまりに一途になるのが心配で、親しくしている報知新聞・味岡喜代治《あじおかきよじ》記者に旭の身辺を調べてもらったところ、撮影所内での評判が悪かった。

それを聞いた喜美枝は結婚に反対。結婚を許さない母親に、ひばりはこのとき初めて反抗した。自分の部屋に鍵をかけ、口もきかず食事もしないでストライキを始めた。これには喜美枝も折れた。それからひばりは旭と婚約。旭はこの頃から浅丘との同棲を解消している。

小林旭との結婚式（1962年11月5日）

結婚式は一九六二（昭和三七）年一一月五日、日活国際ホテルでおこなわれた。ひばりの父・増吉が入院中だったので、父親代わりを山口組三代目組長・田岡一雄が務めた。

結婚式を挙げ、新婚旅行に行くとき、トラブルが起きた。旭は自動車会社から新婚旅行に乗っていく、真っ赤なジャガーの新車を式場に届けさせた。車のセールスマンは、この車の代金三〇〇万円は小林さんが今日のご祝儀で支払うと言っていますので、もらって帰りますと言う。このことを知ったひばりは激高した。さらにセールスマンに聞くと、小林宅に三台ある車の代金も未払いとか。

出発前に旭とトラブったが、見送りの人の目もあるので、ひばりは仕方なくその車に乗って熱海市上多賀赤根崎《かみたがあかねざき》の旅館まで行った。

新婚三日目の夜、またトラブルが起きた。ジャガーの件で納得しないひばりは旭を詰《なじ》った。旭は、あからさまに詰られ、カッとなって飲んでいたビールのグラスを投げつけた。

ひばりはとっさに右手で顔をかばったが、グラスが割れ、右手人差し指と中指との間に二・五センチ位の深い傷を受け、血が流れた。もし顔に傷がついたら大変だった。ひばりは一九歳のとき、浅草国際劇場で塩酸をかけられた悪夢を思い出しゾッとした。これを知った旅館の女将がびっくりして近くの山形玄也医師を呼び、手当はうけた。翌日、ひばりは旭が仙石原《せんごくはら》のゴルフ場に行っている隙に、旅館から逃げた。

この急報を聞いた喜美枝は、松竹撮影所のある大船へ飛んでいった。撮影で遅くなったとき、よく泊まった旅館があった。そこの主人はひばりをまるで自分の娘のように可愛がってくれていた。喜美枝の勘が当たった。ひばりはその旅館に身を潜《ひそ》めていた。ひばりの詳しい話を聞いた喜美枝は、ひばりを説得した。結局、世間体もあるので二日後に旭の待つ熱海の旅館に帰らせた。

これ以降、二人の仮面生活が続いた。結婚生活は長く続くはずもなく、一年七ヵ月後、離婚が発表された。それも同日、ひばりと旭が別々の会場で発表するという異様なものだった。

ひばりの記者会見では、親代わりだった山口組組長・田岡一雄が「今度の旭さんとひばりさんの離婚は『理解離婚』というものです。意味ですか？　私が中に入って双方とも理解しあったうえで離婚に踏み切ったので『理解離婚』といいます」と説明した。

なんとも、わかったようなわからない説明に、記者から矢継ぎ早の質問が飛んだ。ひばりは「私が舞台を捨て切れないことに対する無理解です。芸術を理解してもらえなかった」と答え、目頭をそっと抑え、「芸を捨て、母を捨てることはできなかった」とくり返した。

離婚後明らかになったのは、この二人、婚姻届を出していなかった。

田岡がひばりと旭に因果を含めた「理解離婚」

疑問が残る発表に、マスコミが一斉に騒ぎ取り上げた。いろいろな憶測《おくそく》が交錯《こうさく》した。では本当の離婚理由は何だったのか。ここで私の知る主な理由をあげると、まず経済問題。これが大きい。このとき二人の所得には雲泥《うんでい》の差があった。映画一本のギャラはひばり三五〇万円、旭が二五〇万円。これに、ひばりは歌手興行料が相当に入る。

旭はひばりが家庭におさまることを望んでいたので、映画出演や地方興行を極端に減らさせた。そのため映画出演が激減、歌手興行は泊まりのない関東圏が中心になった。これで加藤家の収入がガタ落ちした。専属バンド、事務所の社員給料、長男・益夫（芸名・小野透《おのとおる》、のちにかとう哲也）の藤美産業の経費、ますます遊びが派手になった次男・武彦（芸名・花房錦一）のお金などが影響を受けた。喜美枝はこれに抵抗した。

二番目の大きな理由は、ひばりが芸能活動を切望したからである。旭の希望で映画に出られなくなったことも悔やんだ。そして爆発はＮＨＫで歌った「五輪音頭」で起きた。初めてうたう歌で、このときひばりの音程と違う譜面を間違って渡された、ひばりはバンドに合わせて無理に高い声を出して歌った。これを旭がテレビで見ていて、帰るなり玄関先で「聞いたぞ、聞いたぞ。なんでえ今日の歌は、音程がメチャメチャだぜ。美空ひばりも落ちたもんだ」と、ニヤニヤ笑った。

ひばりはカッとした。その無神経さが許せなかった。

「なによ！　テープを聞いてごらんなさい。どこの音程が狂っているの」

激しい言い争いで、ひばりは子供のように泣いた。ほかのことならいざ知らず、一七年間、この道一筋に歩いてきた誇りを傷つけられ、我慢がならなかった。

さらに、ひばりの転機を迎える新宿コマ劇場の第一回公演にも、旭は反対した。舞台の稽古《けいこ》中や、稽古で体調を崩し慈恵医大病院に入院したときも、見舞いがなかった。新宿コマ公演にもついに顔を出さなかった。

この間にもいろいろな行き違いも重なり、それが悪い方に動いた。ひばりと喜美枝は離婚を決意。その仲介を入院中の山口組組長・田岡一雄に頼んだ。旭は二人の話し合いを望んだが、喜美枝が猛反対。二人で話し合いをすることはなかった。田岡は旭とひばりに因果を含め記者会見に臨んだ。「理解離婚」の本当の舞台裏である。

後年、ひばりは、自著『ひばり自伝』（草思社）の中で「結婚ということ――特に私のような立場にいるものの結婚ということの難しさは、本当に嫌というほど知ってしまいました。ただ好きな方がいるので、一緒に結婚する、というわけにはいかないのです。純粋に愛情以外の問題が山ほど押しかけてきてしまうのです。きっと私のような者が、結婚で女の幸せを得るということは、許されないことなのでしょう」と語っている。

結婚、そして離婚。女性として歩んだいばらの道は、ひばりの芸をいっそう深めるための宿命だったのかもしれない。

ひばりが〝親離れ〟できたのは、喜美枝が一九七七（昭和五二）年に、転移性脳腫瘍《のうしゅよう》で京都の大和病院に入院してからといってもよい。ひばりが四〇歳になってからである。

戦後の女性像を体現したひばりの映画

映画界でひばりが活躍したのは一九四九（昭和二四）年の一二歳から二六歳までの一四年間である。女優が演じる作品は戦前では田中絹代の「愛染《あいぜん》かつら」（38）のように、とことんつらい運命を甘受《かんじゅ》して、男の胸にとりすがる可憐《かれん》さといったところで人気を得て、最後にはシンデレラのような幸福を得るというのが多かった。戦後になると、女性がつらい運命をじっと辛抱した末に幸せになるというストーリーはほとんど消滅した。

女性も男に従属などしないで独立独歩で生きていく。そういう芯《しん》の強い、いわば女傑《じょけつ》型とでも呼ぶべき作品が増えてきた。高峰秀子、淡島《あわしま》千景《ちかげ》、山本富士子《やまもとふじこ》などはそうした女性を多く演じた。

しかし、そうした意味で最も戦後的な女優を代表するのが美空ひばりであった。

子供時代は可憐な哀調が評判の少女歌手だった。それも、大人の歌を器用に真似ることで人気があった。それが大人の目には、マセた嫌らしい子供に見えた。子供たちは逆に、大人の世界と交わり、一緒に仕事をするひばりを理想像として羨望《せんぼう》の眼差《まなざ》しを注いだ。また子供なのに、嵐寛寿郎、鶴田浩二などといった、ずっと年上の男優と共演したことで、同じ年頃の少年少女は、ひばりを自然とお姐さん的な存在として見るようになった。

そして成人してトップスターの座を二〇年以上も続けてきた貫禄《かんろく》を、そのまま役の上に生かして、映画の中で、たいへんな姐御《あねご》ぶりも発揮する。だから、二線級の俳優など、ひばりの前に出るとき、顔色をうかがっているように見えた。ひばりはそんな存在だった。

戦後の幼少期からひばりの映画を観て育った人は、ひばり映画の中に自分を重ねて観る。そこには一概にノスタルジアでは片づけられない人生の苦節が重なる。だからあの時代に、あのとき観た映画が想い出に残る。まさに時代を反映していた。ひばりの映画はそうした存在だった。

「不死鳥」ひばりを支持した主婦たち

美空ひばりは天才である。歌の上手さは天性のものというが、努力がなければ歌謡界と映画界で四〇年間も、第一線で活躍し、人気は保てない。まさに万人が認める歌謡界の女王である。

もともと歌謡曲とは雑種音楽である。ジャズが流行ればジャズっぽく、タンゴが流行ればタンゴ風にと、時代によってさまざまな音楽要素を無制限に取り入れて育ってきた。ひばり自身も、浪曲調、民謡調、追分調、ジャズ、ブギ、マンボ、ブルース、スイング調を器用にこなし、〝七色〟の声を巧みに操って歌いこなした。それも誰もが真似のできない声質と技術を持ってである。

そのひばりも、山口組（神戸芸能社）の庇護のもと歌手活動を続けていたのが、マスコミや世間に指摘され、猛烈なバッシングを受けた時期もあった。世間はなかなか正当な評価を与えようとしなかった。

ひばりが大衆から完全に許されたのは、病《やまい》におかされた晩年から逝去後だった。ひばりが立派だったのは「不屈《ふくつ》」だったことで、バッシングを浴びようが、大病で倒れようが、不死鳥のように再起して歌い続けた。そうしたことで没後、ようやく世間に認められたといってもよいだろう。

余談になるが、私は、ひばりが映画で歌っているシーンと、ライブ公演の映像を再編集して「美空ひばりフィルムコンサート」として二〇〇一年から一三年間、媒体主催などで全国を巡回公演したことがある。遠くはブラジル、ハワイまで行き、二三八公演を実施した。そのときの観客層は主婦が圧倒的に多く、同性から慕われていたひばりを実感した。それも超熱狂的なファンが多い。

いちばん感銘したのはブラジルのコンサート会場で、昔、開拓地からランプ片手に片道一時間二〇分も歩いて、美空ひばりの映画を観に行ったという、サンパウロ市ベラ・ビスタ区在住の伊那ナンシー（72歳、大分県出身）さんの話を聞いたときである。国策でブラジルへ開拓民として移住した人たちは苦労の中、ひばりの歌と映画は日本への望郷を抱かせる最たるものだったと話し、想い出したのか涙したときだった。

そのひばりも一九八九（平成元）年六月二四日、間質性肺炎による呼吸器不全のため五二歳の若さで亡くなった。その年、女性初の国民栄誉賞が授与された。二〇二三年は生誕八六年、没後三四年に当たる。

▼美空ひばり・主な出演作

「のど自慢狂時代」（49）でデビュー、「悲しき口笛」（49）、「東京キッド」（50）、「とんぼ返り道中」（50）、「鞍馬天狗 角兵衛獅子」（51）、「あの丘越えて」（51）、「陽気な渡り鳥」（52）、「二人の瞳」（52）、「ひばりのサーカス 悲しき小鳩」（52）、「リンゴ園の少女」（52）、「ひばり姫 初夢道中」（52）、「ひよどり草紙」（54）、「伊豆の踊子」（54）、「たけくらべ」（55）、「ジャンケン娘」（55）、「笛吹若武者」（55）、「銭形平次捕物控 死美人風呂」（56）、「ふり袖捕物帖 若衆変化」（56）、「大当り三色娘」(57)、「青い海原」(57)、「ひばりの三役　競艶雪丞変化・前後篇」(57)、「希望の乙女」(58)、「ひばり捕物帖　かんざし小判」(58)、「花笠若衆」(58)、「東京べらんめえ娘」(59)、「紅だすき喧嘩状」(59)、「べらんめえ芸者」(59)、「ひばり十八番　弁天小僧」(60)、「ひばりの森の石松」(60)、「白馬城の花嫁」(61)、「魚河岸の女石松」(61)、「ひばり・チエミの弥次喜多道中」(62)、「千姫と秀頼」(62)、「ひばりの母恋いギター」(62)、「花笠道中」(62)、「新蛇姫様　お島千太郎」(65)、「のれん一代　女俠」(66)、「女の花道」(71)ほか。

Ⅲ　有馬稲子

――映画界の因習に立ち向かう先駆者

一九三二（昭和七）年四月三日～（91歳）

有馬稲子《ありまいねこ》の映画人生はわずか一三年である。しかし、戦後昭和の映画界で異彩を放った。まず、女優の自己主張を嫌った映画界で少なからず我《が》を通した。さらに映画各社が自社俳優の他社出演を禁じた五社協定に反旗を翻《ひるがえ》し、保守的な映画界から反発をくらった。また悪しき秘めごとも経験した。女優と監督の不倫である。そうしたことで女優・有馬稲子は映画黄金期を疾風《はやて》のごとく走り、波乱万丈の人生を送った（扉写真は「風花」〔59、松竹〕に出演した「にんじんくらぶ」結成メンバー。右から有馬稲子、岸恵子《きしけいこ》、久我美子《くがよしこ》）。

第一章　宝塚おとめから自己主張する女優へ

有馬稲子は戦前の軍国主義一辺倒の時代から、終戦になり価値観が一変した時代に芸能界へ入った。民主主義が叫ばれ家庭や職場の改革が進み、物の見方、考え方も変わっていった。そうした過度期の時代を体感した第一期生みたいなものだった。そのため宝塚歌劇団から、封建的な映画界へ入ったときは苦汁をなめた。

実父のDVから逃れて宝塚へ

有馬稲子は一九三二（昭和七）年四月三日、大阪府豊能《とよの》郡池田町（現・池田市）に生まれた。本名・河村盛子《みつこ》（旧姓・中西）。父がコミュニスト（共産主義者）だったため官憲に追われ、大阪府の各所を転々と逃げ回っていた。それを見かねた祖母・芳枝が、盛子（4歳）を朝鮮の釜山《プサン》にいた父の実姉・中西かね夫婦に預けたが、かねに子供がいなかったので養女になった。

釜山小学校三年生のとき養父が死亡したので、叔父夫婦と教えられていた大阪市に住む実父母のところで生活する。しかし離れていた実母を「叔母さん」としか呼べず、実父は家庭内暴力を振るうので馴染《なじ》めず、一年後、養母と二人で再び釜山へ戻った。

　釜山へ戻った養母・中西かねは藤間《ふじま》流の名取《なとり》で藤間金柳と名のって日本舞踊を教えて生計を立てた。有馬はこのとき踊りや三味線を覚えさせられる。一九四五（昭和二〇）年四月、釜山高等女学校に入学するが、すでに太平洋戦争は末期で、学校へ行っても授業はなく、もっぱら軍服のボタンつけをさせられた。

　八月一五日終戦。反日感情が沸騰《ふっとう》していた釜山に危険を感じ、一一月、養母と共に密航船に乗り命からがら日本へ引き揚げ、また大阪市天王寺《てんのうじ》の実父母の家で間借り生活を始めた。有馬の下には子供が四〜五人いた。しかしこのときも実父の暴力、同居していた大勢の弟妹の虐《いじ》めにあい、つらい日々を過ごした。


　引き揚げてから、有馬が「私が世の中でいちばん嫌いな人、最も軽蔑《けいべつ》する人、最も恐ろしい人」と言う実父が商売に行き詰まった。大勢の弟妹との生活、家庭内暴力といった複雑な家庭環境から逃れるため、自殺を考えたこともあった。

　一九四八（昭和二三）年三月、府立夕陽丘高等女学校卒業。新劇に憧れていたことから友達に勧められ、係累《けいるい》の地獄から逃亡するため全寮制の宝塚音楽学校を受験、九四三人の受験生のうち合格者六九人という創立以来の競争率を突破して入学。その後、予科一年を修了して本科に進む。と同時に宝塚歌劇団に加わり、越路《こしじ》吹雪《ふぶき》のいる花組に編入され寮生活を始めた。以前、宝塚に在席していた養母の芸名を継ぎ、有馬稲子と名乗る。

学校では日舞、タップダンス、バレエ、声楽を学んで本科を卒業。一九五〇（昭和二五）年三月、大劇場公演「春のおどり」で西鶴《さいかく》の『好色五人女《こうしょくごにんおんな》』「おまん」の役で早くも頭角をあらわした。以後、新珠三千代《あらたまみちよ》、月丘夢路《つきおかゆめじ》、宮城野由美子《みやぎのゆみこ》、八千草薫《やちぐさかおる》などと共演し活躍、人気スターの仲間入りをしトップスターへと躍り出た。

生活も天王寺の実父の家を出て伊丹《いたみ》へ移った。実父のＤＶ（ドメスティックバイオレンス）などから逃れるための宝塚入りだったが、宝塚に入った後も実父母は、有馬の家まで追い駆けてきてお金の無心をくり返した。

この間、宝塚歌劇団の半数を動員して一九五一（昭和二六）年一月、東宝・綜芸プロ提携作品「寶塚夫人」で映画初出演。主演は春日野八千代《かすがのやちよ》、月丘夢路だったが、有馬は知的な容貌《ようぼう》と均整のとれたプロポーションがひときわ目立ち、同年七月、東宝「せきれいの曲」（監督・豊田四郎《とよだしろう》）のヒロインに起用され注目を浴びた。続いて「若人の歌」（51）で池部良《いけべりょう》の恋人役を演じる。

この逸材《いつざい》に東宝は目をつけ、一九五二（昭和二七）年九月、プロデューサー藤本真澄《ふじもとさねずみ》が宝塚歌劇団理事長・引田一郎《ひきたいちろう》に有馬の映画界への移籍を交渉した。しかし劇団はこれを強く拒否。諦め切れない東宝は小林富佐雄《こばやしふさお》社長直々のお声がかりもあり、粘り強く交渉を重ねた結果、有馬が出演していた一一月公演「かぐや姫」の千秋楽を終えて宝塚を退団することになった。

このとき有馬は映画に格別の魅力を感じていたわけではなかった。宝塚から借金をし、家を建てていたので、その肩代わりを東宝がするというのが決め手になった。しかし、それにも増して、持ち前

「ひまわり娘」(53、東宝)、有馬稲子と三船敏郎

の向上心の強さから映画で本格的な演技の修業をしたいという願望が強かったこともあった。

映画デビューした「ひまわり娘」

有馬稲子が宝塚歌劇団から映画界に入ったのは一九五三(昭和二八)年一月、映画が絶頂期を迎えようとした二一歳のときである。東宝は有馬を「宝塚の白バラ」として歓迎した。

東宝専属になった第一回主演作品は、当時人気があった源《げん》氏《じ》鶏太《けいた》原作「ひまわり娘」(53)だった。恋人役の三《み》船《ふね》敏郎《としろう》に対し、有馬は明るく美しいOLを演じた。三船はこのときすでに「酔いどれ天使」(48)、「静かなる決闘」(49)、「野良犬」(49)、「羅生門」(50)などを撮り人気があった。三船はこの作品で有馬の相手役として若いユーモラスな青年を演じた。「七人の侍」(54)が出る一年前で、まだ特別扱いされていなかった。

デビューしたこの年、東宝は有馬を秘蔵っ子扱いにし、第二の原節子《はらせつこ》として売り出すため「一九五三年の顔」として大作戦を展開した。作品も源氏鶏太原作「母と娘」(53)、「幸福さん」(53)をはじめ、人気のあった池部良とは「都会の横顔」（53）で共演させ、市川崑《いちかわこん》監督の「愛人」（53）なども撮った。

当時、芸能誌は「平凡」「明星」「近代映画」「映画ファン」などの月刊誌が主流で、会社はこうした雑誌媒体《ばいたい》に、いろいろな企画を考え、毎月表紙やグラビアで有馬を売り出した。ところが半年もたたないうちに、有馬は宣伝協力を嫌がった。せっかく宣伝部が苦労して取ってきた取材や企画をキャンセルしだした。なぜなのか？

有馬は「私はいったい何をやっているんだろうなあと思いはじめまして。俳優は演技力と中身の人間を磨くのが第一。それができていないのに、いくら宣伝してもダメと信じ込んだんです」と語る。たしかに出演していた作品はプログラムピクチャー・システムで量産される通常作品だったので、演技の向上心に燃えていた有馬にとっては不満だった。

美人でインテリぶって生意気な「ゴテネコ」

有馬のキャンセルがさまざまな波紋《はもん》を呼んだ。東宝社内では有馬は稲子《いねこ》なので、「ネコちゃん」の愛称で呼ばれていた。ところが不平不満が始まってから「ゴテネコ」と囁《ささや》かれだした。そのうちキャンセルされた媒体や記者から「お高い」「あいつは生意気だ」と叩《たた》かれ、有馬の評判は生意気が先行した。

三島由紀夫《みしまゆきお》までが「あの程度の女は、女子大に行けばいっぱいいるよ」と皮肉った。有馬の落ち込みは相当なものだったが、若かったせいかバッシングの中にあっても本人は意気軒高《けんこう》に振る舞った。

有馬ほどマスコミやその他で叩かれた女優は珍しい。なにより美人でインテリぶった言動が多いというのが、その最大の原因だった。当の本人は「私は知的でも何でもない。知的だと思えるほど、うぬぼれが強かったら、女優としてもっと、うまくなっていたはずです。私はいつも教育がない、教養がない、知的でないというコンプレックスにさいなまれていた」と反論している。

それでもデビューした年は五本に主役を張った。

入社二年目、有馬は東宝との再契約にあたって「他社出演も会社と話し合いのうえなら可」という一項を認めてもらった。さっそく、会社へ映画化したい作品や他社出演の希望を出すが採用されず、しかも仕事を三ヵ月も干されてしまった。おかげで六月には神経衰弱、脚気《かっけ》、結膜炎《けつまくえん》、低血圧に見舞われ、次回作に予定していた「君死に給うことなかれ」(54)を降板した。

それでも二年目は「伊津子とその母」(54)、「わたしの凡てを」(54)、「晩菊」(54)、「愛」(54)、「結婚期」(54)、「女性に関する十二章」(54)など六本の作品に出演した。これらの作品で有馬の人気も急上昇していった。

そうしたときの一九五四(昭和二九)年、「キネマ旬報」八月上旬号の匿名《とくめい》座談会で「旧勢力を屁《へ》とも思わないアプレゲールの気迫と魅力」という記事が出た。アプレゲールとは戦後派の意味。従来の価値観と異なった行動をする若い人々を指す当時の流行り言葉である。

記事中「有馬は女中くさい顔をしている」と言われた。これに有馬が憤慨《ふんがい》。東京新聞「一人一題」で反論し、「女中くさい顔とはどんな顔でしょ? 女中くさい顔と、偉い方に断定されることは、これから色んな役柄を演《や》ってゆかなければならない私にとって、非常に迷惑です」などと噛《か》みついた。

それまで陰で囁かれていた〝ゴテネコ〟の異名《いみょう》をいちだんと高めた。

この時代、ほかの女優のほとんどは所属する映画会社の命じるままに量産される作品に黙《だま》って出演していた。当時、有馬は自己主張する、まったく稀《け》有《う》な存在の若手女優であった。

終戦から八年、映画界はまだまだ封建時代と同じく男性中心の社会だったから、発言する女優を嫌った。マスコミも大同小異であった。

五社協定に反旗を翻し「にんじんくらぶ」を結成

有馬はベルトコンベア式に量産される映画に疑問を感じ、いい作品を撮りたいと切望していた。会社から出される作品は自分のやりたいものと違うのが多かった。

そうした悶々《もんもん》を抱えていたとき、松竹の岸惠子《きしけいこ》から「私たちが自由に製作できるプロダクションを作らないか？」と誘いがあり飛びついた。それが「文芸プロダクション・にんじんくらぶ」である。

くらぶは岸惠子（松竹）、久《く》我《が》美子《よしこ》（東宝）、有馬稲子（東宝）の三人が組んで一九五四年四月に結成された。

「どの会社にも拘束《こうそく》されることなく、自由な立場で、最も良心的な作品に出演することによって、俳優自体の向上と日本映画の質度を高めたい」というのが設立趣旨。前年に映画各社が俳優の他社出演禁止を目的として五社協定を締結したので、その束縛《そくばく》に大胆《だいたん》にも反旗を翻《ひるがえ》したようなものだった。

この三人、当時人気絶頂だったので、会社設立の声を聞くとマスコミ各社が大挙して押しかけた。会社は港区芝田村町（現・西新橋）に事務所を構え、社長には岸惠子の従姉の夫である、元「婦人文庫」編集長・若槻繁《わかつきしげる》が就任し、顧問には川端康成《かわばたやすなり》、井上靖《いのうえやすし》、谷崎潤一郎《たにざきじゅんいちろう》、石坂洋次郎《いしざかようじろう》、大佛次郎《おさらぎじろう》、高《たか》見順《みじゅん》、丹羽文雄《にわふみお》、壺井栄《つぼいさかえ》、武者小路実篤《むしゃのこうじさねあつ》、平林《ひらばやし》たい子、など文壇の重鎮《じゅうちん》が名を連ね、資本金五〇万円で船出した。この頃は映画界と文壇の蜜月《みつげつ》時代だったので、これが目立ってマスコミも書き立てた。

その旗揚げがまた派手だった。発足パーティーは六月二二日、東京・銀座の三笠《みかさ》会館でおこなう。のちに上野精養軒で川端康成、壺井栄、佐多稲子《さたいねこ》、舟橋聖一《ふなはしせいいち》、森田《もりた》たま、岡田眞吉《おかだしんきち》などが参加して盛大に打ち上げた。三人娘は揃いの絣《かすり》の着物に赤いたすきで「揃うた、揃うた、田のあぜ道に、赤いたすきの娘が揃うた――」と歌い踊るという大騒ぎを演じて、プロダクションは発足した。

自我を持ち映画の夢を語る三人の乙女たち

後年、岸惠子（78歳）が発足した時代と背景について語っている。

「『にんじんくらぶ』――なんと懐かしい名前でしょう。なんと恋しい時代だったことでしょう。日本映画が燦然《さんぜん》と輝き、群れなす巨匠たちが、競って、映画史に残る名作を生み出した、まさに黄金期。たとえば『にんじんくらぶ』が誕生した前年をとってみるだけでも、その作品群の素晴らしさは圧倒的です。

一九五三年のキネマ旬報ベスト・テン一位が今井正《いまいただし》監督の『にごりえ』。後年、世界の人々を魅了した小津安二郎《おづやすじろう》監督の『東京物語』は二位に止まっています。さらに今井正監督の『ひめゆりの塔』、溝口健二《みぞぐちけんじ》『雨月物語』、豊田四郎『雁』、新藤兼人《しんどうかねと》『縮図』、カンヌ映画祭でグランプリを受賞した衣《きぬ》笠貞之助《がさていのすけ》『地獄門』。家城巳代治《いえきみよじ》『雲ながるる果てに』、木下惠介《きのしたけいすけ》『日本の悲劇』などなど枚挙に暇がありません。

そして、小さい声で言わせていただければ、これら文芸大作とはまったく違う土壌《どじょう》で、日本映画のあらゆる興行記録をぬりかえた、佐田啓二《さだけいじ》さんと私主演『君の名は』の第一部が封切りされた年でもありました。

ただ、炎のように燃え盛っていた日本映画の全盛期に、私をはじめあらゆる俳優をがんじがらめに縛《しば》っていた厳しい決めごとがありました。五社協定です。五つの映画会社が所属する俳優の他社出演を禁じた協定で、例外として、同格の俳優の交換のみをよしとしたものでした。

メロドラマ女優と刻印を押された私に、木下恵介監督の、学園紛争を描いて社会的な問題提起をした『女の園』の学生の役が与えられ、私に新しい季節がはじまりました。

この作品で共演した久我美子さんと意気投合し、五社協定で表現者の自由を縛られることに抵抗しよう、と若さを駆っての反乱を思いついたのです。それにしても二人より三人のほうがいい、と、明るく、ちょっと勝気で人気のあった有馬稲子さんを誘い、一九五四年の春、『にんじんくらぶ』が発足しました。私は二一歳。三人とも、それぞれ自我を持ち、映画への夢に胸を弾ませる、生きのいい乙女（?）たちでした。

『にんじんくらぶ』の命名者は私。人気あっても未熟者の集まりと、柄にもなく謙遜《けんそん》して『だいこんくらぶ』なんて名前も考えましたが、世間に阿《おもね》るひねくれたイヤ味を感じて反省し、ルナールの小説『にんじん』にちなんで、『にんじんくらぶ』としました。

所属会社の違う三人の女優が、大胆にも独立を宣言したことに五社協定は怒り、私たちの締め出しを企《くわだ》てましたが、私たち三人の若さと勢いが勝どきをあげました。
当時の大会社、五社に抗して独立プロダクションを起こした、これが初めてのことだったと思います。『わが青春に悔いなし』と、いまにして思える、光り溢れる日々でした」（『「にんじんくらぶ」三大女優の軌跡』エコール・セザム）
当時、人気絶頂の三大女優が五社協定に反発し、意気軒高にプロダクションを立ち上げた背景がうかがえる貴重な証言である。

芸術至上主義の俳優プロダクションの末路

プロダクションは設立した翌年から、有馬稲子主演で「胸より胸に」（55）、「黒い河」（57）などを製作して、順調なスタートを切った。

しかし、一九五九年から三年間にわたって撮った「人間の條件 一～六部」（監督・小林正樹《こばやしまさき》）が、配給収入が約九億円の大ヒットにもかかわらず、製作費が松竹の買い取り契約の三億円を超過しプロダクションは多額の赤字を抱えた。

赤字処理に苦労していた一九六一年一〇月、久我美子が平田昭彦《ひらたあきひこ》と結婚。一一月には有馬稲子が中《なか》村錦之助《むらきんのすけ》（のち萬屋《よろずや》錦之介）と結婚。この二人の結婚後、くらぶへ加入する俳優を増やし経営の安定化をはかった。

これ以降、有馬稲子主演で「もず」（61）、岸惠子主演で「からみ合い」（62）、有馬稲子主演で「お吟さま」（62）と「充たされた生活」（62）、瑳峨三智子《さがみちこ》主演で「裸体」（62）、加賀《かが》まりこ主演で「乾いた花」(64)などを撮って経営内容は順調に推移していた。

一九六四(昭和三九)年、大作に挑《いど》んだ。ラフカディオ・ハーン(小泉八雲《こいずみやくも》)原作の「怪談」である。原作から「黒髪」「雪女」「耳なし芳一《ほういち》の話」「茶碗の中」の四編を選んで水木洋子《みずきようこ》が脚色、小林正樹が監督した。

映画は三時間三分の長尺になり、一九六四年一二月公開され、第二〇回毎日映画コンクール撮影賞、美術賞、第一八回カンヌ国際映画祭審査員特別賞、ローマ国際映画祭監督賞など高い評価を得た。

しかしこの作品、出足から困難を極めた。映画各社からスタジオ使用を拒否され、製作費が膨らみ三億二〇〇〇万円になった。独立プロの映画製作費が一本、三〇〇〇~四〇〇〇万円の時代である。通常かける予算の一〇倍も製作費をかけてしまった。配給先の東宝が九〇〇〇万円を負担したものの、配給収入が二億五〇〇〇万円止まり。結果一億以上の赤字を出して「にんじんくらぶ」は倒産する。劇場を持たない俳優プロダクションによる、娯楽を無視した芸術至上主義が行きつく末路でもあった。

倒産したとき「にんじんくらぶ」は俳優のマネージメントも積極的にしていたので、岡田眞澄《おかだますみ》、菅《すが》井《い》きん、瞳麗子《ひとみれいこ》、渡辺美佐子《わたなべみさこ》、小林千登勢《こばやしちとせ》、冨士眞奈美《ふじまなみ》、三田佳子《みたよしこ》、津川雅彦《つがわまさひこ》、佐藤慶《さとうけい》、南原宏治《なんばらこうじ》、杉浦直樹《すぎうらなおき》、山田五十鈴《やまだいすず》など俳優を二〇人以上抱える大所帯になっていた。まさに「怪談」は独立プロの難しさを象徴する映画になった。それでも有馬稲子の夢は一〇年続いたといえようか。

「怪談」が赤字を出した年の一九六五(昭和四〇)年八月三〇日、松竹の京都撮影所が閉鎖された。一九二三(大正一二)年の関東大震災で壊滅《かいめつ》に瀕《ひん》した大船撮影所の補佐的役割を受けて建てられて以来、四三年、約一〇〇〇本の映画を製作した工房である。撮影所の閉鎖はこれからの映画界に暗い影を落としていった。

「夫婦善哉」をめぐり東宝と大喧嘩

有馬はプロダクションを発足させ、すべて好きな作品に出演できたわけではない。映画会社絶対の時代にそんな安易な環境はなかった。この一件で干されていたとき、巨匠・豊田四郎監督から「夫婦《めおと》善哉《ぜんざい》」（原作・織田《おだ》作之助《さくのすけ》）の出演依頼が来た。

脚本を読んだ有馬はすっかり気に入ってしまった。さっそく監督の指示で、和服を着て仲居《なかい》と芸者の両方を兼ねる「やとな芸者」の舞台となる大阪・法善寺《ほうぜんじ》横丁にある老舗《しにせ》の料亭で、仲居として働いた。勉強を始めて一週間後の八月三〇日、突然、会社から帰ってくるように言われ帰京すると、この映画は中止すると告げられた。

〝やとな〟までやって亭主を食わしていく〝芸者お蝶〟は二〇代の有馬ではミスキャストという東宝の見解だった。役が無理だと降ろされたことが有馬にとってはショックだった。あまりのショックに自宅へ引きこもったが、生まれつき勝気で、しかもこの役に張り切っていた有馬は怒った。結果はあきらかに東宝と正面衝突である。「にんじんくらぶ」を結成したばかりの有馬は気負っていた。それこそ東宝を蹴散《けち》らさんばかりの大喧嘩《おおげんか》をやらかしてしまった。

「それならアタシ東宝をやめます」

「おう、やめたまえ」

売り言葉に買い言葉で、有馬は一九五四年（昭和二九）九月六日、東宝を退社した。
東宝はもともと「夫婦善哉」のお蝶の役は淡島千景《あわしまちかげ》でやる予定だったが、淡島の事情で出演できず、有馬がピンチヒッターに指名されたというのが真相だったようだ。

　この一件で、東宝は悔しまぎれに撮影所に「犬とネコ入るべからず」と張り紙を出した。犬はもちろん動物だが、ネコは有馬の愛称で〝ネコ〟をひっかけたシャレで、稼ぎ頭の有馬がいなくなるので、うっぷんを晴らした。

　面白いことに、有馬のバッシングばかりしていた記者連中が、このときはほとんどが有馬の味方をした。有馬がペシャンコになるのを救っていた。「それだけ有馬は可愛い女優だった」とは一記者の弁である。こうした一連の企業に対する激しい抵抗は、有馬の映画女優としての存在を大きくしたことはいうまでもない。

　この「夫婦善哉」、結局、出演者も二転、三転して森繁久彌《もりしげひさや》、淡島千景で決まった。主演の二人はそれぞれの役柄を好演し代表作になった。

　作品は一九五五（昭和三〇）年九月一三日公開され、第一〇回毎日映画コンクールでは森繁が男優主演賞を、第六回ブルーリボン賞では森繁・淡島の両者が主演賞を受賞している。作品も第二九回キネマ旬報ベスト・テン第二位に入った。

　この作品の成功を歯を食いしばって見つめていた有馬稲子。その悔しさは、いかばかりか察せられる事件である。落ち込んでいるとき、岸恵子が「松竹へいらっしゃいよ」というので一九五五年四月、優先本数契約を結んで松竹へ移った。

第二章　監督の指導という名のハラスメント

有馬稲子のいい作品を撮りたいという願望は終生、消えることがなかった。そのため名匠と呼ばれた監督のシゴキにも耐えた。また撮りたい作品には積極的に参画《さんかく》した。それがまたトラブルを招いた。

「夜の鼓」撮影現場での「待って」と「ビンタン」事件

有馬稲子の〝生意気だ〟の風評は、プロダクションを立ち上げたことや「夫婦善哉」の一件で、ますます尾ひれがついて広がった。業界は主張や自立をする女優を嫌った。その反発を食らった出来事が撮影現場で起きた。

それは「待って」と「ビンタン」事件である。ことは「夜の鼓」(58)の撮影中に起きた。この作品は近松門左衛門《ちかまつもんざえもん》の「堀川波鼓《ほりかわなみのつづみ》」を橋本忍《はしもとしのぶ》と新藤兼人が脚色した、陰影の濃いリアリズム時代劇の秀作である。

有馬演じる妻は武士の夫(三國連太郎《みくにれんたろう》)が江戸在勤中、鼓《つづみ》の師匠(森雅之《もりまさゆき》)と酒のうえの過《あやま》ちで密通する。夫が帰国してこれを知り、武家社会の掟《おきて》によって、妻に自害を迫まるも自決できず、夫に斬り殺される哀れな人妻を描いている作品である。

この劇中で、隣に住んでいる磯部床右衛門（金子《かねこ》信雄《のぶお》）が有馬に横恋慕《よこれんぼ》し、夫が江戸留守中に家へ上がり込んできて、有馬に関係を迫るシーンがある。それも脇差《わきざし》をパッと抜き、刀を首のところに突きつけて「今ここで承諾するかどうか」と有馬に強く迫ってくる。驚いた有馬は金子を嫌って「待って」と言う。

「夜の鼓」（58、松竹）、有馬稲子と三國連太郎

ところが今井正監督は有馬の、この「待って」のセリフが気に入らない。朝から「待って、待って」と何十回。午後も「待って、待って」で日が暮れて、ついに一週間カメラは回らなかった。

監督はただ「う〜ん、違うな」といってタバコを吸っているだけで、毎日毎日、「待って」から始まるので有馬は食事も喉《のど》を通らず悩むし、恥ずかしいし、泊まっていた京都ホテルから飛び降り自殺しようかと思ったほどだった。相手役の金子信雄や撮影スタッフから「お前がへただから」という感じで見られ、つらい日が続いた。何百回もやったがすべてNGであった。ところがある日、判断基準がわからないままOKが出た。これで有馬は泣いた。

もう一つある。夫が妻の不倫に気がつき、妻の有馬をバンバン殴《なぐ》って、引きずり回してさらに顔をパチンパチンと殴るシーンである。これを三國連太郎はテストから渾身《こんしん》の力を込めて本気でぶん殴って演じた。そのテストが二〇回くらいくり返された。

有馬は「連ちゃん、今井監督だと何回やらされるかわからないから、テストでは殴らないで、本番でちゃんと受けるから」と言ってお願いするが、三國は「ごめん、ごめん」と言うだけで、いっこうに直さなかった。テストからあのグローブみたいな大きな手でぶん殴られ続けた。

有馬は「あんまり殴られたので、ほっぺが二センチぐらい腫《は》れ、割った氷をタオルで包んで、二時間ぐらいそれを顔に当てて冷やし撮影しました。殴られたのなんのって、鼓膜《こまく》を破られ、脳震盪《のうしんとう》を起こしました。耳の中に血のかたまりができてずっと消えなかったほどです。でもいまならああいう監督、クビになっちゃいますよね。だって女優という商品にキズをつけるんだから」とは有馬の弁。

一方の三國は「女優が生意気だと嫌っていた今井さんが、『連ちゃん、本気でひっぱたいてよ』と、ボクに耳打ちしたんですよ。で、言われたとおり叩いたら相手は倒れたままピクリともしないじゃない。失神しちゃって救急車で病院行きですよ。頬《ほお》にボクの手形が残って赤く腫れ上がっちゃったから、腫れが引くまで撮影中断で大変だったんです」――と、監督の命令に従っただけと答えている。

監督が絶対の時代である。この作品は一九五八（昭和三三）年度キネマ旬報ベスト・テン六位と脚本賞。毎日映画コンクール脚本賞を受賞した。

巨匠・今井正監督のねばりと執念

今井正監督といえば「青い山脈」（49）、「また逢う日まで」（50）、「ひめゆりの塔」（53）、「真昼の暗黒」（56）、「米」（57）、「武士道残酷物語」（63）など、社会派の佳作を多く残した監督である。現場では〝非情な男〟とか〝底意地が悪い〟と言われ、役者仲間の評判は決してよくなかった。ふだんはニコニコして、絶え間なくタバコ（一日一〇〇本を吸う）を吹かすジェントルマンの表情だが、いったん撮影に入ると〝ねばりの今井〟の異名を遺憾《いかん》なく発揮する。

「ボクは監督、俳優は演技者、自分で演技を表現するべきだ」というのが今井の持論。演技については、これまで一度も手をとり、足をとり、自ら形を示すようなことはしない。

この「夜の鼓」もクランクアップが二ヵ月もオーバーしてしまい、財源のない小さい「現代ぷろ」は製作費が底をつき、完成後もこの赤字のため、会社は経営危機に落ちた。

今井のイビリはほかにもある。「キクとイサム」（59、大東映画）では、ズブの素人《しろうと》の混血児の二人が雨に降られるシーンで、二人に人工雨をホースで浴びせかけ、唇《くちびる》が紫になり、ぶっ倒れるまでやった。

つづいて「あれが港の灯だ」（61、東映）では、星美智子《ほしみちこ》が演じる韓国人売春婦の演技とセリフが気に入らず、毎回毎回、テストテストで、五日間以上撮影が止まった。星はとうとう演じ切れず「女優、星美智子は今井先生に殺されました」と言って降板。撮影所の山崎所長に廃業届を提出する一幕もあった。

また「越後つついし親不知」（64、東映）では、三國連太郎に雪の上で犯される佐久間良子《さくまよしこ》が、寒中、何度も何度もテストをやらせられOKが出ないので、ついに雪の上で泣きじゃくった。

今井監督は作家として同情や安易な妥協《だきょう》をしないところに作家精神があるのだが、それにしてもキビシイ監督である。余談だが、このとき今井監督のご子息・今井功さんが東映宣伝部で広告を担当していた。大変温厚な性格で、私は仕事でずいぶんとお世話になった。

映画界のハラスメント改革

映画界では監督や技術を持っている上の者が、無茶苦茶な指示を出し、部下がそれをこなして「仕事を教えてもらった」と言ってきた歴史がある。指導とハラスメントの境目がわからない映画界特有の子弟《してい》制度である。監督の場合は特にそうで、これに似た話は枚挙に暇《いとま》がない。溝口健二監督は「赤線地帯」（56）で若尾文子《わかおあやこ》の一言が気に入らなくて一〇日間も撮影を止めたなど——。特に伊藤大輔《いとうだいすけ》、渋谷実《しぶやみのる》、増村保造《ますむらやすぞう》、今井正、豊田四郎、小林正樹、黒澤明《くろさわあきら》などには、俳優の演技にまつわるエピソードが多い。

有馬が映画界に入ったときは戦後の日本映画が世界水準に迫っていたときで、観客も入り、現場では妥協を許さない製作も許され、たっぷり時間もかけられた。よき時代といえばそれまでだが、疑問が多い体質だった。

しかし、大部屋や新人女優はこうはいかない。いい役をつけてもらう条件でプロデューサーや監督から性的行為を強要される事件はいまでも絶えない。これは映画業界が秘めた巨大な闇で、なかなか表面化しない。私の知る限りでもかなりある。

こうした女性の尊厳を奪《うば》う卑劣《ひれつ》な罠《わな》を、アメリカでは二〇一七年、ニューヨーク・タイムズが暴いた。女優陣が団結して「クライング・ゲーム」(93)、「パルプ・フィクション」(94)などのハリウッドの伝説的な大物プロデューサー、ハーベイ・ワインスタインを告発する記事を書いたのだ。そうしたら、私も、私もと告発が出てくる出てくる。検察がまとめたところでは、三〇年で二〇人以上が被害を受けていた。その中には大物女優の名もあったので世間は驚愕《きょうがく》した。さらに被害を受け、そのまま映画業界から去った女性も多くいた。

記事の衝撃は大きく、アメリカで優れた報道に贈られるピュリッツァー賞で最も権威のある公益部門も受賞した。報道をきっかけにワインスタインは逮捕され、禁固二三年の判決を言い渡され、服役している。

最近、日本でも監督や演出家への権力の集中、劣悪《れつあく》な労働環境やジェンダー不平等などが温床《おんしょう》となってハラスメントが生まれ、その延長線上に性暴力などがある。

二〇二二年春以降に相次いだ性被害やハラスメントの告発もあった。映画公開が中止になるなど大きく注目された。強権を背景にした監督のパワハラの実態も明らかになった。キャスティング権を持つプロデューサーや監督に対する俳優の立場の弱さ、スタッフの過酷な労働環境といった業界の悪《あ》しき構造も浮き彫りになった。

最近、そうした土壌を変えるための取り組みが、是枝裕和《これえだひろかず》、諏訪敦彦《すわのぶひろ》監督を中心に有志が「ハラスメント防止措置ガイドライン草案」を作成し、業界の改革を進める運動をしている。期待したい。なにせ二〇二二（令和四）年七月に世界経済フォーラム（WEF）が発表した「ジェンダーギャップ（男女格差）指数」では、日本は一四六ヵ国中、一一六位である。その程度の低さに呆《あき》れる。

日本映画草創から約一二〇年、ようやく業界もモラルのなさを反省し、改革する時期が来たといってよい。しかし遅すぎる。

映画作りの儚さを味わわされた「充たされた生活」

有馬稲子の芸能生活は宝塚時代（一九四八〔昭和二三〕～五二〔同二七〕年）の五年、映画時代（一九五三〔同二八〕～六五〔同四〇〕年）の一二年、舞台時代（一九六六〔同四一〕～二〇〇七〔平成一九〕年）の四一年の三期に分けられる。

映画歴はわずか一三年間で七一本に出演した。その中でも岸惠子の誘いで、松竹へ移ってからの活躍は目覚ましい。あとになって東宝から移ってきた岡田《おかだ》茉莉子《まりこ》と共に、松竹の二枚看板女優となった。有馬稲子の代表作には「東京暮色」（57）、「夜の鼓」（58）、「彼岸花」（58）、「人間の條件」（59）、「浪花の恋の物語」（59）、「『通夜の客より』わが愛」（60）「充たされた生活」（62）などがある。

その中で有馬が最も意欲を燃やして取り組んだ作品に羽《は》仁進《にすすむ》監督の「充たされた生活」がある。この作品は有馬が原作を読むなり、石川達三《いしかわたつぞう》のところへ飛んでいき映画化権をもらってきた意欲作である。

有馬扮するじゅん子は結婚生活にあきて離婚。もといた劇団に戻り、折からの安保闘争で劇団をあげて闘争に取り組む。何人かの男性と愛を感じ合った彼女だが、結局は夫のところに戻るという内容である。

「充たされた生活」（62、松竹）、有馬稲子とアイ・ジョージ

有馬は「いちばん関心のあったテーマです。女優として成功したら女優をやめても悔いはないくらいに考えています。充ち足りるというのはどういうことか。これは現代人共通の悩みじゃないのかしら。私は長い女優生活の中ですが、真摯《しんし》に向き合い演技します。とにかくいままでの有馬では、絶対にだめだということ。自分をブチこわしてでもなければ、じゅん子になりきれないし、私自身も前進しません」と、決意をもって撮影に臨んだ。

撮影は順調に進み、三ヵ月後オールラッシュを観た。正直、これは世紀の大傑作だと思った。ただ一つ不安があった。封切りまであまり時間がなかった。編集にかける時間が少なすぎると思い、公開を延ばしてもらうお願いをしたが、製作の「にんじんくらぶ」や監督は意外にも楽観的だった。

作品が完成し、プレミアショーの夜、有馬は「松竹セントラル」の舞台挨拶で「全力投球したもので、もう何も言うことはありません」と大見得《おおみえ》を切った。

しかし完成した作品は、オールラッシュのときの感動の片鱗《へんりん》もうかがえなかった。三〇分もズタズタにカットされ無残なものだった。ショックと屈辱《くつじょく》で映画が終わったとたんに逃げ出してしまった。作品は編集に時間をかけられなかった粗《あら》さを露呈《ろてい》していた。編集、ダビングに一週間しかなかったツケが作品をダメにした。

しかし有馬は、あきらめなかった。四、五日の間にできるだけ完全なものに近づけてほしいと会社と監督に強く頼んだ。


スタッフは正月休みを返上して手を入れたが、もはや満足に直すだけの時間もなく、かろうじて筋がつながっただけの凡作に終わった。有馬は自分の仕事や演技に対して七〇点以上つけたことは一度もなかったが、この作品のラッシュを見たとき、ひょっとしたら八一点ぐらいあげられるかなと思っていた。なによりこの作品を愛していた。

有馬はこの作品で映画作りの儚《はかな》さを、しみじみと味わった。映画に対する夢みたいなものが砕《くだ》かれてしまった。封切り日が決められ、トコロテン式に作っていく撮影現場、日本映画の悪しきシステムでいい映画を作れるわけがなかった。

たった一度でもいい、十分に練《ね》れた脚本で、スタッフとの深い理解のもとで、十分な時間とお金をかけて、丁寧な仕事をしたい。一度でいいから九五点を自分につけられるような演技をしたい。仕事に完全を望む姿勢が非難や批判を受けない環境で、全力を尽くす仕事をしたい――。この思いは舞台生活に入っても終生変わらない有馬の姿勢だった。

「充たされた生活」を撮る五年前、小津安二郎監督「東京暮色」(57)の有馬はよかった。父親役の笠智衆《りゅうちしゅう》、母親役の山田五十鈴、姉役の原節子に囲まれながら、年下の恋人に捨てられ堕胎《だたい》したうえに父を裏切って家出した母の秘密を知って、その母の汚れた血が自分の体内に流れているという自己に対する嫌悪から自滅の道をたどる良家の娘を好演し、小津監督の期待に応えた。

小津監督の現場に入ったとき、「当時、大女優だった原節子が、ただ振り返るだけの場面だったのに、何度も何度もやり直しをさせられていたので、そばで見ていたら、緊張でもう顔が、がくがくけいれんした」とも語っている。有馬三二本目の作品である。

第三章　しのぶ恋に翻弄された痛恨の日々

映画会社は女優の恋愛や結婚を禁止した。スターとしての商品価値が下がるからで、結婚は即、引退だった。後年、このタブーを破ったのが北原三枝《きたはらみえ》で、一九六〇（昭和三五）年、石原裕次郎《いしはらゆうじろう》とアメリカに婚前旅行を決行。二人が事実関係を作ることで、猛反対の日活を説き伏せた。

有馬稲子が活躍していた一九五〇年代では、とても考えられなかった事件であった。有馬は映画界に入る早々、〝しのぶ恋〟に悩んだ。そのため私生活は徹底的に隠蔽《いんぺい》した。それが晩年、自伝で過去の不倫を告白したのだから衝撃的であった。その痛恨《つうこん》の日々を探ってみる。

七年間続いた妻子ある監督とのしのぶ恋

有馬の私生活は波乱万丈である。その中でも新人のときから妻子ある監督と不倫関係を七年間続けていた告白は衝撃的であった。

そうとも知らず、この当時のマスコミは有馬のスキャンダルを暴こうと必死だった。そのターゲットにされたのが、佐田啓二、杉浦直樹、山本豊三《やまもととよぞう》、南原宏治などで、狙われた俳優はとんだお笑い草となった。

不倫を告白したのは監督が亡くなった二年後の二〇一〇（平成二二）年、日本経済新聞「私の履歴書」の中で公表した。その後、『有馬稲子：わが愛と残酷の映画史』（筑摩書房）、『バラと痛恨の日々』（中公文庫）でも実名を伏せて語っているが、もう時効なので市川崑《いちかわこん》と明言してもよいのではないか。当時、業界でも知る人は知っていたが、この話は秘密事項だった。なぜなら市川崑が名匠と呼ばれる監督にまで昇格していて、世間への波紋が大きかったからである。

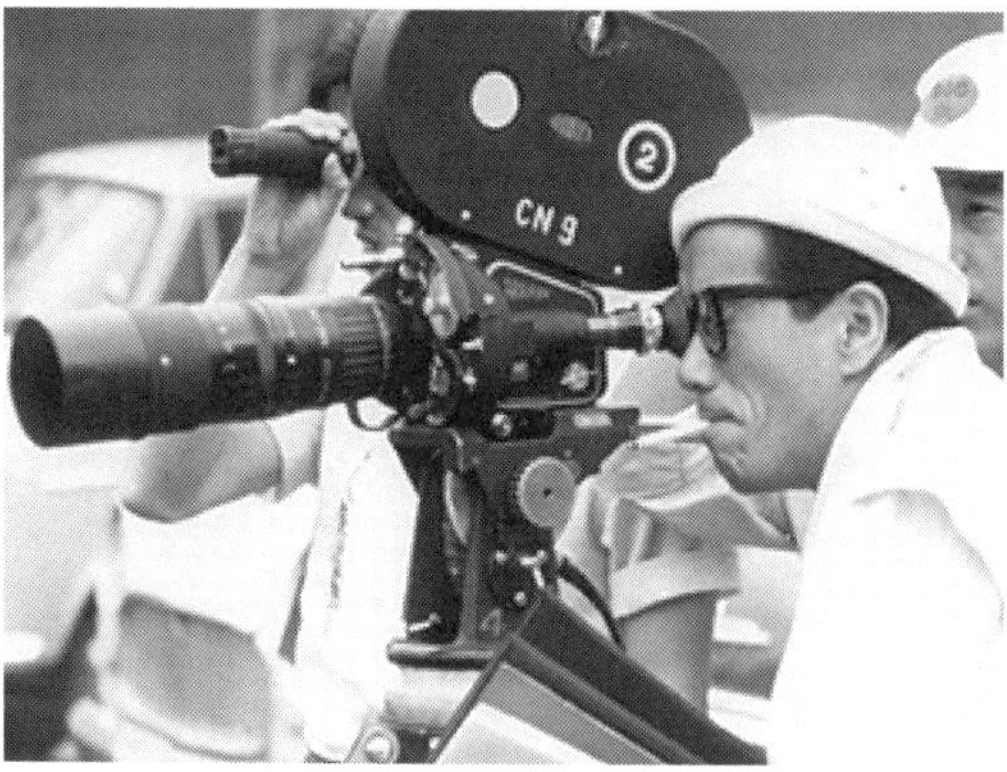

演出中の市川崑監督

市川崑との出会いは、映画デビューした一九五三（昭和二八）年の「愛人」（53、監督・市川崑）に出演したときである。このとき有馬二一歳、市川三八歳で、市川崑はすでに脚本家の和田《わだ》夏十《なつと》と結婚して五年目のときで、年は一七歳離れていた。市川との出会いから別れをあまりにも生々しく語っているので見てみよう。

「幼い頃から母娘で育って、一〇代の多感な時期も宝塚という女の園で過ごしたので、二〇歳そこそこの私はまったく男性に免疫《めんえき》がなかったんです。それに私の実父がひどい人でその家庭も荒《すさ》んでいましたから、優しく頼れる父性に病的に飢《う》えていた。だから、当時出会った年上の監督が美しい指で、上手に絵コンテを描いたり、指にはさんで煙草をくゆらしたりする様がとてもかっこよく見えたんですね」

「一七歳も年長で、ねんねの私はこれほど頼りがいのある男性は、いなかったんです。そんなある日、『映画に行こう』と誘われました。どうやってあの過密スケジュールをぬって逢引《あいびき》を重ねていたのかと思い出せませんが、映画館にも美術館にも音楽会にも一緒に出掛けました。

監督は奥さんとうまくいっていなくて別居しており、それがきちんとしたら私と結婚したいと。そう言われたのが出会ってから一年目くらいのことです。その約束はどんどん先延ばしになってとうとう七年も経ってしまったんです」

この間、有馬は市川崑監督の「わたしの凡てを」(54)、「女性に関する十二章」(54)にも出演していた。

不実、裏切り、それでも信じた愛

「築地《つきじ》のある割烹《かっぽう》料理の店が、忍び逢いの場所でした。ご飯を食べて、次の映画の話をして、束の間の逢引の時がすぎ、彼はそそくさと帰ります。忙しく仕事をしているのに不思議にお金のない人で、ワイフは一日煙草代しかくれないと言っていました。やがて逢引の費用はすべて私の負担になっていました、もちろんそれが却《かえ》って嬉《うれ》しくさえ思えたのですが」

一九五九(昭和三四)年、事件があった。

「気をつけていたのに、その監督との間に子供ができたんです。愕然《がくぜん》として監督にしらせたのですが、彼は『おろして』と言っただけで何ひとつ手伝ってくれませんでした（略）。知人の知り合いだった産婦人科に顔を伏せるようにして病院に行くと、すでにおろすのがぎりぎりの時期だったそうです。私はお医者に引き留められたのを振り切って、少し休んだだけで帰宅しました」

「それから三ヵ月位、まったく監督との連絡が途絶えました。こちらから連絡してはいけないことになっていましたが、思い余って監督の仕事場に電話をしたんです。すると監督は感情のない声で『じつは今日、ワイフに子供が生まれてね、子供さえくれたら別れてやると彼女が言うんだよ。君にとってこれはよいことじゃないかと思ってる――』

『なんということ。別居していると聞かされていたのに。子供までできるなんて』。これには本当に驚きました。私はうちのめされました。これほどまでに裏切りが重なっても、監督は私にとってやはり特別な人で、芸術の師として尊敬していたので、すっぱり切ることができなかったのです」

レインコートをひっかぶって隠れた男

そんなとき中村錦之助との出会いがあった。錦之助とは雑誌「近代映画」で対談したあと、「浪花の恋の物語」（59、東映）への出演依頼が来た。脚本をみて有馬はすっかり気に入った。原作は近松門左衛門の「冥途《めいど》の飛脚《ひきゃく》」で、大阪新町の遊女・梅川（有馬）と、飛脚問屋亀屋の養子・忠兵衛（錦之助）の悲恋の物語である。

「その撮影に入って一〇日目、とつぜん錦之助さんから、結婚を前提にしたおつき合いを申し込まれた。その後、あれよあれよという間にお母さん、お兄さん、弟さんなどを紹介され、食事にも行くようになった」

この間、有馬は監督のことがあるので、心が激しく揺れ動いていた。

「ある日、思い余って監督に相談したら『彼の家は歌舞伎の名門、伝統と格式を大切にして、自分をころすことがまず大切な世界なんだ。君には新しい時代を生きることを教えてきたつもりだ。それがどうしてそんな古い世界に入ろうとするのだ、私にはわからない、君にはその結婚は無理だ』。やっとの思いで気持ちを打ち明けたのに私は呆然《ぼうぜん》としました。自分に都合のいい理屈《りくつ》に引っ張ろうとしている。それでも私は彼の答えにすがろうとしていました。私の相談相手は世界でただ一人、その人だけだったからです」

その後、「白い崖」(60、東映)の撮影が入り忙しい日々を過ごしていたが、この撮影中、盲腸《もうちょう》にかかり緊急入院。盲腸は手遅れぎみだったので四時間の大手術だった。そしてなんとその夜、とつぜん監督が病室に現れた。

「ようやく麻酔が切れ意識が戻って、ボーッとしている私の枕もとで、見舞いの言葉もなく、こともあろうに錦之助さんとの結婚を思い止まるように、かき口説きはじめたのです。私の頭はまだぼんやりしていましたが、この人は自分のことしか考えない人だということだけは感じ取ることができました」

「そのとき廊下のむこうから大きな声と数人の足音がやってくるのが聞こえました。『お〜い、みつこ、どこだ』。みつことは『盛子』で私の本名、錦之助さんの声です。とたんに監督はレインコートをひっかぶると暗い隅《すみ》にサッとしゃがみこみ、石のようになりました。さすが映画監督らしい機転です。偶然の鉢合《はち》わせというには、あまりにもまずいタイミング、錦之助さんが監督を見つけるとどうなるか？　私は目をつむるしかありませんでした」

「『あのなあ、盲腸なんて病気じゃないんだよ、はしかみたいなもんだ、頑張れよ』。それだけ言うと、また錦之助さんは、仲間と元気いっぱいに出ていきました」

「私は、はからずも二人の男の誠実さを、同時に比べてしまったのです。その後、監督がどうやって病室から出ていったのかは、まったく記憶がありません」

つきものがストンと落ちた決別のとき

有馬は「白い崖」の撮影が終わると、すぐに「知らない土地で落ち着いて考えよう」とヨーロッパに旅立った。一ヵ月半後、日本に戻ったとき中村錦之助との結婚を決意した。

「そんなある日、監督がまた私の家に突然やってきたのです。『どうしても結婚するというなら仕方ない。その代わり条件がある。三ヵ月に一度でいいから、いままでと同じように会う約束をしてくれ』。なんということを、要するにこの人は私をそうゆう目でしか見ていなかった。そういう女としか考えていなかったのだ。私は怒りをこめてきっぱりと断りました」

「監督はカッとなって『明日の新聞を見ろ！』と言って私が大事にしていたチェコ製のカットグラスの花瓶《かびん》を、ガシャンと床にたたきつけて飛び出していきました。自殺でもされたら大変だと考えた私は、知る限りのところへ電話して探しに探したが見つかりません」

「翌日、知人のデザイナーに泣きながら顚末《てんまつ》を説明したら、知人が『監督は今日、プリンスホテルのプールで、赤ちゃんを抱いた奥さんと一緒に、元気に泳いでいたわよ』と聞かされ、思考が停止しました。もういいんだ、これでおしまいにできるんだ、私の中からストンとつきものが落ちた感じでした。悲劇は一転、残酷《ざんこく》なほど喜劇になりました」

　別れたのは一九六〇（昭和三五）年一一月、有馬二八歳のときである。

　この時期、市川崑は「ビルマの竪琴」（56）、「炎上」（58）、「野火」（59）、「ぼんち」（60）、などの作品で映画各賞を受賞し名匠と呼ばれていた。妻で脚本家の和田夏十ともタッグを組んで多くの作品も撮っていた。市川崑は「夏十さんがいなかったらいまの僕はいない」というほど私生活も作品も二人のコンビは強かった。

　有馬が結婚した翌年、和田夏十が脚本を書き、市川が監督した「私は二歳」（62）が公開された。そのポスターを見たとき有馬は呆然とした。

「その映画はまるで監督夫婦の日記のように思えたのです。私が映画スターでなかったら、何か復《ふく》讐《しゅう》の行為に出たかもしれない。それほどショックでした」

「どうしても許せないのは、あの堕胎でその後の結婚でもついに子供に恵まれなかったことです」と恨みつらみを語っている。

映画界のモラルのなさは昔から

こうした監督と女優の不倫関係は映画界では昔からあった。有馬稲子の件は氷山の一角で、私の知る限り、ほかでもたくさんある。

もともと映画の草創期から映画は儲かる儲からない、当たる当たらないなどの水商売的な要素が強く、世間から堅気《かたぎ》の商売と見なされていなかった。そのため勤める人も経済的に安定しないし、会社もそうだった。製作者は株式会社になるまで銀行から融資も受けられないので、市中の金融業者、俗にいう金貸しから資金調達して映画を製作していた。

まして興行現場の劇場は、繁華街に縄張りを持つヤクザの資金源として建てられたところが多い。役者も旅回り一座や劇団からが多く、戦後になり歌舞伎界からの進出もあり、ようやく職業として認められるようになってきたといってよい。大卒者が一九五五（昭和三〇）年位から採用された程度の業界である。

そのため働く人のモラルも低い。終戦後にはカストリ（酒カス、芋などから急造し、カスを除いただけの粗悪な密造酒）を呷《あお》り、ヒロポン（覚醒剤《かくせい》）を打ちながら仕事をしていた人が多かった。特にヒロポンは映画界、芸能界に蔓延《まんえん》した。

ストリップ劇場や実演劇場が多い浅草などは「ビタミンは武田、ヒロポンはエンコ（浅草）」といわれ一ccc当たり七円くらいで買えた。有馬が東宝へ入社した一九五三（昭和二八）年、映画界もまだそうした体質から抜けきれていなかった。

そのため男女の倫理観はまったく希薄で、女優などは牙《きば》を剝《む》いたオオカミの群れに子羊が迷いこんできたようなもので、現場スタッフや役者仲間に狙《ねら》われた。有馬稲子はそうした毒牙《どくが》にかかった被害者といっていい。

そんな業界だから、世間の親は子供が「女優になりたい」などと言うと猛反対した。映画界は明日をもわからない水商売でモラルも低く、堅気の商売との違いを説《と》いて聞かせた。


ところが、こんな業界に一九四六（昭和二一）年、鶴が舞い降りた。東宝の第一期ニューフェイス募集で合格した久我美子《くがよしこ》である。同期入社に三船敏郎、伊豆肇、若山セツ子、岸旗江《きしはたえ》などがいた。本名は久我美子《こがはるこ》。父・久我通顕《みちあき》は侯爵《こうしゃく》として貴族院議員を務めた名士。久我家は、村上源氏《むらかみげんじ》の流れを汲む清華《せいが》家《け》の家柄だった（明治維新後は華族《かぞく》）。清華家は公家華族の中でも五摂家《ごせっけ》に次ぐ家柄である。

このときはまだ華族制度が存続していたから、いかに価値観が変わったとはいえ侯爵家の令嬢が水商売の映画女優になっては華族の名誉と体面を汚し、華族の礼遇が取り止めになると祖父が大反対。そのため戸籍を母の兄が養子に入った先の池田家へ移し、池田美子の名前で東宝に入り、芸名は東宝の希望で久我美子《くがよしこ》とされた。

デビュー作は「四つの恋の物語」（47、監督・豊田四郎）で、有馬が映画デビューする六年前である。その後、久我は「また逢う日まで」（50、監督・今井正）で気品あるヒロインを演じ、ガラス越しのキスシーンの清冽さは、のちのち映画ファンの語り草となった。以後、「白痴」（51）、「あにいもうと」（53）、「にごりえ」（53）、「女の園」（54）などに出演していたが、一九五四（昭和二九）年「文芸プロダクション・にんじんくらぶ」を作り、久我と有馬は終生の親友となった。久我美子もまた、女子学習院（皇族・華族の女子の教育を目的として設置されていた宮内省所管の学校）を中等科二年で中退のモノ言う女優さんであった。

豪華すぎた中村錦之助との結婚披露宴

有馬は中村錦之助との結婚披露宴《ひろうえん》を一九六一（昭和三六）年一一月二七日、銀座東急ホテルでおこなった。媒酌人《ばいしゃくにん》は東映社長・大川博《おおかわひろし》夫妻、有馬の親代わりに、ノーベル賞作家・川端康成夫妻がなっいた。

この披露宴がまた派手だった。経費が約二〇〇〇万円、招待状発送者が一三〇〇名で当日出席者が八九四名。返事も出さず、いきなり出席した横着者《おうちゃくもの》を含めると一〇三〇名というにぎわいになった。パーティー会場が電車のラッシュアワーなみで、一度奥に入り込んだら、入り口まで戻るのがえらいことに――。

ウエディングケーキが、またバカ高く二メートル。ナイフを入れるのに踏み台が用意され、二人はフラフラしながら入刀した。まさにこの結婚式は「史上最大のショー」であった。

じつはこうした芸能人の派手な結婚式は、前年に石原裕次郎と北原三枝にもあった。この結婚式も一分間に二万五〇〇〇円消費と騒がれた。以後、この二組の結婚式を最後にばかばかしいデラックス挙式は芸能界から姿を消していく。

中村錦之助との結婚生活は、夫が毎日大勢の客を連れてくる食事と家事仕事に忙殺《ぼうさつ》され、くたびれていたとき、中村扇雀《なかむらせんじゃく》（のち坂田藤十郎《さかたとうじゅうろう》）から梅田コマ劇場「浪花の恋の物語」の出演依頼が飛び込んできた。

もともと舞台女優を志《こころざ》して芸能界へ入った有馬だけに、姑《しゅうとめ》の小川ひなと錦之助の了承を得て出演した。ところがこの舞台が好評で、次いで三代目・四代目中村時蔵《なかむらときぞう》追善特別興行「裏切った女」（歌舞伎座）や、菊田一夫《きくたかずお》から東京芸術座「奇跡の人」への出演依頼が来て、断り切れずに出演。東京での公演中は京都の自宅へ帰れないので、妻が家庭人でいてほしかった錦之助との間で生活のすれ違いが起きた。このとき錦之助は、新婚生活中も妻が仕事で家に帰ってこず「結婚した気がしない」と知人に話すなどむくれていた。

しかし、このとき有馬は生活費不足と税金などの借金苦とも闘っていた。さらに古いしきたりを重んじる姑との間で対立が続くなどに疲れ、一九六五（昭和四〇）年七月二三日、当事者不在のまま東映社長・大川博から二人が協議離婚すると発表された。「有馬の芸道に進みたい気持ちが強く、妻としての立場と両立し得なくなった」というのが離婚の理由。結婚生活は三年七ヵ月。落ち着いた家庭に憧れていた有馬だったが、その生活もままならない短いものであった。

再婚も夢破れ、情熱は舞台へ

有馬は離婚以降、映画産業が衰退したので、もともと好きだった舞台女優の生活に基軸を移した。東宝演劇部を経て一時期、宇野重吉《うのじゅうきち》に教えを乞《こ》い劇団民藝に在籍していたが、その後フリーとなる。その間、演出家の木村光一《きむらこういち》との出会いがあり、舞台女優として数々の名演を残した。なかでも「噂の二人」「越前竹人形」は秀作である。そして「はなれ瞽女《ごぜ》おりん」（原作・水上勉《みずかみつとむ》）は全国六八四回の再演を重ねた。

　しかしこの間、順風満帆《まんぱん》だったわけではない。舞台に専念していた一九六九（昭和四四）年六月八日、不動産会社社長・河村三郎と大阪天満宮で式を挙げ再び家庭を持った。再婚で家庭生活は順調だった。

舞台「はなれ瞽女おりん」の有馬稲子

　ところがバブル経済の崩壊で、夫の会社が倒産。有馬は田園調布の自宅と絵画などを売却して夫の負債に当てたが、焼け石に水だった。倒産後の夫は荒れ、酒を飲んでは暴力を振るうのに悩まされ、家庭が崩壊した。五年間の苦痛に耐えるも一九八三（昭和五八）年離婚。河村との生活は一四年間続いたが子供ができなかった。

　温かい家庭に憧れていた有馬だったが、ここでも挫折《ざせつ》した。この離婚、ある関係者は「結婚生活も有馬が主婦業そっちのけで芝居作りに奔走《ほんそう》していた」と話すなど、離婚理由は曖昧《あいまい》模糊《もこ》としている。

　一九九一（平成三）年秋には「はなれ瞽女おりん」のヨーロッパ公演（ロンドン、ブリュッセル、ローザンヌ）もあり

「はなれ瞽女おりん」は有馬のライフワークとなり代表作となった。こうした功績が讃《たた》えられ、一九九五（平成七）年、紫綬褒章《しじゅほうしょう》を受賞した。

男社会の映画界で闘った波乱万丈の俳優人生

有馬稲子が映画界に入ったときの一九五三（昭和二八）年は、東宝の大争議が終結して三年目だった。東宝の分裂で一九四八（昭和二三）年新東宝ができ、続いて一九五一年には東映が創立。映画会社は松竹、大映を含めた五社になり、日活はさらに遅れて有馬入社の三年後に創設された。戦後映画界の黄金期である。

作品も戦後民主主義の社会を反映するものが多く作られ、傾向映画（階級社会の暴露や闘争を描いた左翼的思想の作品）なども氾濫《はんらん》した。

あわせて映画五社間で有名作家の作品争奪戦も激しかった。現場は監督絶対主義の時代で、小津安二郎、溝口健二、木下惠介、成瀬巳喜男《なるせみきお》、黒澤明、豊田四郎、山本薩夫《やまもとさつお》、今井正などが活躍していた。

この当時、女性の人権が叫ばれ、女性の国会議員も多数当選していて、各職場には女性の進出も盛んだった。そうした中だったので、有馬は戦後に輩出《はいしゅつ》された新進気鋭作家の小説を読み漁《あさ》り、現代感覚の息吹《いぶき》を映画界に持ち込み、表現しようと頑張ったが抵抗を受けて挫折した。

「文芸プロダクション・にんじんくらぶ」の結成は、当時の日本映画界にとってどれだけ革新的で革命的な出来事であったか、たぶんいまの若い女優には理解できないだろうと思う。当時まだ女性の人権や職権を十分認められる時代ではなかった。

大手映画会社が市場を押さえ、男性社会の映画界で有馬稲子、岸惠子、久我美子のように、女優の権利を獲得《かくとく》するための闘いをしていた先人がいたことを忘れてはならない。そうした闘いがあって、今があるからだ。

有馬の生涯は自分でも語る通り、まさに波乱万丈で、痛恨《つうこん》の日々である。有馬が実質映画界から身を引いた一九六六（昭和四一）年は、映画の斜陽化が止まらず、業界は喘《あえ》いでいた。

戦後からの映画の黄金期もわずか一四年であった。大映は一九六六年三月期決算で累積赤字三一億六〇〇〇万円を抱え倒産寸前。松竹は一六〇〇人の希望退職者を募《つの》り、日活も経営不振で悩んでいたときである。有馬はいいタイミングで舞台へ転身した。有馬の俳優人生は舞台に専念した時期が四一年と長いが、ここではあえて映画にこだわり、舞台女優だった時代は割愛《かつあい》した。

有馬稲子九一歳。いま横浜郊外に建つ高齢者向け分譲マンション、総戸数四百数十という敷地内に「モネコ・ガーデン」という造園を造り、有馬が中心となり、住民とガーデニングに勤《いそ》しみながら生活している。

▼有馬稲子・主な出演作

「寶塚夫人」（51）でデビュー、「ひまわり娘」（53）、「母と娘」（53）、「愛人」（53）、「晩菊」（54）、「女性に関する十二章」（54）、「東京―香港　蜜月旅行」（55）、「胸より胸に」（55）、「白い魔魚」

（56）、「ここは静かなり」（56）、「東京暮色」（57）、「黒い河」（57）、「夜の鼓」（58）、「彼岸花」（58）、「赤い陣羽織」（58）、「人間の條件 第一部、第二部」（59）、「惜春鳥」（59）、「浪花の恋の物語」（59）、「『通夜の客より』わが愛」（60）、「波の塔」（60）、「もず」（61）、「ゼロの焦点」（61）、「はだかっ子」（61）、「充たされた生活」（62）、「お吟さま」（62）、「武士道残酷物語」（63）、「大根と人参」（65）、「無法松の一生」（65）、「告白的女優論」（71）、「生きてはみたけれど」（83）、「いのちの海」（01）、「夢のまにまに」（08）ほか。

Ⅳ　勝新太郎

――日常の埒外に生きる芸能者

一九三一（昭和六）年一一月二九日～
一九九七（平成九）年六月二一日（65歳没）

勝新太郎《かつしんたろう》は二枚目俳優が主流だった映画界で異彩を放った。ぎょろりとした目、太い眉毛、身体は太っちょで決してスマートとはいえない。やることなすこと破天荒《はてんこう》でわがまま。世間を騒がす事件も多かった。しかし、なぜか人気俳優になった、まったく稀有《けう》な俳優である。勝は映画の全盛期にデビューし、その後の斜陽化で所属する大映が倒産するまでを見届けた数少ない俳優でもある。しかもその人生は好きな映画と酒と女と借金まみれであった（扉写真は勝新太郎最後の監督作品となった「座頭市」〔89、松竹〕）。

第一章　長唄から映画界入りした放蕩息子

勝新太郎は幼少の頃から我《が》が強く、一人我が道を歩んできた。両親の教育方針や家庭環境が、そうした自由人を育てたといってよい。生まれた年に満州事変が勃発《ぼっぱつ》し、日中戦争へと進んでいった。七歳のとき国家総動員法が施行され、国全体が戦争へ、戦争へと進んでいた時期にも自由奔放《ほんぽう》に生きてきた。第二次世界戦争が終結したとき一四歳。すでに身も心も大人だった。

自由奔放、一三歳で花柳病に

「カツシン」の呼び名で親しまれた、勝新太郎は一九三一（昭和六）年一一月二九日、東京市深川区（現・江東区）木場《きば》の生まれになっているが、じつは、千葉市吾妻町の母の実家で出生した。下町の江戸っ子を自任する勝としては、これが人生最大の痛恨事《つうこんじ》だという。本名・奥村利夫《おくむらとしお》。父・実は杵屋勝《きねやかつ》東治《とうじ》を名乗る長唄師匠、母は八重。二人兄弟で二歳上の兄は勝《まさる》（俳優・若山富三郎《わかやまとみさぶろう》）。

一九三八（昭和一三）年、牛込区立愛日小学校に入学。しかし学校へはあまり通わず、歌舞伎が好きで名優の舞台を御簾《みす》の中から見て楽しんでいた。小学校時代は、かなり暴れん坊であった。七歳のとき杵屋勝貴治に弟子入りし、長唄と三味線を習った。一九四四（昭和一九）年、旧制法政中学に入学するが中退。この頃、近所では「奥村兄弟ぐらい乱暴な悪たれ小僧は、歴史始まって以来といわれ、近所のガキどもを征服して、他の町内に及び、片っ端からマキザッポウでぶん殴って歩いていた。杵屋家には毎日、毎日被害者の苦情が絶えなかった」と評判だった。それが原因で、移り住んでいた牛込の家は焼夷弾《しょうい》の空襲にあったのを機に、九月、日光にある母を育てた乳母の実家の離れに疎開《そかい》する。

日光の今市《いまいち》中学に入学するはずだったが、そこの中学校の番長に呼び出され「東京っ子は弱虫だ」といわれ、番長の子分どもが見ている前で大喧嘩《おおげんか》、番長を気絶させてしまった。

それから学校へ行くのが嫌になり、親しくなった子分どもを連れて日光東照宮の裏山に柴刈りに行ったり、家事の手伝いをし、学校への足が遠のいた。

このとき、近くに住んでいた二二歳の奥さんと親しくなった。主人は軍隊に取られ留守、子供一人を育てていた。ある日、この奥さんに誘われて筆おろしをした。それが毎夜、通ううち、尿《にょう》が出なくて痛い。奥さんに話したら「そう、じゃあ病院に行って」と二円もらった。

日光の駅の近くに遊郭《ゆうかく》がある。その中に花柳《かりゅう》病の病院があった。そこへ行って、「来るのが早いね」と言われながら診てもらったら淋《りん》病だった。あとで知ったが兄もこの奥さんと関係があり、同じ病気にかかっていることがわかった。一三歳のときである。

日光で終戦を迎え、一九四七（昭和二二）年日光から帰京し、東京・浜町《はまちょう》（日本橋浜町）で家族四人の生活が始まった。

長唄、三味線を本格的に修業していたので、一九五一（昭和二六）年、二世杵屋勝丸を襲名。父の代稽古《だいげいこ》を務めたり、歌舞伎座に出演するようになった。

辰巳芸者と別れろ、別れないの新派劇

勝は子供の頃から花柳界と着物の世界で育ったから、その浴衣《ゆかた》の趣味のよさがわかった。稽古に来る芸者衆もそうで、東京でも一流、二流と呼ぶ花柳界がある。一流芸者、三流芸者という呼び名もある。深川《ふかがわ》芸者だけは、なぜかそういう呼び方をしない。辰巳《たつみ》芸者と呼ぶ。きゃん・意気・張り、そして伊達《だて》を売り物にする。着物を着ているときでも素足で歩き、羽織を着て歩く姿は、日本中で深川だけだろう。

辰巳はよいとこ素足が招く、羽織はお江戸の誇りもの

と歌にまでなっているところだ。

その辰巳芸者で、超売れっ子と勝ができてしまったから、ややこしいことになった。その芸者、しま子はキップがよくて踊りが上手かった。東京中の花柳界も一目《いちもく》置いていた。そのしま子と勝は、両国を渡った川岸の旅館で逢瀬《おうせ》が、何年か続いていた。勝が「二代目杵屋勝丸」の襲名披露を明治座でおこなったとき、しま子が、配り物、着る物とずいぶん金を使い、勝に尽くしてくれた。かなりの借金をしたのだろう。杵屋家の紋《もん》の橘《たちばな》を入れ、櫛《くし》まで橘の紋を入れて、お座敷にもその橘入りの着物を着て出ていた。どんなに陰口を叩《たた》かれても、二人は逢瀬を重ねた。

そんなある日、しま子に子供ができたことを知り、自宅へ連れて帰った。家族会議が始まった。父も母もしま子の芸は認めても、二人が一緒に暮らすことには反対だった。

兄も「しま子とは別れろ、それがお前たちにとってもいちばんいい解決策だ」と強硬だった。

それから間もなく、しま子は堕胎《だたい》した。

そして、すったもんだの挙句《あげく》、しま子の贔屓筋《ひいきすじ》の旦那と話し合いが持たれた。

「おい、お前も人気商売なら、しま子も人気商売だ。お客が座敷にしま子を呼んでも、お前さんの紋入り着物ばかり着ていたら、金を使う客だっておもしろかぁない」

「自分の女っていうなら、お前は家を持たせてやったことがあるのか。しま子がお座敷に行く着物の一枚も買ってやったことがあるのか。借金を払ってやったのか？

お前が稼げないとき、どうやってみんなを連れて、飲んだり食ったりしてたんだ。しま子の玉代《ぎょく》を全部お前が使ったんだぞ。かわいそうに、しま子はお前のために、どれだけつらい思いをしているか。しま子は日本一の芸者だぞ。それをお前はどう思っているんだ。お前が明日、家の一軒も持たせるっていうなら、いまここでしま子を放してやる。返事をしろ！」

「うるせえ！」

勝は粋がったが、月謝しか収入のない身には反論ができなかった。同席していたしま子は、つらそうに、じっと勝の顔を見るだけだった。勝は席を蹴《け》って帰ったが、「待って！」としま子が追ってくることはなかった。新派劇さながらの、若いときの苦い〝想い出〟であった。

このエピソードは、私の知人とよく行った東京・江東区清澄白河《きよすみしらかわ》の「小料理屋」の女将が、昔の仲間の話としてボソボソと話してくれたもので、女将は元・深川の芸奴だった。勝も自著『俺　勝新太郎』（廣済堂文庫）の中でふれている。

これ以降も、芸者衆などに長唄、三味線を教えていたが、一九五三（昭和二八）年七月、俳優・田《た》中春男《なかはるお》に「勝丸さん、あなた映画俳優になった方がいい」と言われ、大映の永田雅一《ながたまさいち》社長のところへ連れていかれた。永田は「君は杵屋勝東治の息子か。親父はよく知っている。今日すぐ京都でカメラテストをしなさい」と言われ、その日京都へ行ってテストを受けた。

「花の白虎隊」（54、大映）、市川雷蔵（中央右立ち姿）、勝新太郎（左端）

勝新、雷蔵、「花の白虎隊」でデビュー

勝のデビュー作は一九五四（昭和二九）年の「花の白虎隊」である。この作品、歌舞伎界から市川雷蔵《いちかわらいぞう》、新派から花柳武始《はなやぎたけし》、長唄界から勝新太郎、宝塚から峰幸子《みねさちこ》、ＯＳＫ日本歌劇団から小町瑠美子《こまちるみこ》を迎え製作された。次世代のスターを同時に売り出す、いわばお披露目映画で、五人ともその候補生として出演した。

主役は市川雷蔵、そのほかは横並びの大部屋俳優扱いで、勝は白虎隊士の一人として出演した。雷蔵と会ったのもこの作品が最初で、勝に言わせると「大勢の俳優さんの中でひとり、目立たない、ぼ〜っと口を開けた銀行員のような男だった。それがメーキャップして現れたときには『ええ、本当かよ、これが市川雷蔵？　こんなに変わっちゃうのか』と、他を圧倒しちゃって近づけないようなスターぶりになっていた」という。

撮影の当日、俳優会館の前にロケバスが横づけになり、大勢の俳優さんらがバスの方へ歩いていく。そのとき雷蔵が、白虎隊の扮装《ふんそう》でゆっくり歩いてきて、玄関前につけてあるハイヤーに乗った。勝は自分も乗れるんだと思い、足をかけたら、「おい、お前はあっちや」と言ってバスの方へ連れていかれた。バスの中は満員で、座る席がない。「お前、立ってろ」。誰かがどなった。雷蔵はハイヤーに乗って颯爽《さっそう》と出発していった。これが雷蔵との最初の出会いであった。

じつのところ勝は、入社当時から雷蔵にハンディキャップをつけられていた。勝が普通にカメラテストを受けて入ったのに、雷蔵は大映京都撮影所所長・酒井箴がじきじきに口説いて、文字通り三顧《さんこ》の礼をつくして入社させていた。そのためギャラも待遇《たいぐう》も、何から何まで雷蔵が上であった。

繁栄のときを迎えていた映画界

勝新太郎と市川雷蔵がデビューした一九五四年、日本映画界は繁栄のときを迎えていた。また時代劇ファンにとっても画期的な年だった。なによりもまず草創期からの時代劇スターである嵐寛寿郎《あらしかんじゅうろう》、大河内傳次郎《おおこうちでんじろう》、阪東妻三郎《ばんどうつまさぶろう》、市川右太衛門《いちかわうたえもん》、片岡千恵蔵《かたおかちえぞう》、月形龍之介《つきがたりゅうのすけ》、長谷川一夫《はせがわかずお》らが健在で主役を張っていた。

さらに少し遅れて高田浩吉《たかだこうきち》、近衛十四郎《このえじゅうしろう》、黒川弥太郎《くろかわやたろう》、大友柳太朗《おおともりゅうたろう》らもいて、まさに花盛りの感があった。そのうえ、この年公開の「新諸国物語・笛吹童子」で中村錦之助《なかむらきんのすけ》（のち萬屋錦之介《よろずやきんのすけ》）、東千代《あずまちよ》之介《のすけ》がスターとしてデビューした。また、黒澤明《くろさわあきら》監督の「七人の侍」で、三船敏郎《みふねとしろう》が時代劇俳優として登場した。

この年の最大の話題は日活の製作再開だった。一九一二（大正元）年設立の日活は、戦時下の企業統合から製作中止に追い込まれ、細々と外国映画を配給していたが、一九五三（昭和二八）年七月に製作再開を発表。東京・調布市に撮影所を建設、既存の映画会社から俳優、スタッフを引き抜き、製作を再開した、その第一作が一九五四年六月二九日公開した「国定忠治」で、新国劇の辰巳柳太郎《たつみりゅうたろう》、島田正吾《しまだしょうご》などが総出演した作品である。

また、この年から東映が二本立て興行に踏み切った。「君の名は」が前年に大ブームを起こし、日本映画史に残る名作「ゴジラ」「七人の侍」「二十四の瞳」が公開されたのもこの年。邦画界の悪法と騒がれた「五社協定」も制定された。

どうにも似合わない白塗り若侍

大映はブロックブッキング・システム（映画の配給側が劇場側に複数作品の一括予約を強いるシステム。映画会社は独自の系列館を持てるが配給本数を揃える必要がある。劇場側は作品を選べない）の中で作品を量産しなくてはならないので、勝に「お富さん」（54）で切られ与三郎の主役を張らせた。三作目は「怪猫逢魔が辻」（54）でキワ物のB級怪談映画である。その後も「天下を狙う美少年」（55）、「かんかん虫は唄う」（55）などで主役を張ったが、いずれもパッとしなかった、

デビュー５年目、大映期待の若手俳優出演の「初春狸御殿」（59、大映）、右から勝新太郎、若尾文子、市川雷蔵

勝の不人気ぶりに、映画館の館主からは「いい加減に勝を主役にした映画はやめてくれ」と苦情が出るほどだった。

当時の大映では、長谷川一夫がトップスターとして君臨していた。白塗り二枚目の美男スターが活躍するのが全盛で、雷蔵はまさにこうしたタイプにぴったりだったが、太い眉、いかつい丸顔の勝には白塗り若侍が似合うはずもなかった。

それでも会社は「怪盗と判官」（55）、「花の渡り鳥」（56）、「花頭巾」（56）、「日蓮と蒙古大襲来」（58）、「情炎」（59）、「薄桜記」（59）などに出演させるが、さっぱり芽が出なかった。

会社は勝の個性を引き出せず、勝もまた実力を発揮できないままに、ついには長谷川一夫のイミテーションとまで言われ、長谷川作品や雷蔵の脇役に回されることが多くなった。

汚れ役「不知火検校」で役者開眼

勝はいろいろな作品に出演したが、まったく芽の出ない時期が七年と長かった。同期の市川雷蔵や、同年代の山本富士子《やまもとふじこ》、若尾文子《わかおあやこ》などはデビューから人気者になり、その差が開くばかりであった。勝は憂さ晴らしに祇園《ぎおん》や、先斗町《ぽんとちょう》へ足を運び、宵越しのゼニは持たぬと江戸っ子気質で派手な遊びを続け、花柳会では人気者になるが、映画での人気は依然出なかった。

勝には会社もサジを投げかけた。だが、当人と話してみると、じつにユーモラスで面白い。そうしたユーモラスな三枚目的な要素と豪快奔放《ほんぽう》な二枚目半的な個性に注目した会社は、オールスター物「次郎長富士」(59)で森の石松役で起用した。これがなぜかよかった。

そんな勝のキャラクターのために製作されたのが、「不知火検校《しらぬいけんぎょう》」(60)である。物語は江戸爛熟《らんじゅく》期を舞台に、弱者のはずの盲人の按摩《あんま》が、極悪非道の限りをつくして出世していくという物語である。白塗りを止めて汚れ役という企画に勝は乗った。原作は宇野信夫《うののぶお》で、脚本の犬塚稔《いぬづかみのる》が練りに練って話を膨らませた。森一生《もりかずお》監督の演出も非情冷酷で切れ味が鋭かった。勝もまた、悪に強いが、それでいて憎み切れない座頭を演じた。

この破戒坊主、評判がよかった。この作品が売れない二枚目、勝新太郎に新境地を開かせた。出演作品七三本目、入社して七年目の役者開眼であった。

第二章　大映の屋台骨を支えた勝新ブーム

大酒を飲み、女遊びも派手にした勝の放蕩《ほうとう》は、そのまま彼の芸の肥やしになった。もし彼が品行方正、規律にはまった男だったら、彼の創造した数々の役の人物は生まれてこなかったかもしれない。貴公子といわれた雷蔵の端正な姿にくらべ、彼はコロコロとした肥満体で、むさくるしい格好で登場する。そういう気取ったところのないキャラクターが、後年、役作りに反映し、人気の源《みなもと》になったといってよい。

田宮二郎と組んだ着流しヤクザ「悪名」

一九六〇（昭和三五）年、「週刊朝日」に連載され人気だった、今東光《こんとうこう》原作の「悪名」が企画された。たまたま「週刊朝日」の編集長が大映、田中徳三《たなかとくぞう》監督の実兄だったことから大映が口説き落とし、原作権をもらい製作された。主役は勝に白羽の矢が立ったが、時代劇俳優の勝には冒険といえる現代劇であった。

第一作「悪名」（61）の内容は、生まれ故郷の河内を追われた着流しヤクザ〝八尾の朝吉（勝新太郎)"が、弟分でハンチング帽にスカジャン、話の節々に英語を挟みインテリぶるチンピラ、モートルの貞こと、清次(田《た》宮二《みやじ》郎《ろう》)の二人で、放浪先でヤクザや、偽善者、権力者を退治する物語である。

会社は現代劇に起用する勝を心配しながら撮った。しかし、そうした懸念《けねん》は吹っ飛んだ。勝は任侠《にんきょう》精神に生き抜く一匹狼のヤクザの親分・朝吉役を見事に演じた。第一作の配給収入も八五〇〇万円を上げ、まずまずのスタートだった。脚本家・依《よ》田《だ》義賢《よしかた》が原作を膨らませて、シリーズ化を進めていった。

劇中、酒好きの勝が酒をまったく飲めない朝吉を演じたのだから笑わせた。この作品、勝と田宮二郎のコンビが絶妙で、田宮二郎はこのシリーズで大映の看板スターになった。最後の作品は「悪名 縄張荒らし」(74)で、一三年間で全一六作が製作された。

「新・悪名」(62、大映)、勝新太郎と田宮二郎

異端のヒーロー「座頭市」誕生

役者は勢いに乗ってくると恐ろしい。「悪名」に次いで日本最初の70ミリ映画「釈迦」に、悪役、ダイバ・ダッタで出演した勝が本領を発揮し、仏陀《ぶっだ》役の主役・本郷功次郎《ほんごうこうじろう》を完全に食ってしまったから驚いた。

次に製作されたのが「座頭市物語」である。「悪名」公開から七ヵ月後の封切りと忙しかった。

この作品は、子母澤寛《しもざわかん》が一九四八年「小説と読物」に連載した「ふところ手帖」の一篇で、わずか数ページの「座頭市物語」が原作である。江戸時代の侠客《きょうかく》、房総地方の飯岡助五郎《いいおかのすけごろう》にまつわる話として「盲目の侠客座頭の市」の話を古老から聞き小説にしている。

第一作「座頭市物語」(62)の映画化にあたって三隅研次《みすみけんじ》監督と、「不知火検校」の脚本家・犬塚稔によって新たな人物像が構築され、さらに勝によって脚色、肉づけされていった。

それも盲目でヤクザ、居合《いあい》抜きの名人で博奕《ばくち》も好きなら女も好きという型破りのヒーローに仕上げた。勝のキャラクターに合わせて作られた脚本である。そのため、映画の座頭市は原作と大幅にかけ離れ、原作の一部プロットを借りた別物である。また原作の長ドスを仕込み杖にしたのも勝のアイデアであった。

この作品、一九六二(昭和三七)年四月一八日に公開した。観客は並みの入りだったが、館主さんが面白いと言い出した。これに気をよくした大映は、悪名に続くシリーズ物として製作していく。時代もこうしたアウトローを待望していた。

つづく第二作「続・座頭市物語」(62)もそれなりに当たった。第三作「新・座頭市物語」(63)になると映画の題名が認知され高収益を上げた。さらに第四作「座頭市兇状旅」(63)がいきなり一億五〇〇〇万円の配給収入を上げるヒットになった。

座頭市シリーズのいちばんのヒット作は、一九七〇(昭和四五)年公開した第二〇作「座頭市と用心棒」で、その年の興行収入ベストテン四位に入るヒットを飛ばした。売りは、座頭市・勝と、用心棒・三船敏郎との対決である。三船は当初、軽いゲスト出演と思っていた、ところが台本をもらったら「座頭市と用心棒」のタイトルになっているので、驚いたとか。

しかし、二七年間で二六作も撮っていたので駄作もそれなりにある。そして、あまりにも強くなりすぎた座頭市。後年は当初の人物像が変化してしまった。要するに座頭市が「神様」になってしまった。第一作で登場したときの、盲目であることの身にしみ入るような哀しさ。社会から疎外され底辺を這《は》いずりながら生きていく座頭の姿が消えた。

それでも時代が激しく動いていた中、「座頭市物語」は時の流れに影響されず愛された作品として貴重である。アメリカ、香港《ホンコン》を中心としたアジアや、キューバでも人気があり、亡きカストロ首相も大ファンであった。まさに座頭市は勝のライフワークとなった。

大映・永田社長にギャラアップ闘争

勝は結婚もしたので一九六二（昭和三七）年、ギャラをちょっと上げてもらおうと、永田社長に交渉した。なにせ、デビューのときのギャラが三万円。ロケに行くときは、大勢のバスに乗るのがいやだったから、タクシーを呼んで自前で車代を払っていた。そのとき市川雷蔵は会社の車付きで一本三〇万円。最初から雷蔵は勝より一〇倍高いギャラを取っていた。

勝は毎年チョビチョビ上がって、二五〇万円まで来たとき、雷蔵は三〇〇万、長谷川一夫が四五〇万ぐらいだった。それで、まず雷蔵と同じギャラにしたいと思い、社長が京都撮影所に来たとき、

「『社長、今度の契約は、これだけ上げてください』と、片手を出した。

『お前、何言うとるんのや、勝。お前、誰にそんな知恵をつけられたんや、アホなこと言うたらあかんで、日本中の映画界へ行って聞いてみい。そんだけの銭、取ってるやつ、誰がおるんや。アホなことぬかしたらあかんぞ。お前、俳優やめるんかい』

それでだめだったら辞める気でいたから、

『はい』

『こら、勝！　お前、明日から撮影所に来んでもええ、帰れ！』

『失礼します』」

勝は「悪名」の撮影途中で帰ってしまった。

それから一週間、勝は撮影所へ行かなかった。間にいろいろな人が入ってくれたが、ガンとして妥協しなかった。撮影は中止になって現場は困っていた。二週間ぐらいして嵐山《あらしやま》の勝の家に車が停まった。本社の経理担当重役が降りてきた。

「『社長がOKしましたから、サイン下さい』。契約書を見たら『一本五〇〇万也』って書いてある。

〝ええっ、俺、五〇万円上げてくれって、片手を出したんだけどな――（笑）〟

永田社長は、まさか勝が五〇万円上げてくれって片手を出したとは思わなかったのだろう。一本五〇〇万円。五〇〇万円だぞ！　これで、俺は大映の一躍トップになった」（『俺　勝新太郎』）

大映はその後、勝の「悪名」と「座頭市」シリーズが定着、揃って高収益を上げていった。一九六四年の日本映画各社の配収が一〇パーセントダウンという中で、ひとり大映のみが一〇パーセントアップという奇跡を演じ、その原動力が勝の演じる二つのシリーズだった。勝は役者として人気の絶頂へとひた走っていた。

権力に刃向かう「兵隊やくざ」に喝采

勝頼みの大映が、さらに新シリーズを誕生させた。有馬頼義《ありまよりちか》原作の「兵隊やくざ」(65、監督・増村《ますむら》保造《やすぞう》)である。

物語は、一九四三(昭和一八)年、第二次世界大戦中の満州国北部、四万人近い兵力を誇る関東軍の駐屯地が舞台である。その〝精鋭関東軍に、暴れん坊で、ヤクザの用心棒をしていたという大宮貴三郎(勝新太郎)が入隊する。上官の命令にも従わないという評判の暴れ者で、苦慮した部隊長は有田上等兵(田村高廣《たむらたかひろ》)を教育係に任命する。

有田は大学卒だったが、幹部候補試験にわざとすべって上等兵にとどまる三年兵。除隊の日だけを楽しみにしている。性格のまったく異なる二人だが、なぜかうまが合う。入隊早々に大宮は、仲間をかばおうとして砲兵隊相手に大立ち回りを演じ、一人で十数人をのしてしまった。そんな大宮を有田は、軍隊での慣習を熟知する古参兵という立場を利用して、かばい続ける。二人はやがて、腐敗しきった関東軍から脱走する機会をねらうようになる。

以後、続くシリーズには「脱獄」「大脱走」「俺にまかせろ」などの副題がついた。

作品はシリーズ化された。各話の共通点は、頭の弱い八方破れの大宮喜三郎とインテリの有田上等兵がコンビを組み、軍隊の非人間的組織や、国家権力などに刃向かうところに観客は喝采《かっさい》した。

映画界では任侠映画が猛威をふるっていたにもかかわらず、この作品は当たった。勝にぴったりの役で、スクリーンの中で躍動した。斜陽の速度を速める日本映画界の中にあって大映の屋台骨を支えた。この作品で田村高廣は一九六六（昭和四一）年、第一六回ブルーリボン賞最優秀助演男優賞を受賞した。

以後、このシリーズは九本作られた。しかし第九作「新兵隊ヤクザ　火線」（72）は、前年末に大映が倒産したため、勝プロダクションの製作で、東宝が配給した。

第三章　人生自体が「芸」の役者バカ

わが世の春を謳歌《おうか》していた勝だったが、一九七一（昭和四六）年に大映倒産後は時代を追うごとに収入が激減。自分のプロダクションを起こし、活路を開いていったが、そのプロダクションも倒産。借金取りに追われる生活であった。

それでも花柳界遊びは変わらず、酒飲みで座持ちは抜群。得意の三味線や歌、愉快な話を披露し、芸者たちを楽しませた。しかも飲んでいる間に取り巻きがどんどん増え続け、最初一〇人ほどだったのが七〇人近くに増える、嘘のような事例は珍しくなかった。

高級車に高級な服とスター然としていた。とにかく常識外れだった。そんな中で、黒澤明監督「影武者」の降板事件、コカインの不法所持など、後年はトラブルが絶えなかった。そうした苦悩の時代を支えたのは妻の中村玉緒《なかむらたまお》だった。

お嬢さん女優・中村玉緒との結婚

ここで生涯、勝を支えた中村玉緒との結婚に触れておきたい。

勝が中村玉緒と会ったのは、主役を演じた「かんかん虫は唄う」（55）で共演したときだった。玉緒一六歳のときである。玉緒は長谷川一夫や市川雷蔵の相手役をし、撮影所では「玉緒ちゃん、玉緒ちゃん」と呼ばれ人気があり、笑顔を振りまいていた。勝は「こんな初々《ういうい》しい〝女の子〟を感じる娘さんの笑顔を見たことがなかった」。

それから五年後「不知火検校」（60）で共演したときには、いい女優さんになって輝いていた。勝はすっかり玉緒の虜《とりこ》になり、毎晩毎晩、食事に誘った。誘うときには必ず五、六人の仲間を連れていた。なかなか二人になれず結婚を申し込むチャンスもなかった。

そんなある日、皆で食事の後「ベラミ」というナイトクラブに誘い、ホールで踊りになった。勝はこのときとばかり玉緒の手を「きゅっきゅっ」と握り、耳元で「俺と結婚してくれ」と告げたが、ホールのバンドがやけにうるさく玉緒は何を言っているのかわからないまま、勝の手を「きゅっ」と握り返した。それでも勝は告白したその夜は、朝まで寝られなかったとか。女性遍歴の多い勝にもこんな一途《いちず》で純情な面もあった。

その後、玉緒の心を開き、勝の心もわかってもらい、勝は玉緒の家に結婚を申し込みに行った。応接間にいた父で二代目中村鴈治郎《なかむらがんじろう》に用件を告げると、何か汚らしいものを見るような目で、

「いま、家内がいてまへんさかい、帰っておくれやす」

「いや、今日はご挨拶におうかがいに……」

「そんな話、聞けまへん。悪いことやけど、帰っておくんなはれ。いんでおくなはれ」

とけんもほろろだった。よくもあんなに憎々しげに、俺の顔を見られるもんだと、勝は思った。

その話を玉緒に告げると「そんなこと、かましまへん。お父ちゃんが何と言おうと、わてが好きになった人のところへお嫁に行くんやし、もうみんなと縁を切っても、うちは勝さんと一緒になります」と言い切った。玉緒は成駒屋《なりこま》のワンマン女帝である。これで結婚話も一件落着した。

玉緒との結婚が決まったので、嵐山の勝の家をお母さんと扇千景《おうぎちかげ》が急に見に来た。勝が案内し、押し入れを開けると、女物の着物が落ちてきた。「ああ、いい押し入れね。こっちも押し入れ?」。パーッと開けるとそこにも女物が一緒に入っていた。風呂場の鏡台の引き出しを開けると、そこには女物のカンザシから何からいっぱい入っていた。二階に行って戸棚を開けると、女の寝間着とか枕など、いろんな物が置いてある。

二人は「これやったら玉緒も喜ぶでしょう、押し入れも多いので、いろんな物が入れられて。ハイ! お邪魔しました」と帰っていった。翌日、玉緒に「男っていろいろあるんだから……」と弁解したら、「どうぞ、おきばりやす」と言ってのけた。

結婚式は一九六二(昭和三七)年三月七日、大映・永田雅一社長の仲人で東京・帝国ホテルでおこなわれた。結婚式の日、中村鴈治郎の、あの憎々しい顔が嬉しさいっぱいに変わっていた。このとき玉緒のお腹に子供が宿っていたが、誰も気がつかなかった。

このの一九七一(昭和四六)年八月、勝のわがままで一方的に玉緒との離婚声明を出し、マスコミを騒がせた事件があった。このとき、玉緒は全然相手にしなかった。後年、いろいろな事件を起こしたとき、玉緒がすべてで勝を支えた。勝は「中村玉緒は勝新太郎なしでも存在し得るが、勝新太郎は中村玉緒なしでは存在し得ない」と語るほど、玉緒に頼り切っていた。

ワンマン経営で勝プロ倒産

勝は一九六三（昭和三八）年に長谷川一夫、山本富士子が大映を去った後、大映の大黒柱となって稼いでいたが、大映の経営状態が悪くなり、勝との専属契約もできないようになってきた。

それで、勝は規制に捉われない映画作りを目指すため、一九六七（昭和四二）年一一月、勝プロダクションを設立した。資本金五〇〇万円。事務所は新宿区若葉町の太陽ビルに置いた。

しかし、永田社長との話し合いで、勝プロは大映内プロダクションということで、大映が製作費を出し配給した。勝プロの第一回作品は「座頭市牢破り」（67、監督・山本薩夫《やまもとさつお》）。この作品は評論家らの評判がよかった。第二作目「燃え尽きた地図」（68、監督・勅使河原宏《てしがわらひろし》）を製作するが、これはまったく客が入らなかった。次いで第三作はフジテレビと共同製作した「人斬り」（69、監督・五社英雄《ごしゃひでお》）。これがその年の興行収入ベストテン四位となる大ヒットになった。

しかし、一九六九（昭和四四）年七月一七日、親友の市川雷蔵が逝去。一九七一（昭和四六）年大映が倒産。これ以降、活動の場を自分のプロダクションに移した。作品の契約先も大映から東宝になり、映画の製作を続けた。

作品も自ら主演した「御用牙」シリーズ、兄の若山富三郎主演で「子連れ狼」シリーズを含めた作品で、東宝のお盆、お正月興行を飾った。

一九七四（昭和四九）年には高倉健《たかくらけん》との共演で「無宿《やどなし》」（74、監督・斎藤耕一《さいとうこういち》）を撮ったが、話題のわりには観客がまったく入らなかった。さらにこれに輪をかけたのが「モハメッド・アリ 黒い魂」

（74）のドキュメンタリー映画の製作だった。この二本で勝プロは大幅な赤字を抱えた。映画はこの作品を最後に、テレビ作品の制作に転換する。

　一九七四年から一九七九年の六年間、フジテレビで「座頭市」シリーズ一〇〇話を制作、一九七五年から「痛快！河内山宗俊」で二六話などを撮った

「無宿」（74、東宝）、右から勝新太郎、梶芽衣子、高倉健

　一九八〇（昭和五五）年からは「警視－K」（NTV）一三話など撮ったが、自分が監督した「警視－K」が予算オーバーとテレビ局との制作方針で揉め、視聴率も悪く、制作打ち切りとなるトラブルが起きた。

　制作費の赤字を抱え込んだ勝プロは、このとき銀座に二店の高級クラブ「大信田」と「修」を経営していた。大信田のママは元・東映女優の大信田《おおしだ》礼子《れいこ》である。この水商売の二店が足を引っ張り、勝プロは一九八一（昭和五六）年、一二億円の赤字を抱え倒産した。債務者には七年かけて返済することで話し合いができた。勝プロ設立から一四年後の終焉《しゅうえん》であった。

　翌年、中村玉緒を社長とした「勝プロモーション」を設立するが受難が続く。長男・奥村雄大《たけひろ》と長女・奥村真粧美《まさみ》

が大麻密売で逮捕される事件が起きた。

倒産してからは借金取りに追われる生活であったが、それでも借金で豪遊し、高級車に高級な服、スター然とした生活を変えることがなかった。

マスコミを騒がせた「影武者」降板劇の伏線

話が前後するが、一九七九（昭和五四）年に映画「影武者」の主役に抜擢《ばってき》されるが、監督の黒澤明と衝突し降板する事件が起き、マスコミが大騒ぎになった。

物語は、武田《たけだ》信玄《しんげん》亡き後、その死を隠し影武者を立てて藩を守る話である。黒澤は影武者になる俳優を勝に決め、出演依頼した。勝プロには六月から一月までの八ヵ月拘束で、出演料五〇〇〇万円の提示があった。

会社は当時、フジテレビで「座頭市」を制作する予定で、売上げが五億円になる。会社としては収入減になる。しかし、世界の黒澤監督からの依頼である、勝の俳優キャリアを考え、勝プロは承諾した。

勝と黒澤はクランクインまで一年間くらいつき合って、和気《わき》藹々《あいあい》のスタートだった。それがリハーサル二日目に事件が起きた。勝は自分の演技を撮影するためビデオカメラを撮影現場に持ち込み、自分の役作りの参考にしようと考えていた。その許可を黒澤に頼んだときにことが起きた。

そのときの様子をスクリプターの野上《のがみ》照代《てるよ》が自著『もう一度　天気待ち』（草思社）に記している。

「セットの奥で黒澤と勝が話している。『断る！　そんなことをされたんじゃ気が散ってしょうがない。あんたは自分の役に集中してればそれでいいんだ。余計なことはするんじゃない！』黒澤さんのこのぐらいの怒り方は、われわれスタッフには並みもいいとこ、中の下、震度二程度。しかし、慣れない役者さんはヒキツケを起す。勝さんはしばらく棒立ちだった。

『そんなことより早くちゃんと支度してきなさいよ！』。我《われ》に返った勝は憤然として、荒々しくセットを出ていった。

『何を考えてんだ、あいつは』と腹立たしそうに見送った黒澤さんが『行ってみてこいよ』とアゴをしゃくって私に言った」。

勝はドカドカ衣裳部屋に戻ってきて、いきなりかつらをむしり取って、脱いだ衣裳の上にポンと放り投げて出ていった。勝が怒って帰る！　という知らせが製作部に入った。勝を乗せるワゴン車が製作部前の噴水の脇に停まった。

そこへ東宝のプロデューサー田中友幸《たなかともゆき》が駆けつける。そして黒澤もワゴン車へ向かう。黒澤の姿が近づくとワゴンのドアが開き、長身の彼が身をかがめてステップを上がった。

「私は黒澤さんの後から中を覗《のぞ》いた。そのとき、向かい合っていた勝さんと田中氏がいっせいに黒澤を見た。

田中『なんとか気を取り直してセットへ戻っていただけないかと、いまお願いしているんですがね』。田中さんが両方に気を使って笑いながら言った。勝さんも黒澤が来たからといって突然軟化するわけにはいかなかったのか『俺はこういう役者だから、こんな気分で芝居はできない』そのようなことを黒澤に言う。

それを受けて黒澤は信じられないほど冷静な声で言った。『それなら勝君には辞めてもらうしかないな』と言い捨てるや、くるりと向き直りワゴンを去った。

彼が私の脇を通るとき、同時に勝さんがガバっと立ち上がり、飛び出しそうな眼で黒澤さんを睨《にら》みつけて、殴りかかろうとした。

『勝さん！　それはいけない』と、小柄な田中氏は顔を真っ赤にして羽交《はが》い絞めにして、制止した。

黒澤さんはその騒ぎを背中で感じながらも、振り向くことなくセットへ戻っていった」


これが事件の真相のようだが、じつはここまでに至る伏線がいろいろあった。

その一つ、本読みのとき山﨑努《やまざきつとむ》演じる信康が影武者に「出かした」と言って、影武者が「出かすも出かさぬも、他の仕様がなかった」と言う台詞。勝はこのセリフを、毎回違う言い方をして見せた。

黒澤もはじめは「違うよ勝くん」と笑いながら訂正していたが、次第に怒気を帯び「勝君、違うったら！」と言うようになった。勝にすれば俺はいろいろできるんだ、という意思表明だったが通じるはずもなかった。

この事件、勝流の撮影・演出スタイルがほかでは通じないことを示した一例であった。

この降板劇でマスコミは「映画史に残る主役交代事件」と騒いだ。結局、主役は仲代達矢《なかだいたつや》に代わり、一九八〇年四月二六日公開された。その年の観客動員一位を記録し、興行収入五四億円を上げた。

事件続きで終わった最後の「座頭市」

勝プロでは「無宿」以来、自費で映画製作をしていなかったので、なんとか映画を作りたいと考えていたところ、ディスコなどを経営する株式会社三倶が映画に出資してくれることになった。勝は勇躍した。作品は「座頭市」で製作・脚本・監督・出演のすべてを勝がやることになった。そのため脚本に凝《こ》り出し、いつまでたっても完成台本が上がらなかった。配給の松竹は企画の打ち切りを伝えてきたが、共同脚本の中村努《なかむらつとむ》が慌てて形ばかりの脚本を提出して、なんとか製作にこぎつけた。それからが大変だった。

封切り日が決定しているので、脚本が完成しないまま撮影に入った。旧大映の京都撮影所は数年前にマンションになっていたため、東京のにっかつ撮影所を借りた。勝の撮影方法を熟知しているスタッフもスケジュールの都合で揃えられず、東京で時代劇を撮ったことのないスタッフを急遽《きゅうきょ》集めなければならなかった。また貸しスタジオなのでパーマネントセットを組めず、撮影のたびに壊すので、維持管理費が莫大《ばくだい》になった。

勝プロ時代から勝の映画作りはワンマン体制で、勝のイメージがすべてに先行した。脚本は無視され、撮影ではアドリブでその場で演出が変わるのが恒例だった。このスタイルに新規のスタッフは戸惑うばかりで、撮影は円滑に進まなかった。

東京を本拠としたためロケ場所がなく、機材一式を大型トラックに積んで、ロケ先を求めて全国を走り回り、撮影スケジュールがめちゃくちゃ。出演俳優もウロウロするだけだった。

暮れも押し迫った一九八八（昭和六三）年一二月二六日、広島県「福山みろくの里」で、八〇人以上の出演者による、クライマックスの殺陣《たて》のリハーサル中、勝新太郎の長男で五右衛門役の奥村雄大の持っている日本刀（真剣）が、ヤクザの子分役（加藤幸雄《かとうゆきお》）の首に刺さり死亡する事故が起きた。奥村に真剣を持たせたのは助監督で、時代劇経験のない、急遽集められたスタッフの一人だった。「真剣の使用における安全管理の問題」「重大事件の発生にもかかわらず撮影を続行する製作姿勢」など問題視されて、マスコミは大スキャンダルとして大騒ぎした。

資金を出した三倶は弱気になり、映画の中止を提案してきた。松竹は再度、二月四日の公開延期を申し入れてきた。勝プロはその両方を拒否した。

俳優が死亡したことから、撮影現場関係者らと共に広島県警から業務上過失致死罪の疑いで事情聴取を受け、さらに小道具を加えた三人が業務上過失致死などの容疑で書類送検された。七月になって罰金二〇万円の略式命令が言い渡された。

迫力を出すためにスタッフが勝手に奥村雄大に真剣を用意し、奥村は真剣であることを知らなかったとされ、裁判でその主張が認められた。

お蔵入りが懸念された「座頭市」だったが、亡くなった遺族が作品の完成を望んでくれたので、一月二〇日撮影が再開された。このとき勝がねばった。まず編集時間を短縮するため、勝と長く仕事をしてきた大映時代の編集者・谷口登司夫《たにぐちとしお》を福山まで呼んで、ホテルの一室に機材を持ち込み、撮影が終わった分から編集を始めるという荒療治《あらりょうじ》をやった。

事件の集中砲火を浴びて満身創痍《そうい》の勝は、徹夜、徹夜を重ねたスタッフと、見事作品を完成させた。

作品はヒットし一九八九年度の興行収入ベストテン七位に入った。しかし勝は、俳優を死亡させたことが災いし、最後の監督作品となった。

遊び、クスリ、借金、愛情……尽きない破天荒エピソード

勝はプロダクション倒産後に個人的トラブルが多くなった。数々ありすぎるエピソードを年代順に拾って見ていきたい。

▼勝は「悪名」「座頭市物語」「駿河遊侠伝」「兵隊やくざ」シリーズが当たりに当たっていたとき、遊びもケタ違いに派手だった。永田社長に遊びすぎて借金ができたと話した。「お前、それを返すのは大変だろうから、毎年五〇〇〇万円ずつ出そう」と言われた。二年分、ポンと一億円出してくれた。税金のつかない金だった。大映が倒産する四年前の話で、経営不振にもかかわらず永田社長が、いかにドンブリ勘定で経営していたかを示すエピソードの一つだ、と語る監督もいた。

▼勝プロ時代、ディナーショーがあった。一時は業者に任せていたが、問題が生じたので直接勝プロですることになった。勝はディナーショーとはいえ、最高のバンド、ミュージシャンでないと嫌だと主張した。そのためスタジオミュージシャンを雇い、邦楽は三味線三丁、鳴物三枚といって六人連れていく。照明もライトを大量に吊《つ》り、ものすごく凝る。仕込みにも時間がかかる。「俺はこのスタッフ以外では唄わない」と言って、毎年、秋から暮れにかけてやっていたが、まったく儲からなかった。

▼一九七八（昭和五三）年五月、弟子の俳優・酒井修《さかいおさむ》がアヘン所持で逮捕、勝も書類送検される事件が起きた。勝はイラン人からもらったアヘン二六グラム（当時の末端価格二六〇万円）と吸煙器が事務所にあるので、酒井に処分するよう頼んだ疑いで検挙された。しかし勝は帝国ホテルで記者会見し「イランの貴族から贈られ、社長室に置いていたが、芸能人の大麻事件が相次いだので、処分を依頼しただけ」と弁明したが、九月に起訴猶予処分を受けた。この件でフジテレビの「新・座頭市」が放送禁止になった。

▼一九九〇（平成二）年一月、ハワイ・ホノルル空港で「下着にマリファナとコカインを所持していた」として麻薬密輸入の現行犯で逮捕された。罰金刑で即日釈放されるも、日本帰国後の逮捕を恐れてハワイに居残った。米国からの強制退去処分が言い渡され、翌年五月一二日、四八二日ぶりに帰国。帰国の機内で勝に報道陣が殺到。記者の質問に「気がついたら入っていた」と発言、容疑事実否認のまま警視庁に逮捕された。逮捕後も「今後は、同様の事件を起こさないよう、もうパンツをはかないようにする」などととぼけ、最後まで口を割らなかった。一九九二年三月二七日、東京地裁より、懲《ちょう》役《えき》二年六ヵ月・執行猶予四年の有罪判決を受けた。その後上訴しなかったので有罪が確定。この判決が出るまで勝はブタ箱（監獄）の中だった。

▼麻薬所持で逮捕されたので、数億円もの費用をかけて制作したキリン・ラガービールのCMが、たった一日で放送打ち切りになった。ビール好きな一家をドラマ仕立てにし、一年間放送の予定で、す

でに六話の制作が進んでいた。このＣＭの脚本は、つかこうへいで、キリンビールがシェアを落とし始めた頃のコマーシャルだった。キリンはこのＣＭに勝負を賭けていた。そのためＣＭ制作会社他から三億円の損害賠償と民事訴訟を起こされた。

あわせて、二月松竹で公開を予定していた、勝新太郎主演の「浪人街」（監督・黒木《くろき》和雄《かずお》）も公開が延長された。

▼一九九二（平成四）年四月、兄・若山富三郎が急性心不全で六二歳の生涯を閉じた。納骨式のとき、骨壺の前で遺骨を食べ、涙を流して死を弔《とむら》った。若山富三郎は勝が大映へ入社した翌年に新東宝へ入り「忍術地雷也」（55）で映画デビュー。七年後の一九六二年、大映へ移り芸名も城健三朗として活躍。一九六六年、東映に移り、任侠映画に多く出演した。天才型の勝と違い努力型の俳優であった。代表作は「子連れ狼・地獄へ行くぞ！大五郎」（74、東宝）、「博奕打ち・総長賭博」（68、東映）、「シルクハットの大親分」（70、東映）、などがある。

▼一九九六（平成八）年二月父・杵屋勝東治が急性腎不全《じんふぜん》で亡くなる数日前から添い寝をした。火葬場では骨をこっそり懐《ふところ》へ入れ、それを泣きながら食べ「これで父ちゃんは俺の中に入った」と涙した。肉親への強い愛情を印象づけた。

がんになっても勝流パフォーマンス

その勝も、一九九六（平成八）年五月、大阪新歌舞伎座で玉緒と共演していた「夫婦善哉　東男京女」の公演中、喉《のど》の痛みが引かず、大阪の病院で精密検査を受けたら喉頭《こうとう》がんだとわかった。八月五日、治療のため千葉県柏市の国立がん研究センター東病院に入院し、抗がん剤と放射線で治療をおこなった。（三ヵ月前に萬屋錦之介ががんで逝去した同じ病院である）。勝は、入院中も外出をくり返し、禁止されている酒を楽しみ、平然と煙草をふかしていた。

しかし、これは人前に出た時の、勝一流のパフォーマンスだった。妻・玉緒の証言によれば、病院では酒、煙草もやらず、優等生で先生の言うことは素直に聞き、看護婦さんからも「手のかからない患者さんでしたよ」と慕われていたという。

一一月、一時退院。一一月二五日、国立劇場小劇場で「杵屋勝雄の会」に出演。女優・藤村志保《ふじむらしほ》の舞いなどに三味線を弾いたのが最後の舞台となった。

治療のかいもなく、一九九七（平成九）年六月二一日、柏市の国立がん研究センターで喉頭がんのため亡くなった。六五歳だった。六月二四日、築地本願寺で葬儀・告別式がおこなわれ、関係者やファンなど約一万一〇〇〇名が参列した。翌年三月、第二一回日本アカデミー賞で、日本映画界に貢献した物故者が対象となる会長特別賞が贈られた。

「ただ勝新太郎として生きてほしい、それだけでした」

勝が亡くなった一年後、妻の中村玉緒が勝を偲《しの》んで語っている。

「人を喜ばすことが好きで、裏表のない人でした。主人がいろいろな事件を起こしたときでも、私は、ただ勝新太郎として生きてほしい。それしかなかったのです。主人は頑張ってくれたし、その通りに生きてくれたから満足ですが、あまりにも早く亡くなりました。

私は二枚目の勝新太郎が好きだったから結婚したのですが、それがだんだん変わってきた。でも、主人も、私も変わったと言っているかもしれません。

「座頭市」（89、松竹）撮影スナップ、勝新太郎と中村玉緒

主人は自分も苦労しているのに、人の苦労まで背負いました。ですから妻の私は主人の行動を止めればいいのに、一緒にフンフンと言っていました。結局、似た者夫婦なんです。

私が嫌われ者になればいいのに、私も世間知らずでした。だからといって、夫を責めるわけにはいきません。芸に賭けている人でしたから、夫婦喧嘩をしていても、主人の映画をみてしまうと、『こんな人には言えない』となってしまう。

主人は俳優以外のいろいろな人に金策を含めて裏切りをたくさん受けました。でも、どんな悔しい思いをしても、その人の悪口は言わなかった。顔色を見て、今日はつらいことがあったと分かりますが、絶対に口には出さない。

振り返ってみると、あんな強烈な人生を送った人はいないだろうし、妻としてはドキドキさせられることが多かった。

けれど、私もいつのまにかこのドキドキが好きになってしまったのです。いまでも、主人には孫を抱かせたかったとか、こうさせたかったとか悔いは残ります」（「別冊・太陽 勝新太郎」平凡社）

演技以外に能がない、それが役者

勝はデビューしてから苦節七年で「不知火検校」でようやく自分の鉱脈を掘り当て、役者開眼をした。そこから大映が倒産するまでの一一年間、大黒柱として大映を支えた。しかし大映倒産後は、苦難の時代が続いた。

まず映画出演が激減した。三船プロの「待ち伏せ」（70）、石原プロの「富士山頂」（70）、東映初出演の「海軍横須賀刑務所」（73）などに出演したがパッとしなかった。

そこで、一九七四（昭和四九）年、高倉健を招いて勝プロで「無宿《やどなし》」（東宝）を製作、主演。しかし、これが興行的に大失敗だった。娯楽映画作りはいちばん難しい。「無宿」は、そんな知恵もない安易な作品であった。勝はこれ以降、映画出演のオファーもなく、主演が途絶えた。映画が本業の役者にとって、これは厳しい。

その後、映画に出演できたのは九年後の、一九八三（昭和五八）年、松本清張《まつもとせいちょう》原作の「迷走地図」（松竹、監督・野村芳太郎《のむらよしたろう》）であった。この作品からさらに五年後、「帝都物語」（88、東宝）に出演するまで映画出演はない。それから一年後に自社製作「座頭市」（89、監督・勝新太郎）があり、一九九〇（平成二）年には「孔雀王 アシュラ伝説」がある。最後の作品は「浪人街」（90、松竹）で終わる。

この時期の映画界は「男はつらいよ」シリーズや「トラック野郎」シリーズなどがあり、さらに一本立て興行が主流を占めていくときだった。一九七六（昭和五一）年の角川映画「犬神家の一族」、「人間の証明」（77）などが出たときである。

高倉健が東映から独立し「八甲田山」（77）、「野性の証明」（78）、「南極物語」（83）などで活躍していたのとは、対照的に勝は沈んでいた。一九九三（平成五）年、森繁久彌《もりしげひさや》との雑誌対談でも「こんなに仕事しないいってことが、辛いということはないね」と当時を激白している。

しかし、まったくなかったわけではない。テレビから脇役の話もそれなりに来た。若手の俳優が主演して、それを支える老目明かしとか。そうすると「いったん脇をやったら、以後もやらなければならなくなる。俺にはそういう割り切りはできない。断ってくれ」と全部断っていた。

片岡千恵蔵、若山富三郎の晩年のように脇でも出れば、楽だし、お金にもなった。でも勝は、それはしたくないと最後まで、頑として突っ撥《ぱ》ねた。

それでもこの間、勝プロは「座頭市」シリーズのテレビ作品を受注するなどし、勝も「座頭市」の監督業に専念していたが、勝プロが倒産後、映画での活躍はすっかり影を潜めてしまった。芸能活動といえば、ときどきあるディナーショーと演劇公演だけだった。

この時期の高倉健の活躍を見るにつけ、勝の映画出演への渇望《かつぼう》がどれだけ強かったか推測して余りある。勝は豪快に振る舞いながら、じつのところ繊細な神経の持ち主だっただけに、特にその感を強くする。

私生活はなおさらである。奔放に生きてきた後年になると、「芸能の民は日常の埒外《らちがい》に生きる」という、かつての世間の共通認識は完全に消え去っていった。もともと芸能人はモラル感覚が乏しく、公権力のおよびにくい周縁で活動していた。

だから、人生自体を「芸」として生きている芸人が、酒、女、金に関わる行動が世間常識から外れていても「異界の人」「役者バカ」と言われ容認してきた歴史がある。

役者バカとは演技のこと以外は能のない人で、役者にとっては、一種のほめ言葉にもなっていた。特に歌舞伎役者や噺家《はなしか》たちに多かったが、後年、映画俳優もその仲間入りをした。「浮気はだめだが浮体はいい」と言った歌舞伎役者もいたし、芸人の不倫騒ぎで謝罪する光景は珍しくなかった。皆が知るところでは、初代・桂春団治《かつらはるだんじ》、藤山寛美《ふじやまかんび》などがこの「役者バカ」と言われた。

特に一九八〇年代になると、ゴシップ報道は芸人にも倫理を問うようになった。世間はお茶の間のモラルを当てはめる。そのため倫理に縛られ、消えていく芸人が多くなり「異界の人」が「隣人」になっていった。お笑いがメジャー化、グループアイドルの大ブームで「ふつうの人」がスターになる。「昔のスターは雲の上の人。いまの芸能人は隣の兄ちゃん姉ちゃん」。人は隣人の犯罪には厳しい。特にいまはSNSの影響で、ゴシップは「あっ！」という間に拡散する。

勝の場合、破天荒な生活は後年まで続いたが、映画界も特別な存在でなくなると「役者バカ」が通じなくなった。「本来、芸人とは日常生活の埒外に生息する人間たち」の概念は、もう過去のもので、倫理観を重視する社会の中で、勝の個人パフォーマンスは埋没《まいぼつ》する。そうした意味で勝新太郎は、最後のカツドウヤ気質の「役者バカ」だったのかもしれない。

▼**勝新太郎・主な出演作**

「花の白虎隊」（54）でデビュー、「お富さん」（54）、「かんかん虫は唄う」（55）、「森の石松」（57）、「日蓮と蒙古大襲来」（58）、「薄桜記」（59）、「不知火検校」（60）、「釈迦」（61）、「悪名」（61）シリーズ一六作、「化身」（62）、「座頭市物語」（62）シリーズ二六作、「鉄砲安の生涯」（62）、「鯨神」（62）、「秦・始皇帝」（62）、「ど根性一代」（63）シリーズ三作、「雑兵物語」（63）、「駿河遊侠伝」（64）シリーズ三作、「無法松の一生」（65）、「兵隊やくざ」（65）シリーズ九作、「やくざ坊主」（67）シリーズ二作、「燃えつきた地図」（68）、「尻啖え孫市」（69）、「人斬り」（69）、「待ち伏せ」（70）、「あぶく銭」（70）、「顔役」（71）、「狐のくれた赤ん坊」（71）、「御用牙」（72）シリーズ三作、「無宿」（74）、「迷走地図」（83）、「浪人街」（90）など。

V 高倉健
――背中で魅せる最後の映画スター

一九三一（昭和六）年二月一六日～
二〇一四（平成二六）年一一月一〇日（83歳没）

銀幕スター、映画スターという言葉もついぞ聞かれなくなった。そうした言葉がぴったりだった高倉健《たかくらけん》。他界して、はや九年になる。寡黙《かもく》な男を演じ、昭和・平成の映画界を駆け抜けた不世出の大スターである。俳優歴五八年。作品数二〇五本。その功績に対し、日本政府は文化勲章《くんしょう》を授与した。しかし、私生活を異常なまでに隠したので、その側面を知るファンは少ない。最近、そのベールの中が少しずつ明らかになってきた（扉写真は「昭和残侠伝・死んで貰います」〔70、東映〕）。

第一章　高倉健をめぐる女たち

健さんが亡くなった後、一七年間同居していた養女・小田貴月《おだたか》が忽然《こつぜん》と現れ、関係者を驚かせ混乱させた。その養女が、健さんが亡くなった五年後に出版した『高倉健、その愛。』（文藝春秋）で、健さんが隠匿《いんとく》していた私生活が公表され、人間・高倉健がクローズアップされた。そのせいか、健さんと過去に交際のあった女性が、じつは――と語るようになった。

死後、養女と名乗る女性が現れ大混乱に

養女・小田貴月の存在は親族やスタッフ、親しい知人も知らなかった。養女は健さんの病気、危篤《きとく》、死亡などを誰にも告げず、亡くなったとき密葬を一人で仕切り執《と》りおこなった。プライベートを切り売りすることを、いさぎよしとせず、最後の最後まで美学を貫いた健さんだったが、それにしても釈然としないものが残った。

小田貴月（旧性・河野貴）は一九六四（昭和三九）年一月一三日、東京都板橋区で生まれた。千代田

女子学園高校在学中は新体操で活躍した。同短期大学を中退し芸能界入りし、芸名を貴倉涼子《たかくらりょうこ》と名乗ったが、その後、貴倉良子に変更した。サイズは身長一六二センチ、バスト八四センチ、ウエスト五八センチ。ヒップ八六センチ。

芸能界へ入ってからはテレビドラマ「必殺仕事人Ⅲ」「水戸黄門」などのチョイ役に出演していたが売れなかった。その間、テレビ大阪「パソコンサンデー」でレポーターを七年ほど務めた。声優やキャンペーンガールをしたり、画家の先生について海外を回る仕事をしていた。そのときにフランス人と知り合って結婚、その後に離婚してＮＨＫのプロデューサーと再婚したものの、〝お金をちっとも出してくれない〟という理由で離婚。それからまた外国人と再婚。しかし、これもすぐに離婚。三度の離婚歴があり、両親は早くに離婚し、父は二〇一八年一二月他界。母は新たな伴侶《はんりょ》を得て生活している。

養女・貴月の証言によると健さんと会ったのは一九九六（平成八）年三月。海外のホテルを紹介する番組のプロデューサーをしていて、香港の取材先ホテルの中華レストランで紹介されたとか。しかしこれも、事務所の人に言わせると定かではない。もし、その通りだと健さん六五歳、小田貴月三二歳のときで、三三歳の年齢差があった。

それから連絡を取り合うようになり、二〇〇六（平成一八）年ぐらいから世田谷の健さんの自宅で起居を共にし、身の回りの世話をするようになった。養女になったのが健さんの亡くなる一年半前の二〇一三（平成二五）年五月一日である。健さんにとって肉体関係のある最後の女性だったはずなのに、なぜ妻として入籍せず、養女だったのかも謎のままである。

養女は健さんの唯一《ゆいいつ》の子として、四〇億円と言われる財産、預貯金や不動産、各種の権利関係などのすべてを相続した。その後、健さんの死亡を血縁者にも知らせず、遺骨とも対面させず、極端な排《はい》斥《せき》主義を貫いている。


健さんが体調の異変を感じ慶應義塾大学病院に入院したのが二〇一四（平成二六）年四月七日、検査結果は悪性リンパ腫《しゅ》だった。この病気は血液がんの一種。全身を流れているリンパ組織内の細胞が悪性化する病気で、病状は首や脇の下、足のつけ根が腫《は》れたり、体の一部にしこりができたりするなど、多くの症型がある。治療は病気の種類や進行具合に合わせて、抗がん剤療法、放射線療法などがとられる。厄介《やっかい》な病気である。

しかし治療効果もあり、七月一五日寛解《かんかい》で退院。その後、経過観察が続けられた。一〇月になって、体調の異変を感じ再び検査を受けたところ、再発が認められた。投薬を続けていたが、さらに病状が悪化したのは一一月一日のことで緊急入院となった。

いろいろ手を尽くしたが容態がよくならず、二〇一四年一一月一〇日午前三時四九分、息を引き取った。享年《きょうねん》八三だった。

健さんは入院中、どんな親しい人でも病室に入るのを嫌った。「人は誰しも弱っている姿は見られたくない。だから見舞いにも行かないし、来てほしくない」と言っていた。しかし親族は別である。

死亡したとき養女はなぜか、親族にも知らせなかった。

健さんは入院中も病院スタッフからも慕われていた。遺体が病院を出る際には、治療に携わった病院スタッフが出口に揃い、涙を流しながら見送ったという。

茶毘《だび》は一二日、東京・渋谷区西原《にしはら》の代々幡斎場《よよはたさいじょう》で営《いとな》まれた。この密葬に参列が許されたのは、東宝社長・島谷能成《しまたによししげ》、東映会長・岡田裕介《おかだゆうすけ》、元警察庁長官・田中節夫《たなかせつお》、読売新聞グループ会長・老川祥一《おいかわしょういち》、映画監督・降旗康男《ふるはたやすお》の五名であった。

親族、株式会社高倉プロモーションの日高康専務、事務所スタッフ、「チーム高倉」のメンバー、親しい知人など一人も呼ばれず、骨を拾うことさえ許されなかった。なんとも奇怪な密葬だった。

ここでいう「チーム高倉」とは俳優の小林稔侍《こばやしねんじ》、愛車を管理しているエンジニア、毎日通っていたホテルパシフィック東京の理髪店主などで、常時五〜六人が健さんの身の回りにいて本人の世話をしていた。健さんが東京にいるときは、いつも夕食を共にしていた仲間である。

健さんが死亡したニュースは、一一月一八日正午に、株式会社高倉プロモーションから発表された。密葬を済ませた七日後である。翌日各新聞はトップ記事で掲載し、テレビは特番を組んで放送した。多くの関係者、ファンは生前の高倉を偲《しの》び涙した。

福岡県の実妹はじめ親族たちは、本人の死後、初めて養女の存在を知った。親族が遺骨の分配を希望したが、分骨さえしてもらえず、その骨さえ家族の手元に残らなかった。困惑した実家では親戚たちが集まり、健さんに「至徳院尊空湛寂剛信居士」の戒名《かいみょう》をつけて供養した。小田家の墓誌には母親タカノさんの隣に健さんの本名「小田剛一《おだたけいち》」を刻み祀《まつ》った。

以降、親族と養女は一度も顔を合わさず確執が続いている。

遺骨も墓地も消え、健さんはいずこへ

健さんには生前に買った墓地が二つある。一つは生まれ故郷の福岡県中間《なかま》市にある「正覚寺」。ここには実家・小田家の墓があり、そこから少し離れた場所に、自分の墓地を購入した。もう一つは神奈川県・鎌倉霊園である。一九七二（昭和四七）年、萬屋錦之介《よろずやきんのすけ》の熱心な勧めで鎌倉霊園を見に行ったら、相模湾《さがみわん》が一望でき、景色や空気が綺麗《きれい》でいっぺんで気に入り購入した。墓地は正門から最も離れた小高い丘の一画の、約二七平方メートルの四角い敷地で、正面には霊峰《れいほう》富士山が眺《なが》められるところである。

この墓地は一九六五（昭和四〇）年、西武グループが開発した国内最大級の高級公園墓地で、面積は一六万七〇〇〇坪。四七七九区画ある。墓地のいちばん高い丘には西武グループの創始者・堤康次郎《つつみやすじろう》や堤家の墓所がある。鎌倉霊園は政界官界などの著名人が多く、芸能界では萬屋錦之介、鶴田浩二《つるたこうじ》、淡路恵子《あわじけいこ》、二代目・尾上松緑《おのえしょうろく》。作家では川端康成《かわばたやすなり》、山本周五郎《やまもとしゅうごろう》、子母澤寛《しもざわかん》、里見弴《さとみとん》。私がファンだった歌手・青江三奈《あおえみな》、作曲家・浜口庫之助《はまぐちくらのすけ》などもここに眠っている。

高倉家の墓地には先祖の墓と水子地蔵が祀られてある。先祖の墓石の側面には「昭和四十七年小田健史」、並びに「小田家先祖各霊菩薩」と刻まれている。関係者は「本名は小田剛一ですが、長男でもないのに「一」は、はばかられると芸名にちなんだ「健史」にした」と語る。水子地蔵は前妻・江《え》利《り》チエミとの間にできたが、流産した子供のもので、高さ一メートルの像は、健さんがこだわった八《はっ》

高倉健の墓石が建つはずだった鎌倉霊園墓地

光石《こうせき》でできている。それからというもの折に触れ鎌倉霊園を訪れ鎮魂《ちんこん》を祈ってきた。健さんは福岡県の妹にも「凄《すご》くいいところにあるから、東京に来たら連れていく」と自慢していたところである。

しかし荼毘に付された遺骨は、この墓地で眠ることはなかった。二〇一六（平成二八）年五月頃、養女の意向で墓地を取り壊して更地《さらち》にしてしまった。健さんと親交のあった映画関係者が線香を上げる場所を知りたいと養女に聞くと、「海に散骨しました。海に向かって手を合せてください」と言うばかりであった。

じつはこの鎌倉霊園、私の妻の実家の墓があり、義父母の月命日には必ず墓参に行っているところである。そろそろ健さんのお墓が建ったかなと思い、墓参に行ったら、水子地蔵の石碑《せきひ》ともども、忽然となくなっていた。慌てて事務所に聞いてみたら、「詳細はわかりません」と答えるのみだった。

じつは高倉家は、ＮＨＫ大河ドラマ「鎌倉殿の13人」の主人公・北条義時《ほうじょうよしとき》の北条家の末裔である。自著『あなたに褒められたくて』（集英社）で明かしている。鎌倉時代の北条一族の名越《なごえ》北条氏で、北条篤時の子孫とされ、その北条家の霊を弔《とむら》う「宝戒寺《ほうかいじ》」がこの墓地から二・五キロのところある。この宝戒寺は一三三三年北条氏の滅亡後、その霊を弔うため後醍醐《ごだいご》天皇の命《めい》を受けた足利尊氏《あしかがたかうじ》が、当時小町邸と呼ばれた北条氏歴代の執権《しっけん》屋敷跡に建立した古刹《こさつ》で、健さんは三〇年以上前からたびたびお参りに訪れていた。偶然《ぐうぜん》にも死後、先祖の近くで静かに眠れる場所でもあった。

ファンがお参りするところがない――そんな状況は健さんが亡くなった三回忌を機に変わった。

じつは実家に分骨がないことを不可解に思った東宝社長・島谷能成が、斎場でもらった健さんの遺骨を妹・敏子さんに届けたのだ。その骨は小田家の墓地に埋葬《まいそう》された。

これを機に小田家の菩提《ぼだい》寺「正覚寺」の境内に、妹・敏子さんら血縁者の手で高倉健の記念碑が建てられた。記念碑には、健さん直筆による「寒青《かんせい》」の二文字が書かれている。寒青は漢詩の言葉で、風雪に耐えて青々と立つ「冬の松」の意で、健さんが好きな言葉としていつも使っていた。それ以降、全国から健さんファンが詰めかけている。

しかし九州は遠い。後年、関東地区のファンのために、株式会社高倉プロモーションとチーム高倉のメンバーが、近くで手を合わせる場所として、神奈川県鎌倉市材木座《ざいもくざ》六－一七－一九、「光明寺《こうみょう》」境内に高倉健の石碑が建てられた。石碑の高さは健さんの身長に合わせた一八〇センチになっている。

豪邸も解体、愛車、愛艇も処分される

この養女騒動、まだまだ続きがあった。世田谷区瀬田《せた》にあった健さんの住まいが解体され売却され

た。時価四億円は下らない土地である。世田谷区は江利チエミと生活していたところで一九七〇（昭和四五）年一月、家屋を全焼し、一九八一（昭和五六）年一〇月、母屋を含めた三棟のシックな洋館として新築された豪邸である。

この住まいから歩いて五分のところに健さんが、江利チエミの実家、久保家のためにと購入した墓地がある。一九八二（昭和五七）年二月に亡くなった元妻の江利チエミが眠っている「法徳寺」である。江利チエミの代表曲だった「テネシー・ワルツ」の歌碑と墓地があり、生前の健さんはいつも墓前に跪《ひざまず》いていた地でもあった。

車マニアだった健さんがこのとき所有していた車が一〇台。一時期二〇台あった車を減らしていた。それでもフェラーリ・テスタロッサや、マセラティの名車、日本に一台しかないというベンツ車、ポルシェの「カイエンターボ」「996ターボ」も売却した。

さらに、横浜市大黒埠頭《だいこくふとう》にあるマリーナ会社で管理してもらっている、米国・ティアラ社製の豪華クルーザー「カサブロンコ号」も手放した。時価六〇〇〇万円の愛艇だった。そのすべてが消えた。映画、歌、DVD、本の著作権、肖像権などの権利すべてが養女のものとなった。莫大な遺産である。

養女・小田貴月が記した『高倉健、その愛。』を読んでみたが、健さんの好き嫌いや家庭での会話、自らを厳しく律する姿などは、それなりに読ませる。しかし、自分の話は美化されているようなところが多い。健さんは最初、家政婦ぐらいに考えていたのではないかと思うのだが――。「死人に口なし」で確認できない。養女にもう少し、ファンや世間に対する配慮があれば、日本映画の大スター、文化勲章まで受章した健さんを、こうまでひどく抹殺《まっさつ》しないだろうと思う。

健さんは生前、「戒名なし、葬儀なし、散骨を希望する」という旨の遺書を弁護士に預けていたという記事を「週刊文春」で読んだことがある。健さんは人気稼業者であった。もはや個人だけの人ではない。ファン全員の宝であることを知るべきだ。生前、人との関わりを大事にしていた健さんを想うとき、ファンの多くはその違いと仕打ちのギャップに驚くだけである。

憧れの江利チエミに猛烈アタック

健さんは一回だけ結婚している。歌手の江利チエミである。この二人、相思相愛で仲がよかった。一部マスコミに不協和音を流されたりしたが、お互いの信頼関係は厚かった。健さんはチエミのことを「ノニ」と呼び、チエミは健さんを「ダーリン」と呼んでいた。

江利チエミとはデビューした年に製作された「恐怖の空中殺人」(56)の共演で知りあった。主役は片岡千恵蔵《かたおかちえぞう》で、江利チエミと健さんは助演だった。作品は「新諸国物語 七つの誓い」(主演・中村錦之助)と二本立てで一九五六(昭和三一)年一二月二六日公開され大ヒットになった。その年の興行収入ベストテン・二位に輝いた作品である。

このとき、江利チエミはデビュー五年目で「テネシー・ワルツ」「カム・オン・ナ・マイ・ハウス～家へおいでよ」などが売れ、美空《みそら》ひばりと並ぶ天才歌手と称されていた。それにくらべ健さんは、一〇本の映画に出演していたが人気はいまいち高くなかった。

この「恐怖の空中殺人」撮影中、チエミは持ち前の明るさを発揮してスタッフたちを笑わせていたが、皆が笑っているのに健さんだけが赤い顔をして黙《だま》っているだけだった。チエミはその姿を見て

「なんて、内気な人なんだろう……」と思った。健さんにとって江利チエミは、ずっと憧れの存在だった。

健さんと次に会ったのが、翌年の一九五七年五月三日であった。チエミが日劇の「チエミの黄金の椅子」に出演していたときである。チエミが歌い終わって楽屋へ引き上げると、鏡の中に見覚えのある顔があった。高倉健であった。

「突然に、どうして――」

「チエミちゃんの歌を聴いたら、急に会いたくなっちゃって。俺、ジャズが好きなんだ」

チエミが健さんに話しかけるうち、健さんも話に乗ってきた。

「恋人いるの？」

チエミは「いません。バリバリ歌うことが、私の恋人」と返事をして、二人は笑いあった。

それから健さんが熱心にチエミにアプローチしだした。

当時、歌手がショーをやれるのは主に映画館だった。映画と映画の合間に実演を四〇分ほどやっていた。娯楽といえば映画館と劇場しかなかった。チエミも映画館の実演に引っ張りだこだった。

一日三回公演で、最終公演が終わるのが九時頃。その時間を見計らって健さんがチエミの出ている、新宿松竹、渋谷松竹、横浜松竹などの楽屋に毎日のように現れるようになった。遠くは浜松松竹まで追っかけてきた。それが半年くらい続いた。

チエミは最初の頃、共演相手がわざわざ訪ねてきてくれた程度の感覚だったが、これだけ頻繁《ひんぱん》になると、いつの間にか当たり前のようになり、心を許していった。

チエミが兵庫県で映画撮影していたとき、名古屋でロケを終えた健さんが、夜行列車に乗ってわざわざ会いに行ったり、その後も、健さんからの洋服、時計などのプレゼント攻勢が続いた。

仕事がオフのときは、渋谷区千駄ヶ谷《せんだや》のチエミの家に来るようになった。家ではレコードを聞いたり、卓球で遊んだりした。健さんは、いつも無口なイメージから想像もつかないような剽軽《ひょうきん》さも見せはじめていた。チエミはだんだん健さんの情にほだされていった。

一九五八（昭和三三）年二月、健さんはチエミの家を訪れ、父親の久保益雄の前で正座し、頭を下げた。「お嬢さんをください」。翌日家族が揃った席で父親は、チエミに「女が好かれて結婚するのがいちばん幸せじゃないか」。父親の言葉で、家族の意見はまとまった。

幸せだったチエミとの結婚生活

しかしチエミは迷った。このとき密《ひそ》かに思う、東京キューバンボーイズの内藤法美《ないとうつねみ》がいたからである。あわせて、家族がチエミの収入で生活していた。チエミは悶々《もんもん》とする気持ちを思い余って、芸能界の母と慕う、女優の清川虹子《きよかわにじこ》に相談した。相談された清川は健さんとチエミのギャラがあまりにも離れているので、チエミに「だいじょうぶか」と何度も念を押した。当時の江利チエミは売れていた。出す歌はヒットし、NHK紅白歌合戦も常連だったし、映画も美空ひばり、雪村《ゆきむら》いづみと共演した「ジャンケン娘」「ロマンス娘」などが当たり、年収も健さんの五倍以上はあったときである。

江利チエミとの結婚披露宴（1959年2月16日）

それでもチエミは健さんの男っ気が好きになっていたので、内藤法美を諦《あきら》めて、結婚を決意した。健さんは、チエミが結婚を承諾するや、きっぱりと言った。

「俺は、江利チエミをもらいたいんじゃない。俺がもらいたいのは久保智恵美《くぼちえみ》なんだ。だから、いままでの名声や収入は、一切忘れてくれないか。たとえ貧乏しても、俺は、自分の力で女房を養っていきたいんだ」

チエミは健さんのこの一言で、私の一生はこの人に捧げようと決めた。

翌年の一九五九（昭和三四）年二月一六日、健さん二八歳の誕生日に、帝国ホテル孔雀《くじゃく》の間で、二人の結婚披露宴がおこなわれた。チエミ二二歳のときである。

結婚した二人は世田谷区瀬田に新居を建てた。八五一・五六平方メートル（二五八坪）もある大きな敷地で、庭を大理石で囲んだ二階建ての豪邸は近所でも話題になった。ロッカー付きの一階玄関から中に入ると、応接間と和室、リビング・ダイニングがあり、地下に降りると、サウンドルームと自動車二台分のガレージが広がっている。二階は八畳間のベッドルーム、広いドレスルームなどがある。土地購入、建設費用はチエミが出したが、チエミが健さんの男をたてて名義は高倉健にした。健さんの給料ではとても家は建てられなかった。ここで二人は新婚生活をスタートさせた。

一九六二（昭和三七）年、チエミは妊娠し子供を授かるが、重度の妊娠高血圧症候群を発症し、中絶を余儀《よぎ》なくされ、子供には恵まれなかった。

しかし、健さんとチエミとの仲はよかった。健さんの愛妻ぶりは有名だが、チエミの健さん思いも有名であった。「仕事場は女房の出入りするところではない」と言う健さんに、チエミは昼時を見計らってお弁当を持って東映東京撮影所通いをすることが多かった。その代わり、食事が終わるとサッサと帰ってしまった。

チエミはまた、健さん映画のよき批評家でもあった。仕事の忙しいチエミは、健さんの映画を観るのはほとんどオールナイトのときだった。劇場が混んでいるときは、場内の二階通路に座り込んでジーッと観ていた（深夜興行はいつも満席で、椅子に座れない観客には入り口で新聞が渡され、それを通路に敷いて観ていた）。オールナイトは人目につかないので、映画もゆっくり観られた。そして翌日、健さんと映画談義に興じるのである。

健さんは歌手としての江利チエミに頭があがらなかった。日本民間放送連盟の内部規定に基づき「刑務所を美化している」としてラジオ、テレビから放送禁止を受け、有線放送と映画の中でしか聞けなかった「網走番外地」（65）の主題歌が一〇〇万枚、「昭和残侠伝　唐獅子牡丹」（66）の主題歌「唐獅子牡丹」が八〇万枚の大ヒットを飛ばしていた頃、「役者でも俺の歌は売れるんだゾ！」と威張ってみせた。ところがチエミから「でも歌はヘタクソ！」と言われてシュンとしてしまった。そして「俺は本職じゃないからな～」と、小さい声で弁解してチエミを笑わせた。これほどに二人の仲はよかった。

この「唐獅子牡丹」、レコーディングのとき、チエミもスタジオに入り、健さんの歌い方に細かく指導したことでも知られる。一九七〇（昭和四五）年に三島由紀夫《みしまゆきお》が楯の会と自衛隊市ヶ谷《いちがや》駐屯地を占拠する際、市ヶ谷へ向かう車中で、この「唐獅子牡丹」を歌ったという。歌詞の「義理と人情を秤《はかり》にかけりゃ」が流行り、映画も大ヒットした。

任侠映画がヒットしていたこの頃になると、健さんのギャラもチエミと変わらなくなっていた。しかしこの間の一九七〇年一月二一日には、健さんとチエミが住む世田谷の自宅が火事で全焼する事件もあった。健さんはロバート・オルドリッチ監督「燃える戦場」（70）の完成披露でアメリカへ出発する寸前だった。

住まいを失った二人はニューオータニで暮らす生活が続いた。このときチエミは歌手の職業病ともいうべき謡人結節《ようじんけっせつ》にかかり、声がかすれて電話に出るのもままならない日々もあった。

陰謀にはめられ、泣き泣き離婚

火災が起きる少し前、チエミの家政婦をしていた異父姉・汲田《くみだ》よ志子がさまざまなトラブルを起こし、健さんとチエミの別居生活が始まった。その後事件がますますエスカレートするのでチエミは「これ以上、健さんに迷惑をかけられない」と言って、健さんと十分な話し合いもないまま、チエミからの申し入れで、一九七一（昭和四六）年九月三日、二人は別々の会場で記者会見をおこない離婚を発表した。結婚してから一二年目のことである。

この少し前、江利チエミの弁護士が健さんのいる撮影所まで来て離婚の理由とチエミの被害を詳細に説明し、納得してもらったという。チエミは健さんへの思いが絶ち切れない断腸の思いの決断で、泣き泣きの離婚だった。

この事件、簡単に触れておきたい。

さまざまな事情でチエミの母・谷崎歳子とは幼くして生き別れになっていた汲田よ志子が、ある日、「中日新聞」の記事を読んで、江利チエミが自分の妹（異父妹）であることを知った。彼女は名古屋で離婚して、経済的に困窮《こんきゅう》していた。金になると踏んだ彼女は、一計を企《たく》んでチエミの家政婦・付き人とし世田谷区の高倉家に入り込んだ。チエミと健さんの身の回りの世話をしながら徐々に二人の信頼を得ていき、チエミの実印を預かり、経理を任されるまでになった。チエミへの嫉妬《しっと》心に駆られている彼女は、ここからチエミを陥れるべく行動をとり始めた。

よ志子は健さんとチエミの誹謗中傷《ひぼうちゅうしょう》をマスコミに吹聴し、二人を別居に追い込み離婚への足がかりを作った。さらに実印を使ってチエミ名義の銀行預金を使い込み、高利貸しから多額の借金をし、高倉家の不動産までも抵当に入れ金を使い込んだ。

事件発覚後も容疑を否定し、女性週刊誌や婦人誌などに、チエミと健さんの、あることないことの誹謗中傷をおこない、二人の家庭生活を暴露するなどを展開した。よ志子はその後、失踪《しっそう》、自殺未遂騒動まで引き起こす。不遇《ふぐう》な自分と「大スターの妹」との差に嫉妬した計画的な犯行だった。

後日、玉川警察署に逮捕され、没収された彼女の復讐《ふくしゅう》計画ノートには「八年で立てた計画を六年に縮めて実行に移すことにした」と記され、綿密な犯罪計画だったことが判明した。

チエミはこの事件で莫大《ばくだい》な借金を背負うことになった。しかし、チエミは自己破産をせず「責任はすべて私が取る」と決意し、健さんとも断腸の思いで別れ、異父姉を告訴。そして四億円とも言われた被害を一人で完済した。

その後、チエミは、寂しさから酒に溺《おぼ》れ一九八二（昭和五七）年二月一三日、港区高輪の自宅マンションのベッドの上で吐《は》いて倒れているのが発見された。うつ伏せの状態だった。死因は脳卒中と吐《と》瀉物誤嚥《しゃぶつごえん》による窒息《ちっそく》で、一人寂しく不慮の死を遂げた。健さんと別れて一二年後の四五歳だった。

健さんはマスコミが騒ぐので、チエミの葬儀に姿を見せず本名の「小田剛一」で供花を贈り、会場の前で車を停めて手を合せて黙禱《もくとう》した。葬儀がおこなわれた二月一六日は奇《く》しくも健さんの誕生日で、二人の結婚記念日だった。後日、知人に「俺はもう彼女以外を愛さない」と漏らした。

健さんとゴシップ種になった三人の女優

健さんは女性によくもてた。大原麗子《おおはられいこ》などは健さんと「居酒屋兆治」（83）で共演していた頃、「私、健さんに惚《ほ》れているの」と平気で話していたから、噂になった。大原麗子が健さんと会ったのは「網走番外地　北海篇」（65）の旭川・層雲峡《そううんきょう》ロケのときが最初で、一九歳のとき。それから「網走番外地」に続けて四作出演して、健さんとは親しかった。このときは健さんとの噂はなかった。噂になったのは森進一《もりしんいち》との離婚後のことである。

健さんの女性エピソードは結構あった。初期には印相《いんぞう》学大家のバツイチ令嬢、航空会社の客室乗務員、ハワイの女実業家、そして石野真子《いしのまこ》などなど。この人たちもゴシップ種にされた。とにかくもてたのである。しかし、健さんは適当にあしらうことが多かったとか。

健さんの逝去《せいきょ》後、親交のあった女性がポツリ、ポツリと語り始めた。少し下世話になるが、健さんがマスコミの餌食《えじき》になったエピソードを上げておきたい。

▼最初は俳優の十朱幸代《とあけゆきよ》。十朱とは「地獄の掟に明日はない」（66）、「日本俠客伝 刃」（71）で共演して知り合った。十朱が一四年間同棲していた歌手・小坂一也《こさかかずや》と別れた後だった。十朱が完全に健さんに惚れまくり「できれば結婚したい」とまで言っていた。
健さんは十朱にエルメスのバッグをプレゼントしたり、食事をするなど親密な交際と見えた。ところが家へ何度行っても、十朱になんら手を出す素振りを見せない。しびれを切らした十朱は健さんが映画のキャンペーンで名古屋へ行っているとき、東京からわざわざ夜中にやってきた。ビックリしたスタッフは、ここでスキャンダルを暴かれたら映画のキャンペーンどころではないと思い、「頼むから帰ってくれ」と十朱を説得し、事なきを得たことも。

十朱が積極的に迫るが、それでも何もしてくれない。ある日、一生懸命アプローチを続ける十朱に「タバコを吸う女は嫌いなんだ」と、健さんの一言。これで十朱の片思いもオジャンに。このとき健さんはヘビースモーカーで一日八〇本を吸っていた。チエミと離婚した年で健さん四〇歳のときである。

後年、十朱はタバコを吸わなくなった自分をもう一度健さんに見てもらいたかったとか。健さんに振られた十朱は、その後、俳優・竹脇無我《たけわきむが》と浮き名を流し、一五歳下の歌手・西城秀樹《さいじょうひでき》とは結婚寸前まで進んだが、親戚の反対があまりに強く断念した経緯があり、いまだ独身である。

▼次いで倍賞千恵子《ばいしょうちえこ》。倍賞とは「幸福《しあわせ》の黄色いハンカチ」(77)、「遙かなる山の呼び声」(80)で共演していて、二人は仲のよいところを見せていた。「駅 STATION」(81)の撮影中、特に親しくなったようで、この作品のロケ前に必ず健さんが倍賞の家を訪ねることを摑《つか》んだ「週刊女性」の記者が張り込み、その現場を捉えた。

記者が張り込みをしているのに気づいた健さんは逃げた。しかし週刊誌に写真と記事が載り、健さんは急遽《きゅうきょ》、ロケ先の北海道留萌《るもい》で釈明会見を開いた。結局これも破局。この件の詳しい内容は倍賞千恵子の章に記載しているので、一読いただきたい。

▼健さんとのつき合いを赤裸々《せきらら》に告白した女優に、児島美《こじまみ》ゆきがいる。健さんが亡くなった翌年の二〇一五(平成二七)年、「週刊現代」(三月一〇日号)で公表した。タイトルは「高倉健さんと暮らした300日」。

児島美ゆきは、東映児童演劇研究所から日活の「ハレンチ学園」(70)の主役でデビューし人気者になった。それからテレビで活躍を続けていたが、テレビドラマ「北の国から」(81)で、北海道の富良野《ふらの》にあるスナックの薄幸なホステス・こごみ役を演じて存在感を示していた。

「週刊現代」で公表した内容は次のようなものだった。

「北の国から」の児島を観た健さんが気に入り、出演していた田中邦衛《たなかくにえ》を介して児島に電話がかかってきた。一九八三（昭和五八）年初夏のことである。それから数日後、健さんから直接電話があった。「一度、お会いしませんか」と誘われた。「会えない」と伝えると、よけいに思いを膨らませてしまったようで、その後も連日、電話が続いた。

ある日、「どの辺に住んでいるんですか？」と訊かれたので、新宿区内にあった自宅のマンションの場所を口にしたら、「もしかして僕、マンションの前に着いたかもしれない」と言う。電話は当時珍しい自動車電話からだった。「それでベランダから見たら、彼がいるんですよ」

結局、断り切れずスッピンで普段着のまま健さんの前へ。

「初めまして。ちょっと車に乗りませんか。よければ僕の家に行きましょう」

「いえ、私、着のみ着のままですから――」

すると健さんは「じゃあ五分だけ乗ってください。その後、確実にお家にお届けしますから」。

人目につくので喫茶店にも入れず、周辺をドライブ、車内での会話は映画の話などして別れた。最後に「またお会いしましょう」と言われた。

それから、またすぐに連絡が来て、「うちにコーヒーを飲みに来ませんか」と誘われ、さすがにもう断り切れずについていくと、港区内の高級マンションに案内された。外国人向け仕様で、広さは一〇〇平方メートル以上あった。リビング、キッチン、寝室、どれもすごく広く一〇畳くらいの大きなウォークインクローゼット（衣裳部屋）、仏壇と神棚だけが置かれた小部屋、ほかには映写室もあり、五〇インチぐらいのスクリーンと映写機もあった。四畳半くらいの「大型無線機の部屋」もあり、健さんはそこで警察無線、消防無線を傍受《ぼうじゅ》して聞くのが好きだった。

男女の仲になったのは二度目の彼のマンションを訪れたとき。寝室の大きなダブルベッドで、「彼の体は筋肉隆々でしたが、やさしい人でした」。それから本格的なつき合いが始まり、児島が二～三日泊まり続けることもあった。健さんは派手な服装をするのを嫌がった。赤やピンクの服を着ると、それは派手すぎるよと顔をしかめていたとも。

人目を避けての交際でしたが楽しかった。「ある日、彼に膝枕《ひざまくら》をしてあげたら、彼は不意に、〝幸せだなぁ。こんなに幸せでいいのかな〟。――驚いて彼の顔をみると、目に涙まで浮かべていたんです。膝枕くらいで泣くなんて、と驚くと同時に、普通の幸せをこんなに恋しいほど求めている人なんだと、私まで切なくなって――」

そんな日々に突然終止符が打たれた。芸能誌に二人の記事が掲載された。一九八四（昭和五九）年春だった。報道があったあと、健さんは悲しげな表情で「こんなことになってしまって、暫《しばら》く会えないんだよ。僕も待つから、半年か一年待ってくれないか」と言われた。「それって別れてくれってことでしょう――」。児島は悲しみより怒りがこみ上げてきて、合鍵や健さんに関わるものをすべて捨ててしまった。「待ってくれ」という言葉は、鼻っ柱の強い三〇代の児島には素直に受けきれなかった。

その後、健さんから一切連絡がなく、児島は健さんへの復讐のつもりで、二〇〇三年、五一歳のとき初のヌード写真集『陽炎 Kagerou』を出した。その間にも親しい友達にはずっと「彼はひどい男だった」と話して過ごしてきた。またある番組で、悔《くや》しさのあまり暴露しようとしたら、共演の小柳《こやなぎ》ルミ子から「そんなこと、こんな場所で言っちゃダメよ」と諭《さと》されたことも。別れてから三〇年、この年になると、あの頃の健さんの立場や苦悩がわかるようになったとか。児島六三歳「週刊現代」での激白である。

高倉健の恋愛観は後年、女優を排し、一般女性に向いていた。しかしその生涯を見たとき、江利チエミ抜きには語れない。健さんの代表作「鉄道員（ぽっぽや）」の中で使われている「テネシー・ワルツ」は、健さんが希望して入れた曲である。この曲は江利チエミの代表曲であり、大学生時代に商社マンになりたくてアメリカかぶれしていたときに出会った好きな曲でもあった。

江利チエミに憧れ、結婚し、生涯愛した。映画「鉄道員（ぽっぽや）」の挿入歌はまさに、チエミとわが身の鎮魂《ちんこん》歌になった。

第二章　男が惚れる不器用で寡黙な男

時代劇が衰退した一九六〇年代後半から七〇年代にかけて、高度成長の真っただ中の時代、ヤクザの世界を描いた作品群が量産された。その中で異彩を放ったのが高倉健で、健さんのヤクザ映画は社会現象にまでなった。それがいまでは語り継ぐ人も少なく、時代とはいえ、健さんファンも様変わりしてしまった。ファンが選ぶ代表作も晩年の作品ばかりである。

ヤクザから鉄道員まで、人気の作品

朝日新聞が健さんの亡くなった二ヵ月後、「あなたの好きな〝健さん〟映画」の読者アンケートを取った。驚いたのは、そのほとんどが東映から独立した後の作品で、東映時代の作品はベスト二〇位の中に六本。その中で任俠《にんきょう》映画は一本。ヤクザ、仁俠映画ファンだった私としては、これは寂しい。しかし読者は、フリーで堅気《かたぎ》になった四五歳以降の健さん作品を愛した。

読者アンケートベスト二〇位は次の通りであった。

①幸福の黄色いハンカチ（77）、②鉄道員（ぽっぽや）（99）、③八甲田山（77）、④あなたへ（12）、

⑤南極物語（83）、⑥駅 STATION（81）、⑦野性の証明（78）、⑧居酒屋兆治（83）、⑨ブラック・レイン（89）、⑩ホタル（01）、以下、網走番外地（65）、遙かなる山の呼び声（80）、新幹線大爆破（75）、動乱（80）、飢餓海峡（65）、君よ憤怒の河を渉れ（76）、昭和残俠伝 唐獅子牡丹（66）、あ・うん（89）、四十七人の刺客（94）、単騎、千里を走る。（06）。（傍線部は東映専属時代）

俳優・高倉健の軌跡は大きく三つに分けられる。

第一期は、一九五六（昭和三一）年「電光空手打ち」のデビューから、一九六四（昭和三九）年の「いれずみ突撃隊」までの九年間で、出演作は九八本。年間一一本のペースで撮っていた。

健さんがデビューした年は石原裕次郎《いしはらゆうじろう》も「太陽の季節」でデビュー。映画の黄金期で「経済白書」が、日本はもはや「戦後」ではないと公表した年である。

そのため、デビューから健さんは主演作品に恵まれた。四年後には東映が邦画市場の五〇パーセントを押さえると豪語し、新しい配給ルート「第二東映」を一九六〇（昭和三五）年三月に発足させたからである。京都撮影所では片岡千恵蔵《かたおかちえぞう》、市川右太衛門《いちかわうたえもん》、大友柳太朗《おおともりゅうたろう》、美空《みそら》ひばり、中村錦之助、大川橋蔵《おおかわはしぞう》などの時代劇が高稼働していた。今度は東京撮影所で現代劇を量産し稼ごうという魂胆《こんたん》である。

そのため健さんはアクション物や刑事、サラリーマン役など年間一〇本以上に出演した。しかしデビューから九年経っても、人気はいまいち上がらず、「偉大な大根役者」と陰口をたたく評論家が多かった。整いすぎた顔立ちと無骨な雰囲気が、いまひとつ嚙み合っていなかったといえる。

東映初期の秀作「森と湖のまつり」と「ジャコ萬と鉄」

健さん初期の作品で記憶に残るのは「森と湖のまつり」（58、監督・内田吐夢《うちだとむ》）である。北海道大学助教授だった作家の武田泰淳《たけだたいじゅん》の原作で、北海道の雄大な自然を背景に、アイヌ民族の存亡と愛をめぐるドラマで、健さんが亡びゆくアイヌのために闘う主人公を野性味豊かに演じた。共演は香川京子《かがわきょうこ》、有馬稲子《ありまいねこ》、三國連太郎《みくにれんたろう》。

この作品は企画当初からアイヌ問題を含めた社会性が問題になり、会社側から大幅な内容修正を課せられた。民族の血と伝統とアイヌの運命と闘争のドラマ、という構想だったが、多くは不消化のままに終わった。しかし、北海道の大自然の風景がこれほど美しく描かれた作品はない。この作品で健さんは内田吐夢監督に毎日しぼられ泣いた。しかし音《ね》を上げながら頑張った。そのかいあって作品は評論家からも評価されたが、興行的には振るわなかった。健さんは後年、この作品で映画に対する考え方が変わったと回顧している一篇である。

もう一作ある。「ジャコ萬と鉄」（64、監督・深作欣二《ふかさくきんじ》）である。この作品は梶野悳三《かじのとくぞう》原作の『鰊漁場《にしんば》』を黒澤明《くろさわあきら》監督と谷口千吉《たにぐちせんきち》監督が共同脚本したもので、東宝では一九四九（昭和二四）年に三船敏郎《みふねとしろう》で撮っていた。これを観た健さんが興奮して夜も眠られなかったという。この作品のリメーク企画を会社へ持ち込み、製作を取りつけた。健さんのキャリアの中では珍しいケースである。

映画化が決まると、健さんは東宝撮影所に出向き三船敏郎に挨拶に行った。三船は、健さんの訪問に立って歓迎し、自らお茶をいれたとか。健さんはすっかり感激し、以後三船を尊敬するようになった。

作品内容は北海道のニシン漁場に出稼ぎに来た、荒くれ男たち〃ヤン衆〃と、彼らを束ねる網元の男の対立を描いた作品である。共演は丹波《たんば》哲郎《てつろう》、高千《たかち》穂《ほ》ひづる、山形勲《やまがたいさお》。撮影は北海道積丹《しゃこたん》半島・島武《しまむ》意《い》海岸で、極寒の荒海を待って撮影された。この撮影で健さんは、スタッフの「死ぬぞ」の忠告も聞かず、フンドシ一丁でマイナス一六度の海に飛び込み熱演した。

「ジャコ萬と鉄」（64、東映）、高倉健と丹波哲郎

大シケの海中から漁師たちがニシン網を引き上げる場面で、素肌に太いロープを巻きつけ、荒海の中を、五〇～六〇メートルも泳ぎ切り、ロープを岸のろうに取りつけ、巨大なニシン船をエイヤエイヤと引き揚げる。「冷たいというより、ブンなぐられるような感じだった」とは健さんの弁。俳優がこれほどヤル気を出してくれれば監督も燃える。ガラガラとフィルムを回し、カットと同時に監督が叫んだ。

「健さん、もういっぺん頼む」

せっかく貴重なカットに万が一キズでもあって使えなかった場合を、とっさに思案したためだった。さらにもう一度撮っておけば、編集の段階でこの場面の迫力を引きのばすこともできる。さすがの健さんも思わずムッと鼻白んだが、それでも黙って船に引き返し、またもやザブンと寒中の海へ――。

カットと共に厳寒の海から健さんをすぐに引き上げたが「口からゲエゲエ嘔吐《おうと》し、体調を崩して三日間寝こんで死にかけた」ことも。

この気合の入った作品は、娯楽映画として一級品で見応えがあった。荒海を背景に、いまはなくなったニシン漁場の様子も描かれ、健さんが好演し、深作欣二監督の演出も冴《さ》えていた。映画はヒットした。本来、二番煎《せん》じの映画はいいものができないが、この作品はまったく別物で、健さんが嬉々《きき》として演じたし、話のテンポもよく、健さん映画の中で私の好きな一作である。ムチャをやった俳優、演じさせた監督も若かった。二人とも超売れっ子になる前で、健さん三三歳、深作監督三四歳のときである。

しかし、東映子飼いで、日本映画界を代表する二人のコンビは、「ジャコ萬と鉄」（64）、「狼と豚と人間」（64）の二作品と千葉真一《ちばしんいち》主演作で健さんが助演した「カミカゼ野郎 真昼の決斗」（66）と三本しかない。この二人、どうも波長が合わなかったようだ。

「死んで貰います」――仁侠映画で一世を風靡

第二期は、二枚目に苦みが加わり、任侠映画スターとして君臨した一九六五（昭和四〇）～七五（昭和五〇）年の一一年間。この間八五本を撮った。

健さんが映画スターとして開花した時期で、「日本侠客伝 浪花篇」（65）から人気が出てきた。「東京オリンピック」が開催された翌年である。しかしこの間、映画は一挙に斜陽化していく。

会社が健さんを本格的に一本立ちさせたのは「網走番外地」（65、監督・石井輝男《いしいてるお》）からで、「日本侠客伝」の主役が好評だったとはいえ、会社としてはまだまだ心配だった。そこで「網走番外地」で再度主役を与えた。作品は「関東流れ者」（主演・鶴田浩二《つるたこうじ》）の添え物映画であった。そのため製作費がかけられずモノクロ映画だったにもかかわらず、独特の哀愁に満ちた主題歌と、チンピラの匂いを残す健さんが予想外の人気を博し大ヒットした。これには会社もビックリ。これ以降、会社は健さんを主役にした作品を撮っていく。

同年、健さん主演で「昭和残侠伝」(65) を公開。これが見事に当たった。「昭和残侠伝」シリーズでは、唐獅子《からじし》牡丹《ぼたん》の刺青《いれずみ》を背負い、日本刀を構える姿に男性ファンが熱狂した。

面白いもので、会社ではなで肩の健さんに着物を着せても似合わず、三白眼《さんぱくがん》の眼も気になったが、かえってそれが任侠映画では生きた。「日本侠客伝」「昭和残侠伝」「網走番外地」の三作がシリーズ化され、健さんは任侠道に生きる男を描いた作品で一世を風靡《ふうび》していく。男が惚れる男だった。男たちは健さんを観たくて映画館に押し寄せた。

毎週、土曜日の深夜興行は、学生や夜の勤めの人たちでいつも満員だった。

時代に背を向け、義理と人情を演じる

健さんのヤクザ映画に、ファンは不条理な仕打ちに耐えて復讐を果たす骨太な役どころに共鳴した。映画館は通路まで満員になり、上映が終わると主人公に感情移入した観客たちが肩で風を切るように出ていく姿が見られるほど、大きな影響を与えた。

健さんの任侠映画は社会現象にもなった。一貫して演じたのは、迫害を受ける組や、組織のため、

お世話になった人への義理・人情のため、ひとり自己を犠牲《ぎせい》にし悪に立ち向かっていく姿である。健さんはいくつもの苦難に黙って耐え、逆境をものともしない主人公で、義理人情に厚く、ストイックで寡黙《かもく》なイメージを定着させた。

そこには経済成長で置き去りにされた労働者や、権力に立ち向かい挫折《ざせつ》していく学生たちの疎外感など、健さん演ずる一匹狼に共鳴する社会的な要因と変容もあった。ベトナム戦争や日本の高度成長に背を向けるように、映画は古い義理人情や、底辺労働者を描いた。

こうしたヤクザ、任侠映画は一九六四（昭和三九）年より、約一〇年間続く。別ないい方をすれば、学生運動が荒れ狂っていた頃、東映のヤクザ映画は猛威をふるっていた。「映画とは壮大な夢の体系である。任侠映画は最も輝かしい最後の夢であった」といった評論家もいた。

この時期の代表作はたくさんあるが「飢餓海峡」(65)、「昭和残侠伝」(65)、「日本やくざ伝　総長への道」(71)、「新幹線大爆破」(75) などが見応えがあった。

独立後、人間ドラマやアクションなどで新境地

第三期は、東映から独立した一九七六（昭和五一）年から晩年までである。この間、三六年、出演作品は二一本と極端に少ない。三年や四年、作品に出ないこともあった。そのため大作が増えた。

一九七三（昭和四八）年、任侠映画が下火になり実録路線の「仁義なき戦い」が出てくる。この作品がまた当たり、このまま東映にいたらヤクザ映画しか撮れないことを危惧《きぐ》した健さんは、一九七六年東映を退社する。

独立したら自分の価値がどれほどのものか、不安の中での独立だった。健さんはオファーがまったく来なくなることも覚悟したという。それほど日本映画は衰退し、映画界が転換期の真っただ中だった。

スターは映画会社の商品である。その容姿とキャラクターの魅力は、観客を引きつけるに十分な商品的価値を持っていた。その代償として高額の専属料や出演料が支払われる。それはその商品（俳優）が市場価値を支えている期間である。

いわば人気への報酬《ほうしゅう》である。その商品（俳優、監督）が会社にとってかけがえのないものであればあるほど、拘束《こうそく》するためのギャラは増大する。

しかし、健さんが独立した頃、映画の斜陽化が進み、会社は俳優、監督、スタッフを支え切れず専属契約を解消し、五社協定も名ばかりのものになっていた。

倒産した会社の俳優は自分で事務所を作るか、ほかの芸能会社へ所属し仕事を探していくしかなかった。この現象を喜んだのはテレビ局で、高嶺《たかね》の花だった映画の大スターが使えるようになった。こうした時代、最後まで残っていたのが高倉健であった。世間から健さんが「最後の映画スター」と言われる所以《ゆえん》である。

時代も変わった。映画が娯楽の王様だったのがテレビに代わられ、作品も二本立て興行から、大作の一本立て興行へ変わる移行期だった。健さんはネームバリューと興行力があったので争奪戦が起こり、さらに一本立て興行を加速させた。

フリーになったことで健さんは、人間ドラマやアクションなどで出演の幅を広げた。独立第一作

「駅 STATION」（81、東宝）、高倉健と倍賞千恵子

「君よ憤怒の河を渉れ」（76）は中国の文化大革命後、最初に輸入された日本映画だったので、一億人は観たという超ヒットに。のちに「単騎、千里を走る。」（06）を撮った張芸謀《チャンイーモウ》監督も当時ファンだった。

「幸福の黄色いハンカチ」（77）では女性へのひたむきな愛を体現し、新境地を開拓。「八甲田山」（77）では興行収入歴代一位を叩き出したし、「南極物語」（83）ではさらにその記録を塗り変えた。

その後、「駅 STATION」と「ブラック・レイン」の刑事役、「鉄道員（ぽっぽや）」の駅長、遺作となった「あなたへ」の刑務官など、寡黙だが筋が通っていて温かみのある男性像を演じた。それがまた不器用な高倉キャラクターとマッチして、数々の映画賞を受賞した。

ロードムービーの傑作「幸福の黄色いハンカチ」

そうした大作群の中からファンがベストワンに挙げた作品が「幸福の黄色いハンカチ」である。内容はすでにご承知と思うので製作エピソードを拾ってみよう。

「幸福の黄色いハンカチ」（77、監督・山田洋次《やまだようじ》）の原案はアメリカの「ニューヨーク・ポスト」紙に掲載されたピート・ハミルの『黄色いリボン』。これをヒントに、山田洋次と朝間義隆《あさまよしたか》が脚色したものである。

物語は北海道を舞台に、刑務所帰りの中年男（高倉健）と若い男女（武田鉄矢《たけだてつや》・桃井《ももい》かおり）がそれぞれの愛を獲得するまでのロードムービーで、北海道の風景と人物のカットバックを効果的に使い物語が進展する。健さんと倍賞千恵子が再会する炭住《たんじゅう》（炭鉱で働く人々とその家族のために会社が建てた社宅）に黄色いハンカチがたなびいているシーンが印象に残り、話題になった。

また撮影で勇作（高倉）が刑務所から出てきた後、食堂で食事をするシーンがある。その収録で、ラーメンとかつ丼を美味しそうに食べる演技が、一発でOKが出た。あまり見事だったので山田監督が健さんに尋ねると「この撮影のために二日間何も食べませんでした」と言葉少なに語り、スタッフを唖然《あぜん》とさせた。

この作品は武田鉄矢が役者として新境地を開いた作品でもある。武田は当時、人気が低迷期でどん底の生活をしていた。「母に捧げるバラード」（73）の一発屋で終わり、鳴かず飛ばずで、妻は長女を身ごもり、武田は妻と皿洗いなどのアルバイトで食いつないでいた。そうしたときの出演依頼である。武田は「売れない歌手を、からかいに来たのか」と思ったという。

武田は健さんと一緒に北海道旅行を続ける当世風の若者を、じつに自然に演じた。

花田欣也（武田鉄矢）は胴長短足で決してスタイルがいいとはいえず、お世辞にたけた会話をするわけでもなく、ただ誠実に生きようと努力する。おっちょこちょいではあるが人はいい。ときに素朴《そぼく》な正義感を振りかざし、周囲の人々の失笑を買ってしまう。

武田はこういうタイプの青年を見事にやってみせた。彼にそういう性格を与えた山田洋次監督の慧《けい》眼《がん》が凄い。浮世の波に翻弄《ほんろう》され、とかく不遇をかこつ善良な観客は、武田が演じた青年におのれを重ねて観るので人気になった。武田はこの作品で第一回日本アカデミー賞最優秀助演男優賞を受賞した。


この映画の舞台・夕張《ゆうばり》は、北海道中部の道央地方に位置し、かつては石狩炭田の中心都市として栄えた。一九九〇（平成二）年、エネルギー革命ですべての炭鉱が閉山した。その後、市のヤミ債権が発覚し深刻な財政難となった。

二〇〇七（平成一九）年三月、市の財政が破綻《はたん》し、国から財政再生団体の第一号に指定された。そのため炭鉱町は閑散としていた。特に雪の夕張炭鉱は、「黒ずんだ炭住が谷の底から山際まではりつき、多くが廃屋《はいおく》となり、わずかに明かりの灯る家々には窓一面にビニールが張ってあって、アルミサッシのない」そんな街だった。

そうした街が「幸福の黄色いハンカチ」の舞台になった。最近になっても撮影現場を訪れる人が多く、いまも「幸福の黄色いハンカチ」がはためいている。

この作品で健さんはヤクザ映画の香りを残しながら覚醒《かくせい》した。第一回日本アカデミー賞最優秀主演男優賞、ブルーリボン賞主演男優賞、報知映画賞主演男優賞などを受賞した。

第三章　「俳優・高倉健」を生涯演じた

健さんが映画俳優になったのは就職難のときで、偶然だった。貿易商社マンになるため大学で学んだが、その夢も潰《つい》えた。俳優になってもなかなか芽が出ず、悶々《もんもん》としていたが、時代が健さんを迎えた。任侠映画の登場である。これ以降、俳優意識や自身の世間体も変えた。

商社マン志望から東映ニューフェイスへ

高倉健は一九三一（昭和六）年二月一六日、福岡県中間《なかま》市で裕福な家庭に生まれた。本名・小田剛一《おだたけいち》。父・敏郎は旧海軍の軍人で炭鉱労働者をたばねる仕事についた無骨《ぶこつ》な男だった。母・タカノは学校の先生をしていた優しい人で、そこの二男二女の次男だった。

幼少期は可愛かったので「坊ちゃん」と呼ばれ、近所のおばさんがくれる、いろいろな食べ物を食べてお腹を下すことが多かった。心配した母は「この子には食べ物を与えないでください」と胸につけて歩かせた。少年時代は肺を患《わずら》うなど病弱だったが、母親の献身的な看病で日増しに健康になっていった。

中学一年生のとき外国に憧れ密航を企てるなど、向こう見ずなところもあった。父が若松港運に勤めていたおり、勤労学徒として石炭から液体燃料を作る北九州の工場で働いていた中学二年のとき終戦を迎えた。進駐軍が上陸してくると、英語に興味を持ってどんどん話しかけ学んだ。

県立東筑高校時代は一時間に一本しかない、旧国鉄香月《かつき》線が通学列車で、満員電車の中でも剛一は背が高く、頭一つ抜いていた。車中では女学生仲間から「小田君って素敵ね」と人気があった。高校ではボクシング部を作り、英語の勉強にも励んだ。貿易商になりたくて明治大学商学部に進学。

大学では一年間、相撲部のマネージャーを務めた。しかし、学業をおろそかにし、酒と喧嘩に明け暮れ、渋谷界隈では「明治の小田」として番を張るなどの生活を送った。卒業しても、折からの就職難で職が見つからず挫折。帰郷し家業を手伝っていたが一九五五（昭和三〇）年、食べていくのと恋人に逢うため上京。

しかし職探しも上手くいかず、大学相撲部・滝澤寿雄監督を頼り紹介された、当時、人気絶頂の美空ひばりが所属する新芸術プロダクションの取締役・光川仁朗を訪ねた。光川は元・立教大学相撲部出身で滝澤とは知り合いだった。

新芸プロでも事務職の仕事はなく、心配した光川が東映本社企画部・坪井與《あたえ》のところへ連れていき、会社近くの地下喫茶「メトロ」で面接を受けた。そのとき偶然、その場にいた東京撮影所・マキノ光《みつ》雄《お》に採用され、東映第二期ニューフェイスとして補助編入され入社した。

健さんを東映に紹介した光川仁朗は、東映作品の企画も担当していたので、一九五六年だけで、健さんのデビュー作「電光空手打ち」、二作目「無敵の空手！チョップ先生」、三作目「大学の石松」、五作目「大学の石松 ぐれん隊討伐」、六作目「大学の石松 太陽族に挑戦す」、九作目「拳銃を捨てろ」などを企画し、健さんを役者に育てた初期の大恩人である。

健さんが面接した喫茶「メトロ」は地下鉄京橋駅の改札口横にあり、私も毎日一度は会社仲間とお茶をしていたところで、喫茶店の奥がビジネスホテルになっていた。東映本社はその後、銀座に本社ビルを新築し一九六〇年九月に京橋から移転した。東映のすぐ目の前に大映本社もあった。

食べるために始めた俳優稼業

東映に入社した健さんは演技経験がないので、東映がニューフェイスの指導を依頼していた俳優座へ研修に行った、ところがすぐに「お前は俳優に向いていない」と言われてしまう。負けん気の健さんがこれに発奮《はっぷん》、俳優を続ける原動力になった。

健さんは翌年光川仁朗が企画した「電光空手打ち」(56)で、いきなり主役でデビュー。そのとき高倉健の芸名をつけてもらった。もともと俳優志望ではなかったので、顔にドーランを塗ったとき「食うため、生きるため」とはいえ情けなくて涙が出たという。三船敏郎が俳優で出演が決まったとき「男のくせに顔《ツラ》でメシ食うのが好きでない」と言った感慨に似ている。

これ以降「大学の石松」(56)シリーズや「台風息子」(58)シリーズ、美空ひばりの相手役として「べらんめえ芸者」(60)シリーズなどに出演していく。時代劇を経験したのは美空ひばりと共演した「千姫と秀頼」(62)が最初で入社七年目のとき。

任侠映画との出会いは一九六三(昭和三八)年の「人生劇場 飛車角」で、本格的に稼働したのは翌年の「日本俠客伝」（64、監督・マキノ雅弘）から。その後「網走番外地」（65）、「昭和残俠伝」（65）などのシリーズが続き、健さん人気が沸騰《ふっとう》していく。

東映最後の年は「新幹線大爆破」（75）、「神戸国際ギャング」（75）など四本しか撮らなかった。様式美があった任俠映画に代わり、仁義にツバはくヤクザの実態を描いた実録路線「仁義なき戦い」などが台頭してきた。

ファンのためにストイック生活を徹底

私は健さんとは東映時代によく雑談ができた。それは映画や俳優を紹介する「東映アワー」（NET、現・テレビ朝日）の取材があったからで、このとき、健さんは入社八年目、「ジャコ萬と鉄」（64）、「暗黒街大通り」（64）、などを撮り、「網走番外地」でブレークする前だった。「東映アワー」の制作プロデューサーが、私をときどきアシスタントとして同伴させてくれたことが縁だった。

東映本社（銀座）から練馬の東映東京撮影所までは定期連絡バスがあり、それで撮影所までよく通った。その後、助監督の澤井《さわい》信一郎《しんいちろう》（のち監督）さんを交えて何度か会ったとき、健さんから着ていたジャンパーをもらった。少しくたびれてきたがいまもそれを着ている。

私の知る健さんが寡黙な男を演じるようになったのは任俠映画に出演してからである。以前の健さんは人前でも饒舌《じょうぜつ》で、ユーモアに富み、茶目っ気たっぷりの、いたずら好き。丹波哲郎さんから教わった催眠術をスタッフにかけて笑わせていた。礼儀正しく明るかった。

その後、仁俠映画で確立された「寡黙で、男が惚れる男」「ストイックで義理人情に厚い男」「理想の日本人」であってほしいというファンの願望を健さんも十分知っていて、厳しく自分を律するようになった。

一にも二にも世間体、つまりファンの目を優先する。そのための努力も惜《お》しまなかった。お酒もタバコも止めた。スポーツジムに通い筋トレ、ウォーキング、ストレッチは欠かさなかった。健康管理には人一倍熱心だった。ニンニク注射もしていた。自宅の棚には市販薬のサプリメントがずらりと並び、時間のあるときは腹筋や腕立て伏せをした。

食事は朝晩の二食だけ。甘いものは食べない。魚は嫌い、肉料理が主体だった。炭酸飲料は飲まない。ジュースは一〇〇パーセント果汁のものだけ。

とにかくコーヒーが好きだった。コーヒーにはこだわりがあって、マンデリン3、ジャワ3、ブルーマウンテン4など独自にブレンドした「ケンブレンド」を、一日一〇〜一五杯は飲んだ。コーヒー党ぶりから「ネスカフェ・ゴールドブレンド」のCMに出演したのはご承知の通り。

身長一八〇センチ、体重七〇キロ。バスト一〇八センチ、ウエスト七五センチ、合気道二段、とスリーサイズは晩年まで変わらず、とにかくストイックな日常を過ごした。

連続テレビドラマは一本だけ

一九七六（昭和五二）年の独立以降の作品は先に記した「朝日新聞」読者アンケートの大作が主流になった。最後の作品は、「あなたへ」（12、監督・降旗康男）で、内容は刑務所指導技官が妻の残した「故郷の海に散骨してほしい」という遺言を胸に、富山から長崎県平戸までの長旅で、いろいろな

「あなたへ」（12、東宝）宣伝の際に配布された資料

人と関わっていくロードムービーであった。

映画のかたわらテレビの連続ドラマに出演したのは一本だけ。ドラマに出ない最後の映画スターと言われたが一九七七（昭和五二）年、「あにき」（TBS）がそれである。それから一五年後の一九九二（平成四）年、NHK「チロルの挽歌」（脚本・山田太一）に出演。こちらは四月一一日と一八日に前後篇で放送された。共演は大原麗子、杉《すぎ》浦直樹《うらなおき》。テレビ出演は九州にいる七二歳のおふくろから、「なぜテレビに出ないの――」と言われたので、「辛抱《しんぼう》ばい」と健さんを励まし続けた故郷の母親に姿を見せ、安心させることが理由だった。

健さんは母親っ子だった。母親（89歳）が亡くなったとき、「あ・うん」の撮影中で死に目に会えなかった。告別式にも出られなかった。「葬式に出られなかったことって、この悲しみは深いです」と苦悶《くもん》した。健さん五三歳のときである。

後年出版した自著『あなたに褒められたくて』で母親への鎮魂の思いを綴《つづ》っている。

「お母さん。僕はあなたに褒められたくて、ただ、それだけで、あなたがいやがっていた背中に刺青《ホリモノ》を描《い》れて、返り血浴びて、さいはての『網走番外地』、『幸福の黄色いハンカチ』の夕張炭鉱、雪の『八甲田山』。北極、南極、アラスカ、アフリカまで、三十数年駆け続けてこれました。別れって哀しいですね。いつも――。どんな別れでも――」

健さんが亡くなったのは二〇一四（平成二六）年一一月一〇日午前三時四九分。五八年間の俳優人生で、映画出演二〇五本。亡くなったとき、映画界はデジタル撮影が本格化していたが、健さん最後の作品「あなたへ」までフィルム撮影だった。これを幸せとするかどうか、健さんは本格的なデジタル時代を知らずに他界した。最後まで「俳優・高倉健」を演じ続けた不世出の名優である。〝男のあるべき姿〟を背中で示した最後の映画スターは消えた。

芸歴が永く、常に、日本映画のトップスターとして活躍していた健さんは映画賞のほかにも一九九八年紫綬褒章《しじゅほうしょう》、二〇〇六年文化功労者、二〇一二年第六〇回菊池寛賞。二〇一三年には俳優では四人目となる文化勲章が授与されている。

▼高倉健・主な出演作

「電光空手打ち」（56）でデビュー、「大学の石松」（56）、「喧嘩社員」（57）、「森と湖のまつり」（58）、「無法街の野郎ども」（59）、「天下の快男児 万年太郎」（60）、「花と嵐とギャング」（61）、「二・二六事件 脱出」（62）、「恐喝」（63）、「飢餓海峡」（65）、「網走番外地」（65）、「日本侠客伝 浪花篇」（65）、「昭和残侠伝」（65）、「地獄の掟に明日はない」（66）、「侠骨一代」（67）、「荒野の渡世人」（68）、「渡世人列伝」（69）、「遊侠列伝」（70）、「ごろつき無宿」（71）、「望郷子守唄」（72）、「山口組三代目」（73）、「ゴルゴ13」（73）、「ザ・ヤクザ」（74）、「新幹線大爆破」（75）、「君よ憤怒の河を渉れ」(76)、「八甲田山」(77)、「幸福の黄色いハンカチ」(77)、「野性の証明」(78)、「動乱」(80)、「駅 STATION」(81)、「海峡」(82)、「南極物語」(83)「居酒屋兆治」(83)、「夜叉」(85)、「ブラック・レイン」(89)、「四十七人の刺客」(94)、「鉄道員(ぽっぽや)」(99)、「ホタル」(01)、「単騎、千里を走る。」(06)、「あなたへ」(12)などがある。

Ⅵ 渥美清

――老若男女に愛される風来坊

一九二八（昭和三）年三月一〇日～
一九九六（平成八）年八月四日（68歳没）

「男はつらいよ」の寅さん役を演じて二六年。この作品だけで渥美《あつみ》清《きよし》が国民栄誉賞を受賞した。受賞理由が「映画『男はつらいよ』シリーズを通じて人情味豊かな演技で国民に喜びと潤《うるお》いを与えた」となっている。映画関係者の受賞は長谷川《はせがわ》一夫《かずお》、美空《みそら》ひばり、黒澤明《くろさわあきら》、森光子《もりみつこ》、森繁久彌《もりしげひさや》などがいる。渥美のように一つの作品だけで国民栄誉賞に輝いた俳優は過去にはいない。それだけ「男はつらいよ」が国民に広く浸透し愛された証左《しょうさ》といえるだろう（扉写真は「男はつらいよ」第一作〔69、松竹〕。光本幸子《みつもとさちこ》と渥美清）。

第一章　下町の裏街道で仕込んだ話芸

渥美清は努力の人である。極貧の幼少期から人情豊かな下町で育った。特に渥美が住んでいた近くの浅草六区は東京の繁華街として大衆演芸場、寄席、映画館、ストリップ劇場などが隆盛を誇りにぎわっていた。喧噪《けんそう》の繁華街の裏には赤線、青線、キャバレー、露天商《ろてん》などあらゆるものが混在して建ち並んでいた。またすぐ近くには遊郭《ゆうかく》の吉原《よしわら》、玉ノ井《たまのい》もあった。渥美はそうした混然とした文化の下町で成長した。

貧乏のどん底で病に苦しんだ少年期

渥美清は一九二八（昭和三）年三月一〇日、東京市下谷《したや》区車坂《くるまざか》町（現・台東区上野七丁目）に生まれた。本名・田所康雄《たどころやすお》。父・友次郎は元地方新聞の政治記者。母・タツは宇都宮の元代用教員で仕立物の手内職や封筒貼りをして貧しい家計を賄《まかな》っていた。

父は胃腸が弱く病気がちで職もなく、終日寝床に臥《ふ》せていた。世をすね、いつも不機嫌で威張ってばかりいて、何かにつけて妻に当たり散らす毎日だった。渥美はそうした家庭の次男として育ち、六歳上に兄・健一郎がいた。

渥美が志村第一尋常小学校三年生のとき、家族は夜逃げ同然に板橋区清水《しみず》町の古びた棟割《むねわり》長屋に引っ越した。一家は貧乏のどん底だったので、学校に弁当を持っていけなかった。欠食児童で病弱、小児腎臓炎《じんぞうえん》にかかり、四年生のときにはブランコから落ちて左腕に大けがをするし、小児関節炎、膀胱《ぼうこう》カタルなどのさまざまな病を患《わずら》った。小学校の三〜四年生は病欠で長期に休んだ。

渥美は学校にも行けない寂しさと孤独を、病床で聴くラジオで慰《なぐさ》めた。ラジオから聞こえる落語、講談、浪曲などを夢中になって聞いた。このラジオが渥美に話芸の面白さを教え、真似るようになった。学校へ複帰後は、ラジオで覚えた話術で、授業以外の時間をにぎやかにすることで、一躍、学校中の人気者となった。

しかし成績は四二人中、いつもビリの方だった。劣等生で、手のつけられない悪ガキ、うすぎたなく悪戯《いたずら》ばかりしていたので、いつも水の入ったバケツを両手に持たされ廊下に立たされていた。

一九四〇（昭和一五）年板橋城山高等小学校に転入、その後、旧制私立巣鴨中学校に入学するも途中退学。生活のため一四歳で東京管楽器という町工場に就職した。しかし長続きせず職を転々とする。

上野、浅草で極道稼業のお兄《あに》ィさん時代

家庭は暗く、まもなくグレて不良の群れに加わり喧嘩《けんか》に明け暮れた。一五〜一六人でフーテン一家という不良グループを作り、兄貴分として番を張った。この頃は家にも寄りつかず、外泊することが多かった。テキ屋の啖呵《たんか》売《ばい》に熱心になり、御徒《おかち》町や浅草寺《せんそうじ》横の焼け跡で売りをするテキ屋と親しくな

り啖呵売を学んだ。

お兄《あに》ィさんとしてヤーさん風を吹かせ、浅草や上野の地下道あたりをうろつき、酒と博奕《ばくち》と喧嘩に明け暮れる生活を送った。その姿も、白と黒のコンビネーションの靴を履き、髪にポマードをつけてリーゼントにし、「手鉤《てかぎ》のヤス」と言われ肩をいからせ街を闊歩《かっぽ》していた。

女郎買いにもよく行った。吉原、玉ノ井、鳩《はと》の街、小岩、それに埼玉県大宮まで足を延ばして遊んだ。この頃、凄《すご》みのあった渥美が「他人《ひと》の家の玄関前にすっと立っただけで、相手は金を包んで出した」と言う。電車に乗ると、あの目と人相である、乗客は席を空けて遠ざかった。

この時期、たまに家に帰ると母は厳しかった。渥美が帰るたびに肌着まで脱がせて、背中を点検し、入れ墨が入っていないかを確認した。それが常だった。

一九四五（昭和二〇）年三月一〇日、東京大空襲で自宅が焼け、赤羽《あかばね》に引っ越した。荒川のほとりに建つ、さびれた平屋の二軒長屋である。一九四七（昭和二二）年、一家を支えていた兄が、過労と栄養失調で肺結核を悪化させ二五歳の若さで亡くなった。一九歳の渥美は一家を養わなくてはならなくなり、東北地方と上野を往復し闇米《やみごめ》を売って家計を支えた。終戦の混乱期である。

その後、上野、神田を主な勢力範囲にしているテキ屋一家「霊岸島杵屋」に身を寄せた。テキ屋とは縁日や盛り場などの人通りの多いところで、人呼びをして露店商を開く業者のことで、香具師《やし》、三寸《さんずん》とも呼ばれる。戦後の混乱期には博徒《ばくと》、愚連隊《ぐれんたい》と同様に闇市《やみいち》を縄張りとしていた。

渥美が賭場《とば》の下働きをしながらサイコロ賭博を覚えたのもこのとき。霊岸島杵屋では香具師の口《こう》上《じょう》が好きだったので、啖呵売を勉強し現場に立った。

駆け出しコメディアンを支えたストリッパー

渥美が役者になったきっかけは諸説あるが、少年時代より親交のあった放送作家・永六輔《えいろくすけ》が渥美からの話として、あるとき、渥美は歩道の鎖《くさり》を盗み、売ろうとして警察に逮捕された。そのときの刑事から「お前の顔は個性が強すぎて、一度見たら忘れられない、その顔を生かして犯罪者になるより役者になれ」と諭《さと》された。そのことがきっかけだったと語っている。

もう一つの話として、不良となり果てた渥美は、喧嘩、カツアゲ、カッパライとお定まりのブタ箱行き。そこで取締りの刑事が、しみじみ顔をながめて言った。

「オメエ悪党になれないツラだ」

「ヘエ、するとイイ男?」

「バカヤロー、うぬぼれんじゃないよ。指名手配されたら、まず三日もたないな」

「――そう、ですかねェ?」

「鈍いヤツだな。そんな奇妙なツラはめったにないから、すぐにつかまると言っとるんだ。同じ顔を売るンなら、ヤクザなんかやめて喜劇役者にでもなっちゃどうだ」

というわけで、いささかできすぎた話だが、いずれにしても刑事の一言がきっかけで、ヤクザ稼業から好きだった軽演劇《けいえんげき》(軽快で滑稽《こっけい》な風刺《ふうし》に富んだ大衆劇)の道を歩むことになった。

以後、顔を知られていない大宮市・日活館で幕引きや雑用をこなした。それから、地方のドサ回りをしていた横浜の劇団に移り渥美悦郎の芸名を名乗った。その後、赤羽のストリップ劇場・公楽から、浅草のストリップ劇場・ロック座に移る。

このときロック座で知り合った、一歳年上のストリッパー海原洋子と浅草の安アパートで同棲生活をはじめた。海原洋子の口利きで浅草・百万弗《ドル》劇場の専属コメディアンになり、渥美はこの劇場の舞台で初めて役者として開花していく。二三歳のときである。

海原洋子の紹介で百万弗劇場に来たときの様子を、面接した佐山淳は「身なりは古着で、よれよれのシャツ、膝の抜けたズボンで、まともに働いていれば、もうちょっとなんとかなるはずの、ひどい身なりをしていた。食事のとき、渥美は終始だんまりで、洋子が何から、何まで世話をやいていた（略）、渥美はうつむいたまま黙々として飯を腹に詰め込んでいる。それでもなぜか、あつかましい感じはしなかった」（『渥美清：浅草・話芸・寅さん』堀切直人著、晶文社）

しかしこの、百万弗劇場も軽演劇が下火になり、ストリップ劇場に客を奪われ、一九五二（昭和二七）年閉館。その後、海原洋子と共に、ストリップ劇場・川崎セントラルに行き、一九五九（昭和三四）年、東洋興業経営の浅草六区のストリップ劇場・フランス座に移った。

フランス座の経営者・松倉久幸《まつくらひさゆき》は「海原洋子は踊りも上手く、綺麗《きれい》な子でしたね。気立ても優しく、本気で渥美に惚れ込んでいました。その頃の渥美はバクチ好きの大酒呑みという、芸人の典型でしたから、洋子もずいぶん苦労したでしょうが、渥美の方もこの子には惚れていたと思います。自分の出

「フランス座」の舞台（56）、渥美清（右）

番がないときでも、洋子が出番を終えるのを楽屋口で、じっと待っていましたからね」と語る。

　当時フランス座の舞台は、ストリップショー九〇分、軽演劇六〇分の構成だった。ここで、関敬六《せきけいろく》、佐《さ》山俊二《やましゅんじ》、南利明《みなみとしあき》、谷幹一《たにかんいち》、八波《はっぱ》むと志《し》、長門勇《ながといさむ》、東八郎《あずまはちろう》と組んだ芝居が大受けし、渥美は人気者になった。しかし、役者の日当が三〇〇円と、踊り子よりはるかに安いので、貧乏生活は変わらなかった。

死を覚悟した結核の闘病生活

　渥美は酒を、朝となく夜となく浴びるように呑んでいた。金がなくなるとカストリもあおった。そうした不《ふ》摂生《せっせい》な生活がたたり、体調を崩した。舞台も生彩を欠くようになり、楽屋で寝転ぶことが多かった。周囲の者が心配して、医者に診てもらったら肺結核で、それもかなり進行していた。即日、入院させられ、すぐに右肺の手術をした。二六歳のときである。

　病院費は海原洋子が工面《くめん》した。手術は成功したが、右肺を取り出す際、肋骨《ろっこつ》を切り取らなければならなかったので、渥美の右胸と背中に一五センチ以上の手術跡が残り、大きく陥没した形になった。

入院先は戦争中、風船爆弾を作っていた軍需工場跡を改良した、埼玉県春日部《かすかべ》の朝倉病院である。病院は天井が高く、機械を回すベルトの切れたのがぶら下がり、風が吹くとそれがピターン、ピターンと鳴った。内部は暗く、薄汚れて、ひどく殺風景だった。そこを患者が下駄《げた》をはいて歩くので気の滅入る病院だった。

　夜になると、毎日毎日死人が出た。それも夜中が多く、強く咳《せ》き込み、吐いた血を喉《のど》に詰まらせる窒息《ちっそく》死が多かった。死ぬと大八車で運ばれ、棺桶《かんおけ》は豚の餌《えさ》を運ぶリヤカーで持っていかれた。

　同室の者がどんどん亡くなっていく姿を見て、渥美は「いずれは自分も、ああいう最期を迎えるのか」と覚悟を決めていた。この病院生活で身についた孤独感は、渥美の身体から終生消え失せることがなかった。

　そうした苦境を親身になり支えたのが、同棲している海原洋子だった。結核の特効薬といわれる高いペニシリンや入院費の工面だけでなく、農家に頭を下げて食べ物や卵を山ほど抱えて病院まで足しげく通った。肺の病だから風邪《かぜ》を引いては大変だと思って、セーターを編んで持っていったこともあった。

　渥美は入院前に六五キロ前後だった体重が、一気に四〇キロ台まで落ちて痩《や》せ細り、生気がなくなって青い顔をしていた。洋子はその姿を見て帰ってくると「死んじゃうんじゃないか」と言って、毎度毎度泣いた。

　このときフランス座で親友の関敬六や谷幹一が、先輩や踊り子にカンパを募《つの》り、ない金を工面し、再三病院に見舞いに行ったエピソードが数多く残っている。渥美は同室の者に「嬉しいよなあ、友達ってなあ」と語っていたという。

そうした友達や海原洋子の献身的な看護の努力もあり、一年後には一般病棟から軽患者の療養施設に移ることができた。それからさらに一年後の一九五六（昭和三一）年四月、渥美はフランス座に復帰した。

退院した渥美は、すぐに浅草寺の脇にある出世観音に行き、役者として成功できるなら、酒、タバコ、博打をやめると願を掛けた。一度死んだと思った身体である、なんでもできた。このとき願掛けしたお守りは、晩年まで肌身離さず持っていたという。これ以降、渥美は粗暴が影を潜《ひそ》め、仏のようになった。

井上ひさしが語るフランス座の渥美

復帰したフランス座では、右肺をなくしたことでドタバタ喜劇ができなくなった。それでも渥美の演技とお笑いは、たちまち座長格の人気を取り戻した。

しかし、無理がたたったのか、胃腸が弱ってしまい下痢《げり》が止まらず、退院した秋に再び中野の立正佼成会病院に三ヵ月間入院した。この入院中に父が脳溢血《のういっけつ》で亡くなった。渥美二八歳のときである。

退院してからの渥美は、フランス座が全盛のときだったので目覚ましい活躍をしていく。

小説家で劇作家の井上《いのうえ》ひさし、脚本家の早坂暁《はやさかあきら》と会ったのもこのとき。

井上ひさしはフランス座の文芸部進行係で働いていた。進行係とは俳優と舞台のあらゆる業務を担っていたから、裏方のいちばん重要な役職である。毎日三回公演なので、開演すると昼食も満足にできないほど大忙しだった。そのため朝、劇場に入る前に国際通りの肉屋で、三〇円で三個のコロッケを買ってきて、舞台袖の電気コンロではんごう飯を炊き、暇をみては飯を食うという生活をしていた。

そうしていた一九五七（昭和三二）年、フランス座は喜劇役者の宝庫だった。

「渥美さんは舞台から引っ込むと、私たちの飯と不思議とぶっかった。彼は、私たちに『どうだったい？　今回の俺の舞台は面白かったかい？　今日は森繁さん風にやってみたが似てただろう？』などと聞いて、批評させ、私たちが、あれこれ言うのを、ニコニコ聞きながらコロッケをむしゃむしゃやりはじめるのだった。不思議に〝この野郎〟という気はしなかった。それどころか、この人は自分の芝居のモニターをわれわれにさせてくれているんだ、という嬉しさでわくわくしながら、私たちは面白かっただの、今日は元気がなかったですね、などと感想を述べ立てたものです。

コロッケを平らげると彼は、『いやぁ、ごちそうさん、お互いがんばろう』と言って私たちの食料をいつも横取りして去っていった。これがあの頃の日常だった」と語っている。

第二章　フーテンの寅次郎、テレビに登場

テレビが本放送を開始したのは一九五三（昭和二八）年二月一日のNHKが最初。次いで同年八月、日本テレビが開局した。渥美はこのテレビ放送を見て衝撃を受けた。街頭ではプロレス中継を見るため何千人もの人々がテレビの前に釘づけにされていた。「これからはテレビの時代だ。よし、俺は電気紙芝居（テレビ）の役者になる」と決意。それからすぐにテレビのバラエティー番組が出てきたので、テレビ局へ売り込みに歩いた。二九歳のときである。

テレビ出演で全国区コメディアンに

日本復興と共に一九五三年にテレビ放送が始まり、映画も全盛期を迎えていた。しかしテレビの普及は浅草の軽演劇に衰退をもたらした。浅草の喜劇人の多くがテレビへ、テレビへとなびいた。これが一九六〇年前半で、渥美はそれより早くテレビを意識して行動を開始した。

渥美は一九五七（昭和三二）年一〇月にフランス座を辞め、このときとばかり名刺を作って関敬六と二人でテレビ局や映画会社へ売り込みに歩いた。無収入の生活は同棲中の洋子が支えた。この年、

日本テレビ連続ドラマ「すいれん夫人とバラ娘」で、三枚目役でデビューができた。この頃のテレビは録画ができないので、ぶっつけ本番のできる芸人を必要としたのが幸いし、笑わせる渥美はディレクターの目にとまった。

映画は仕出し（端役《はやく》）俳優からスタートした。「おトラさん大繁盛」（58、東宝）でチョイ役がついた。この作品、おトラばあさんは柳家金語楼《やなぎやきんごろう》の当たり役で、映画も全六作製作されている。

その後、ＮＨＫ「若い季節」（61）やバラエティー番組「夢であいましょう」（61）のレギュラーとなり、コメディアン・渥美清の名は全国区になった。

このとき、同棲していた海原洋子は青春のすべてを捧げ尽くした渥美から、何も言わず静かに身を引いた。ストリッパーの自分と一緒では、人気が出てきた渥美の名にキズがつくと思ったからだ。洋子は別れた男の出世を祈り、輝きはじめた男の姿を陰から見守り、喜ぶようなつつましい女だった。何一つ要求しないで、スターになった渥美から去った。親しかったコメディアンや踊り子にさえ何も告げず、浅草からプツンと消えた。

浅草で役者のプロモートをしていた佐山淳は、「浅草の踊り子たちは、自分らが底辺で生きているってことを、よく知ってんだよ。だから巣立った人を、呼び戻そうなんて誰も思わない。よかったわねぇ、苦労が実って、偉くなって。ストリッパーたちの気持ちは温かいですよ。その反対に男は偉くなると、必ず過去を消します。少しテレビに出て、生活がよくなってゆくと、そのストリッパーを捨ててゆく。ほとんど例外なく――」と語る。

喜劇から「八つ墓村」まで多彩な映画作品

渥美はその後、フジテレビの連続ドラマ「大番」（62、原作・獅子文六《ししぶんろく》）の主役が受け、茶の間の人気者になった。この主人公は、かつて映画で加東大介《かとうだいすけ》が演じて出世作になったもので、田舎者で図々しく、物凄いバイタリティで人をかきわけて出世するが、愛嬌《あいきょう》があって憎めないという人物である。こういう人物を演じると渥美は精彩を放った。映画では同年「あいつばかりが何故もてる」（62、共演・倍賞千恵子《ばいしょうちえこ》）で映画初の主役を張った。

この頃の渥美は東映作品にも多く出演していた。「地獄に真紅な花が咲く」（61）、「東海一の若親分」（61）、「若き日の次郎長・東海道のつむじ風」（62）、「大江戸評判記 美男の顔役」（62）、「散歩する霊柩車」（64）、「沓掛時次郎 遊侠一匹」（66）などである。

一九六三（昭和三八）年、「拝啓天皇陛下様」（松竹）に出演。この主人公・山田一等兵（渥美）は、貧農生まれで粗暴、カタカナしか書けず、世間ではまともに相手にされない前科者であるが、軍隊に入るとインテリの戦友ともまったく平等の待遇《たいぐう》を受け、食う心配もなく、字の読めない彼に読み書きまで教えてくれる。猛訓練や殴《なぐ》られることも平気な彼には軍隊が天国に思え、除隊になりそうになると天皇陛下に手紙を書いて軍隊に置いてもらおうとする。

こういう愛すべき無知な最底辺の庶民を渥美は生き生きと演じ好演した。この作品はヒットし、主演男優としての地位を確立し、続編も作られた。

その後、「拝啓総理大臣様」（64、松竹）、アフリカの奥地に長期ロケした「ブワナ・トシの歌」（65、東宝）などを撮っていたが、一九六七（昭和四二）年、東映に招かれて「喜劇 急行列車」と「喜劇 団体列車」（67）「喜劇 初詣列車」（68）を撮った。この作品、東映に喜劇作品がないので大事にされ人気だった。まだJRが国鉄の時代で、列車の人情車掌を演じて好演した。

「喜劇 急行列車」（67、東映）、渥美清（中央）、佐久間良子（右）

「喜劇 団体列車」の舞台が愛媛県の奥道後《おくどうご》温泉だったので国鉄と映画の宣伝タイアップがあり、私は現地の招待でお客さんを連れ二泊三日で奥道後や松山を旅したことがある。撮影現場では共演の佐久間良子《さくまよしこ》が渥美の話を聞き、笑い転げていたことを思い出す。なお「喜劇 団体列車」では笠智衆《りゅうちしゅう》も共演した。

一九六八（昭和四三）年は八本の作品を撮り渥美も忙しい日を過ごしたが、一九六九（昭和四四）年から映画「男はつらいよ」が始まると、極端に出演作が少なくなっていった。

その中で特筆したいのは、寅さんを演じながら一九七七（昭和五二）年に出演した「八つ墓村」（77、監督・野村芳太郎《のむらよしたろう》）である、この作品、松竹では近年にない大ヒットになり、この年の興行収入ベストテン三位になった。

松竹は渥美の金田一耕助シリーズを考えたが、原作権を持つ角川書店の許可がもらえず、結局この一作で終わった。このことは渥美の俳優人生に取って大きな岐路《きろ》になったかもしれない。もし金田一耕助のシリーズが続けられたら寅さんがどうなったか。

しかし一九八〇年代以降になると、渥美の寅さんイメージが強くなり、松竹と渥美の思惑もあり他作品への出演は消極的になり、「遙かなる山の呼び声」（80）、「キネマの天地」（86）、「ダウンタウン・ヒーローズ」（88）などの助演でお茶を濁し、山田洋次《やまだようじ》監督の「学校」（93）が最後になった。以後、渥美はギャラも上がっていったので「男はつらいよ」の寅さんに専任していった。

渥美の語りに笑い転げた山田洋次

ここで渥美清と山田洋次監督の出会いについて触れておこう。

山田洋次監督は一九三一（昭和六）年九月、大阪府豊中《とよなか》市に生まれた。満鉄（南満州鉄道《みなみまんしゅう》）のエンジニアだった父の勤務のため二歳のとき満州へ渡り少年期を過ごした。終戦後の一九四七（昭和二二）年、大連《だいれん》より帰国。その後、東京大学法学部卒業後、新聞社勤務を経て一九五四（昭和二九）年、松竹の助監督として補欠入社した。日本映画が黄金期を迎えていたときである。

入社後、名匠・野村芳太郎監督につき、橋本忍《はしもとしのぶ》の元で脚本を勉強しながら助監督を務めた。監督デビュー作は「二階の他人」（61）で、通称シスターピクチャーと言われる本編の添え物作品だった。三〇歳のときである。

渥美との出会いは三作目の監督作品「馬鹿まるだし」（64）である。ハナ肇《はじめ》主演で渥美はチョイ役で出演した。このとき、渥美が脚本《ほん》にない余計なことを演じるので、脚本を大事にしている山田は「こんな勝手な役者は二度と使いたくない」と憤慨《ふんがい》していた。ところが別れる際に「次は長いのでお願いします」と屈託《くったく》のない笑顔に、なぜか憎めなかった。その後「運が良けりゃ」（66）でもチョイ役で使ったが、またまた怪演して帰っていった。

渥美との縁はそれ以降なかった。二年後、フジテレビのディレクター小林俊一《こばやししゅんいち》が山田のところに渥美清で「テキ屋の物語をやる番組企画」を持ってきた。

山田は企画の説明を受けると考えこんでしまった。仕事は多忙だったし、テレビの連続物は初めてだった。でも内容は面白くなりそうだった。結局、脚本を森崎東《もりさきあずま》、宮崎晃《みやさきあきら》に手伝ってもらう条件で引き受けることにした。

山田はとにかく主役を演じる渥美に直接会って、人となりを知りたいと注文をしたら、小林はすぐに渥美を連れて、仕事場にしている赤坂の旅館に訪ねてきた。

顔合わせの場は最初から渥美の独壇場《どくだんじょう》で、渥美は少年時代に憧れたテキ屋の話をしだした。

「四谷赤坂麹町《こうじまち》、チャラチャラ流れる御茶の水、粋な姐《ねえ》ちゃん立ち小便、白く咲いたが百合の花、四角四面はとうふ屋の娘、色は白いが水くさい」

と啖呵売の口上などを朗々と披露する。山田はなんと話が上手い人だと驚愕《きょうがく》。そしてその見事な表現力と記憶力。まるで名人の落語家のような話しっぷりに圧倒された。

渥美は一時間以上、身振り手振りを交えて自分の体験をしゃべった。山田は語りの面白さに笑い転げた。それから三日間、渥美は旅館でごろごろしながら、山田を相手にいろいろしゃべりまくった。山田は渥美の話を全部録音した。

山田は渥美の話から、ふつふつとテキ屋のイメージが湧《わ》いてきて、それがぐんぐん膨らんだ。

山田は当時を振り返り「話の上手な人でした。詩人だなあと思いましたね。描写の仕方がイマジネーション豊かで、聞き手には情景をありあり思い浮かべさせる」

「あんなふうに見事に、簡潔に、美しく優しく、しかもリアリスチックに自分の体験したこと、出逢った人たちの思い出を語ることのできる人を、僕は知りません」と話す。

それから半年後、フジテレビの「男はつらいよ」の台本ができあがった。

「人呼んでフーテンの寅と発します！」

フジテレビで「男はつらいよ」が始まったのは一九六八（昭和四三）年一〇月三日。当初三ヵ月一クール一三回の予定だったが、視聴率が一〇パーセントまで上がり、六ヵ月二クール二六回放送された。

ところが最終回が終わった二二時四五分過ぎから、フジテレビに、視聴者から抗議の電話が殺到した。主役の寅次郎が、ハブに噛まれて死んでしまったからだ。

「おい、寅を殺すんか！　お前、なんちゅう名や。勝負したろか。いいか、そこを動かずに待ってろよ！」

「どうして寅を殺すんだ！　あんな終わり方はひどい」

「寅を殺す馬鹿がどこにいる、金輪際《こんりんざい》てめえのところの競馬中継は見ねぇからな！」等々。

これに驚いたのはテレビ局より脚本を書いた山田洋次であった。

山田はこの作品には愛着もあり、「それほど視聴者に愛されていたのならスクリーンの中で寅を再び生き返らせよう。それが役目だ」と考え、松竹に映画化を進言。しかし、上層部は「テレビでやったものを、また映画でやって客が来るのか」「テキ屋が主人公のヤクザ映画は女性向けの松竹に合わない」と冷たい反応だった。このとき松竹はヒット作に恵まれず最も低迷していた。まして山田監督の作品で当たったものがなかったので消極的だった。

山田は「大勢の視聴者があれほど寅さんの死を悔やんでくれたのだから、きっと観に来てくれる」と譲《ゆず》らず、最後は自分の首をかけて社長・城戸四郎《きどしろう》に直訴。「それほど山田君がやりたいと言うなら、やってみようじゃないか」の一言で映画化が決まった。

第三章　昭和の落とし子「男はつらいよ」

松竹が企画に喘《あえ》いでいた一九六八（昭和四三）年、城戸四郎社長は正月挨拶で「現在の映画界で、消極的な考え方は禁物である。わが社は本年度も、お家芸の女性映画を一本の柱とし、男性も満足させるものを作ることにした。また現代の若者を動員するために、音楽と喜劇路線を充実する。監督は才能中心主義で、新人の育成に心がけ、ヌーヴェルヴァーグやヌード派は敬遠したい」と、方針を発表していた。

「男はつらいよ」の企画提出がこうしたときだったので、タイミングもよかった。東宝が自主製作を中止、日活は撮影所を売却、東映の任侠《にんきょう》映画が猛威を振るい、日活、大映もヤクザ映画を製作していたときである。

不振の松竹を救った「男はつらいよ」

厄介《やっかい》者扱いの「男はつらいよ」第一作は低予算の中、一九六九（昭和四四）年五月二二日、うすら寒い雨が降っていた中、松竹大船撮影所のいちばん隅っこの第八ステージでひっそりとクランクインした。マスコミに案内しても、日刊スポーツの石坂昌三《いしざかしょうぞう》記者一人の寂しい船出だった。

　このとき渥美は「おかげさまで、また寅をやれることになりました。こんな役はワタシの生涯で二度とないですから」と記者に語った。渥美は元気だったが、山田洋次監督の表情は悲壮というか厳しかった。当たらなければクビを宣告されかねない四面楚歌《しめんそか》のスタートだった。

　第一作の脚本は倍賞千恵子のさくらの相手を医師から印刷工に変え、配役も手直しされた。話の面白さは飛びきりだった。三、四本分の話が詰まった、松竹伝統の「笑いと涙」の作品になった。社内の完成試写のあまりの沸きように首脳陣は急遽《きゅうきょ》、一九六九年八月二七日公開を決めた。

　同時上映は伴淳三郎《ばんじゅんざぶろう》主演の「喜劇 深夜族」で、上映してみると、なんとこれが松竹ファン以外の客が劇場に詰めかけ当たった。学園紛争、高度成長、人情、故郷喪失の時代だったのも、寅の出現に効果的だった。

　第一作のポスターは従来の松竹調ではなかった。コピーは、

「私、生れも育ちも葛飾柴又《かつしかしばまた》です。帝釈天《たいしゃくてん》で産湯を使いました根っからの江戸っ子、姓名の儀は車寅次郎《くるまとらじろう》、人呼んでフーテンの寅と発します」

　とあり、ヤクザ映画を意識してか、渥美が羽織スタイルで仁義を切っている姿が大写しされている。コミカルな中にも半分はヤクザ調である。

　会社は第八ステージを壊してなかったので、慌《あわ》てて続編を製作し「続 男はつらいよ」を三ヵ月後の一一月一五日に公開した。

作品不足の松竹は、一九七〇～七一年に「男はつらいよ」を年間三本上映している。この「男はつらいよ」が当たらなかったら、松竹も新東宝や大映と同じ倒産の運命をたどったかもしれないときだった。

しかし、業界では最初の四作位までは、あまり話題にしなかった。「なんとなく松竹で変わった傾向の作品を出してきたな」程度であった。それが、第五作「望郷篇」(70)くらいから、業界も注目しだした。観客動員数がだんだん伸びていた。そして第八作「寅次郎恋歌」(71)がいきなり、その年の興行収入ベストテン二位に躍り出て業界もビックリ。

山田監督は「こんなにヒットするとは僕だって思ってもいなかった。経済大国を目指す社会が求めた物欲や効率などと、一人だけ無縁だったのが寅です。この風潮のまま突っ走っていいのかとためらった観客は、寅に共感することで自分の中に残された人間性を確認し、ホッとしたのではないでしょうか」と語る。「家庭の家父長《かふちょう》制度が崩壊して個人が解放されたあと、孤立していた個人が人間関係のあり方を模索《もさく》したのがこの作品」と語るのは哲学者・嶋田豊《しまだゆたか》である。

松竹の人気作品になった「男はつらいよ」が毎年お正月、お盆の恒例になったのは九作目「柴又慕情」(72)からで、さらに年に一本立て興行になったのは四三作目「寅次郎の休日」(90)からである。四二作から渥美はがんに侵され苦しみながら、二六年間で四八作までの撮影が続いた。まさに寅さん映画は松竹にとって「神様、仏様、寅さん」だった。

「男はつらいよ　寅次郎忘れな草」第11作（73、松竹）、渥美清と浅丘ルリ子

松竹はこの人気にあやかり、渥美の死後、CG技術を使った「寅次郎ハイビスカスの花 特別篇」（97）を撮ったが、四八作「寅次郎紅の花」（95）で、寅さんとリリー（浅丘《あさおか》ルリ子）の恋、満男（吉岡《よしおか》秀隆《ひでたか》）と泉（後藤久美子《ごとうくみこ》）の恋も大団円で終わらせているので、観る側には戸惑いがあった。

さらにそれから二二年後、「男はつらいよ」シリーズ五〇周年記念として「お帰り寅さん」（19）を上映し一四億七〇〇〇万円の興行収入を上げ、二〇二二年度の興行収入ベストテン一一位と健闘した。渥美は死してなお、松竹に貢献した。

しかし毎年、お正月とお盆の稼ぎどきに「男はつらいよ」ばかりに頼り、ほかの企画が育たなかった障害を、松竹幹部は認識していたのだろうか。寅さん頼みが松竹の衰退を招いた一因であると考えるのは私だけだろうか。

アンチヒーロー・寅さんの魅力

「男はつらいよ」の内容は、フーテンの寅こと車寅次郎（渥美清）は、父親が芸者との間に作った子供。実母の出《しゅっ》奔《ぽん》後、父親の元に引き取られる。しかし一六歳のときに父親と大喧嘩して家を飛び出し、それ以降、テキ屋稼業で全国を渡り歩く渡世人《とせいにん》となる。家出から二〇年後の三六歳で突然、異母妹さくら（倍賞千恵子）と、叔父夫婦が住む葛飾柴又のだんご屋「とらや」に戻ってくるところから始まる。

シリーズのパターンは寅次郎が旅先や柴又で出会うマドンナに惚れてしまい、マドンナも寅次郎に対して好意を抱くが、それは多くの場合、恋愛感情ではなく、最後にはマドンナの恋人が現れて、寅次郎は振られ、落ち込んだ寅次郎はテキ屋の稼ぎどきである正月、もしくはお盆に再び稼業の旅に出ていくという物語で一貫している。

山田監督の脚本の巧みさや、丁寧な演出、渥美の人生経験そのものがこのシリーズに濃縮され、映画の中で一つの典型的人間像がつくりあげられた。

作品も松竹大船調の庶民《しょみん》を描いたホームドラマの延長線上にある。主人公のキャラクターは、カネも学歴も地位もない。美女に振られてばかりいるアンチヒーロー。頭が一寸《ちょっと》足りなくて、そのくせ自意識過剰で、教養に欠け、やることなすことちぐはぐで、観客が何か安心してゲラゲラ笑ってしまう好人物にしたことだろう。落語によく出てくる庶民の「笑いと涙」を武器に味つけし、山田洋次が上手く脚色した。

また、毎作、旬のゲスト（マドンナ）が登場すること、ご当地ロケで、近代化されていく日本で、小都市を含めなくなっていく故郷、田舎の原風景を大事に撮影していることなども見逃せない。

「日本人の心の故郷」として一作一作手抜きをしないで、その時代、時代に合わせた脚本と演出が研《と》ぎ澄《す》まされている。山田監督は丹念《たんねん》に脚本を書き、人の生き方、幸福論、労働論などを織り交ぜ精魂込めて演出した。

日本の原風景を捉えた撮影と美術

映画は一人ではできない。スタッフ、キャストなどが一緒になって作る集団作業である。こうした人たちの力量や技術がいい作品を生んでいく。「男はつらいよ」の成功は優れたスタッフと脚本・監督の山田洋次、主役を演じた渥美清の個性が上手く融合したことが大きい。

スタッフの中でも特にカメラマンの高羽哲夫《たかばてつお》の映像美はこの作品の持つ、一種独特の日本の原風景を捉えるなど、作品のクオリティを高めたし、美術スタッフも素晴らしい。特に初期の作品を担当した梅田千代夫《うめだちよお》。彼の美術設計が「男はつらいよ」の基礎を作ったといってよい。それを引き継いた出《で》川三男《がわみつお》、いいスタッフに恵まれた監督は安心して演出ができた。

私は後年、「リメインズ 美しき勇者たち」（90、松竹、監督・千葉真一）で梅田千代夫氏と仕事を一緒したことがある。山村に部落を作る美術は絵コンテが綺麗で、それも細部にわたり描かれている。建築の大工、大道具さんは、そのコンテを見ながらすべてができた。聞きながら作業する、その手間がなかった。作品で使う建物の時代背景や物語を考え、建材まで指定されていた。せせらぎが流れる山村に、立派なマタギ部落ができた。美術にうるさい監修担当の深作欣二《ふかさくきんじ》監督からの直しもなかった。梅田さんは人柄が温厚で洞察《どうさつ》力が鋭く、まさに松竹伝統の美術監督だった。

ヒットを支えた「釣りバカ日誌」などの併映作品

じつはこのスーパーシリーズの大ヒットは邦画特有の二本立ての、強力な併映作品があったことも忘れてはならない、第四〜七作まで、ハナ肇主演の「為五郎」シリーズがつき、第八〜一六作は、当時人気絶頂の「ザ・ドリフターズ全員集合」シリーズが、その後、第四〇作からは、西田敏行《にしだとしゆき》主演の「釣りバカ日誌」がついた。併映作品は単独でも興行力があったので、劇場に客を呼んだ一因といってもよい。

後年は「国民映画」と言われるくらいに大衆に親しまれた。全四八作の総入場者は八〇〇〇万人。松竹の屋台骨を支えた驚くべき大成功シリーズとなった。

シリーズ物でこれだけ大衆に愛され、稼げるのは大変なこと。逆にいえば、延々と続くシリーズ物でも丁寧につくると、毎回それくらいの興行収益が上げられるという証明のようなものである。

孤独を愛した、知られざる渥美のプライベート

渥美清のプライベートは謎に包まれた点が多い。渥美は公私混同を非常に嫌い、他者との交わりを避ける孤独な人だった。身辺にファンが近寄ることも嫌った。タクシーで送られる際も「この辺で」と言い、自宅から離れた場所で降りるのを常とした。

執筆や講演はやらない、役者は物書きではありませんと拒否。外出するときもいつも手ぶら。財布やカバンは持たない。お金は封筒にお札を入れポケットに収める。背広は嫌いで着ない。マイカーは持たず外出は電車を利用。酒は飲まないし食事はいたって簡単。その辺のお店ですませた。

家族構成は妻と子供二人。目黒区代官山に「勉強部屋」と称してマンションを借り、そこで一人籠《こも》っていることが多かった。長年一緒に仕事をした山田洋次や早坂暁、黒柳徹子《くろやなぎてつこ》、関敬六さえ自宅に招かれたことがなかった。まして仕事仲間は告別式まで、奥さんや家族との面識もなかった。中には渥美が独身と信じ、結婚していることを初めて知った人も多かった。非常に勉強家で映画や舞台をよく見ていた。しかし寅さんとはまったく違ったファッションであったため、ほかの観客らには、ほとんど気づかれなかったという。

また渥美は若き日のことを話すのを嫌った。どうしても答えないといけないときは当たり障りなく答えざるをえなかった。そのためか自伝『渥美清　わがフーテン人生』（毎日新聞出版）で話していることと関係者の証言はかなり違う。人気者になってからは特にそうで、寅さんファンのイメージを壊したくなかったせいか、はたまた若き日の贖罪《しょくざい》のためか、とにかく私生活を徹底的に秘匿《ひとく》した。

渥美清の結婚式（1969年3月17日、出雲大社）

渥美は一九六九（昭和四四）年三月一七日、テレビの「男はつらいよ」が終了したときに結婚した。結婚式は島根県の出雲大社《いずもたいしゃ》で、身内だけの参列で静かに挙げた。渥美四一歳、妻・正子二四歳のときである。

渥美の話。「正子の父親と親しくしていた。正子が一〇歳の子供だった頃からのつき合いで、お父さんとは年に一回会う程度だった。そのため正子と会っても結婚の文字は浮かばなかった。正子が二〇歳になった頃、女としては意識したが、伴侶《はんりょ》にする考えはなかった。

しかし、二四歳になった正子が突然、『お嫁に行きます』と宣言した。『誰のお嫁に？』と言ったら、オレのところだ。オレってさ、彼女を大事に扱うことで精いっぱいで、嫁にもらうことを忘れていたってわけよ」

結婚後の渥美は、夫婦喧嘩はおろか、浮気もしなかったという。

しかし後年、息子の田所健太郎が書いた書物で、幼少の頃、渥美が健太郎の食器・食事に対する扱いに突然激高し、激しい暴行を何度も加えるなどの、ドメスティックバイオレンスが家族へ日常的におこなわれていたとも告白している。

がんを隠して寅次郎を演じた晩年

一九九一（平成三）年、渥美はかかりつけの医師にがんを告知された。初めは肝臓がんだったが、三年後の一九九四年には、一つしかない左肺に転移していることがわかった。

渥美は自分ががんであることを「男はつらいよ」のスタッフやキャストにも隠し通して、六年間にわたって車寅次郎を演じ続けた。

渥美はがんの治療で足のつけ根から抗がん剤を注入していた。激痛をともなう、苦しい闘病生活を続け、十数回も入退院をくり返した。毎年一〇月になると「男はつらいよ」の撮影が始まるので、その前に病院から抜け出し、撮影に入っていた。

四七作「拝啓 車寅次郎様」（94）では声が嗄《か》れ、医者から出演は不可能と言われていたが、かろうじて演じた。四八作「寅次郎紅の花」（95）では座ったまま、ほとんど動けなくなるほど痛々しい演技だった。そのため、出演できたのは奇跡に近いものだった。

一九九六（平成八）年七月、亡くなる一週間ほど前に、自宅で家族に〝呼吸が苦しい〟と訴えた。すぐに入院して手術を受けたが、すでに手の施《ほどこ》しようがなかった。手術後は、ベッドの上に起き上がるのがやっとで、うつむいたまま立ち上がろうと両手で机の端を握りしめると、その机がガタガタと音を立てて震《ふる》えた。

以後、渥美は「それが運命なら、潔《いさぎよ》く引き受けよう」という覚悟で、モルヒネや痛み止めの薬を拒否し、痛みと苦しみに耐え通した。悶々《もんもん》と苦しむ渥美を、痛みを和らげようと、最後の最後まで身体をさすっていたのは妻・正子だった。

看病のかいもなく八月四日「転移性肺がん」と「多臓器不全」のため順天堂大学病院で六八歳の生涯を閉じた。「俺のやせ細った死に顔を他人に見せたくない。骨にしてから世間に知らせてほしい」という渥美の遺言により、家族で密葬をおこなった。訃《ふ》報《ほう》は三日後の八月七日に松竹から発表された。


「人間、世の中、この人は何もかもお見通しなのだ」

渥美清の逝去に対し、山田洋次監督はマスコミに追悼《ついとう》文を渡した。

「五年前に渥美さんの病気を知り、予断を許さないのは知っていました。体の衰えが目立ち始めて、小島の小さな坂を登るときは、とってもつらそうだった。このとき、この陽気な男が、映画から手を引く日も近いと思っていました。

そろそろ解放してあげたいと思いながら、もう一作、もう一作、もう一作をなんとかと思って四八作も撮ってきました。医師からお正月遺作となった映画に出演できたのは奇跡といわれました。ああ、悪いことをしました。後悔しています。つらい思いをさせてすみませんでした。七月に入院して、肺の手術をした後、経過が思わしくなくて、ベッドに起き上がることもできず、うつむいたままと聞きました。なぜそんなに苦しめたのか、二七年間、映画を作る喜びを与えてくれてありがとう。スタッフも幸せでした。心からお礼申し上げます」

後年の二〇二二（令和四）年九月、山田洋次監督は朝日新聞「夢をつくる」の中でこう語っている。

「渥美さんは頭のいい人でした。話をしていると、『ああ、この人はよくわかっている。人間について、世の中について、世界について、何もかもお見通しなのだ』と思わせるような透明な賢さを感じさせる人でした。多分スクリーンを見ている観客はそれを感じていて、彼の演じる寅さんや愚行《ぐこう》や馬鹿げたせりふを安心して大声で笑ったのでしょう」

「寅さんお別れの会」が一九九六（平成八）年八月一三日、松竹大船撮影所で開催された。入口には柴又「とらや」の店先が再現され、「男はつらいよ」シリーズが撮影された第九ステージ内には菊や菜の花など一〇〇〇本の花が飾られた。祭壇は柴又・帝釈天に近い江戸川の土手を模したもの。祭壇中央には渥美の遺骨、その上に遺影が飾られた。

「お別れの会」の演出は山田洋次監督自らおこなった。葬儀はありし日の寅さんの面影《おもかげ》を偲《しの》ぶ雰囲気が強かった。山田監督をはじめ、くるまやの人々が最前列に座り、その近くにマドンナを演じた女優たちの顔が見えた。

葬儀には東京駅から東海道線で一時間かかるのに、弔問《ちょうもん》客が集まり、大船駅から撮影所まで約一キロの道に長蛇の列ができた。午後一時からおこなわれる式典だったが、一番乗りは朝四時から並んでいたとか。生前の渥美を多くの人が偲んだ。

笑いとペーソスの昭和人情劇

「男はつらいよ」の三〇作ぐらいになると芸名・渥美清の名は知らなくても、顔を見れば、あッ寅さんだ、と知らない人はいないところまで、その盛名《せいめい》を押し広めた。日本映画の過去、現在を通して大スターは数多く現れたが、これほど老若男女にひとしく愛され、親しまれたスターは渥美をもって最初とするのではないか。渥美清の魅力は、たぐい稀《まれ》な庶民性と愛嬌、そしていま一つ、生まれながらのペーソスを備えていたことも見落すわけにはいかない。

一人の俳優が二六年間でシリーズ四八作に出演したことが珍しく、その記録がギネスブックに登録された。過去に嵐寛寿郎《あらしかんじゅうろう》が「鞍馬天狗」を四二作撮っていたが、その記録を破った。

これに準じた記録がある。それはアニメ映画「ドラえもん」である。長編映画「ドラえもん」の第一作は一九八〇（昭和五五）年三月「のび太の恐竜」からスタート。毎年三月に公開され、二〇二二年で四一作「のび太の宇宙小戦争2021」が公開された。このシリーズは四四年間続けられているが、興行力が抜群なのと、主人公が年を取らないので、まだまだ続きそうだ。

世界は広い。六〇年間超ヒットを続けている作品もある。「007」シリーズである。一九六三（昭和三八）年公開の一作「ドクター・ノオ」から、二〇二一年に公開された二五作「ノー・タイム・トゥ・ダイ」まで主演俳優が変わったとはいえ驚異のヒット作品である。これも当分続くだろう。

私は「男はつらいよ」が四八作で終えたのはよかった、と思っている。時代が寅さんを生きにくくしていくからである。最終話が製作されたのは一九九五（平成七）年。これ以降、社会は経済がグローバル化され、国民の趣向、生活、ビジネス環境も激変していった。

そんな中、寅さんの商売である街頭での露店業が禁止され、テキ屋稼業が衰退した。商売は神社などの縁日、祭日での屋台物販だけ。寅さんが乗る旅先のローカル線鉄道も廃止されるし、寅さんや行商人が利用した安い木賃宿《きちんやど》はビジネスホテルに変身。リリーが歌うキャバレーも全国的に衰退し閉鎖されている。一〇円でさくらのところへかけられた公衆電話も消えた。

寅さんが携帯電話かスマホを持っていると、GPSで行き先までわかる時代になった。義理・人情の世界が薄れ、社会は儲かるか、儲からないかで判断される時代になった。無宿者、流れ者の寅さんの生きる場所がなくなっていった。脚本を書いていた山田監督は、この先、寅さんをどう考えていたのだろうか。

作品の時代を昭和に特定する案もあるが、主役は年を取る。その整合性が難しい。

第一作が製作された一九六九（昭和四四）年は高度成長期の真っただ中で、そこには経済成長で置き去りにされた労働者や、権力に立ち向かい挫折していく学生たちの疎外感などが鬱積《うっせき》していた。そうした疎外感を解消させてくれたのが、高倉健《たかくらけん》の演ずる義理・人情に生きる任侠映画だった。主人公の一匹狼が最後には権力者の横暴に我慢がならず、殴り込みをかけるところにファンが酔った。

そして、もう一方の解消法はお笑いである。笑いは疲れを精神的だけでなく、肉体的にも解放、回復させてくれる。苦しいとき、つらいときほど、笑いは勇気を与える。「男はつらいよ」にはそれがあった。任侠映画にない笑いを引っ提げて「男はつらいよ」が登場したのだ。そうした時代だった。

映画は社会と相互関係をとりながら製作されていく。そのため作品はその時代をよく反映する。そう考えるとき「男はつらいよ」は、懐かしい昭和時代の落とし子だったのかもしれない。

▼渥美清・主な出演作

「おトラさん大繁盛」（58）でデビュー、「唄祭ロマンス道中」（60）、「東海一の若親分」（61）、「図々しい奴」（61）、「南の島に雪が降る」（61）、「あいつばかりが何故もてる」（62）、「太平洋の翼」（63）、「拝啓天皇陛下様」（63）、「おかしな奴」（63）、「馬鹿まるだし」（64）、「拝啓総理大臣様」（64）、「散歩する霊柩車」（64）、「ブワナ・トシの歌」（65）、「沓掛時次郎　遊侠一匹」（66）、「喜劇　急行列車」（67）、「喜劇　団体列車」（67）、「スクラップ集団」（68）、「男はつらいよ」シリーズ第一作（69）、「家族」（70）、「あゝ声なき友」（72）、「同胞（はらから）」（75）、「幸福の黄色いハンカチ」(77)、「八つ墓村」(77)、「皇帝のいない八月」(78)、「遙かなる山の呼び声」(80)、「キネマの天地」(86)、「ダウンタウンヒーローズ」(88)、「学校」(93)、「男はつらいよ」(95)、全四八作終了。

Ⅶ 倍賞千恵子

——息長く活躍する庶民派スター

一九四一（昭和一六）年六月二九日〜（81歳）

かつてのスター女優という存在は美貌《びぼう》や容姿、セックスアピールなどを売り物に、われわれ観客を甘い夢に酔わしてくれるものだった。だが倍賞千恵子《ばいしょうちえこ》はその辺で生活している普通の女の子の庶民《しょみん》感覚いっぱいの女優として登場した。映画が特殊な世界でなくなったことで、世間がそうした女優を欲したといってよい。以後、銀幕スター、映画スターの概念が変わっていった。近年はスマホ、タブレットなどが生活の一部になり特にその傾向を強くしていく（扉写真は「家族」〔70、松竹〕。右から井川比佐志《いがわひさし》、倍賞千恵子、笠智衆《りゅうちしゅう》）。

第一章　どん底の松竹からデビュー

松竹が永年培《つちか》ってきた大船調ホームドラマ、メロドラマがまったく観客に支持されず低迷し、それも長かった時期がある。巨匠・小津安二郎《おづやすじろう》監督が逝去《せいきょ》し、名匠・木下恵介《きのしたけいすけ》監督が松竹を去り、看板女優・岸惠子《きしけいこ》は結婚してパリへ、有馬稲子《ありまいねこ》も結婚で退社。松竹は稼ぎ頭を失い低迷した。

そうした中、孤軍奮闘《ふんとう》していたのが監督では野村芳太郎《のむらよしたろう》、女優では岡田茉莉子《おかだまりこ》だったが、いかんせん松竹路線が観客からソッポを向かれた。低迷期間は、一九六〇年〜七〇年の一〇年間であった。この期間で松竹の作品が興行収入ベストテンに入ったのは「香華」(64)の六位と「紀ノ川」(66)の七位の二作品しかなかった。

わずか半年の命だった松竹ヌーヴェルヴァーグ

映画の斜陽化が止まらず、最も業界が苦悩していた時代に倍賞千恵子はデビューし、後年、映画界で大輪の花を咲かせた。

倍賞が松竹と専属契約を結んだとき、松竹はどん底の時期だった。一九五九(昭和三四)年正田美《しょうだみ》智子《ちこ》さん（現・上皇后）のご成婚で、テレビが一気に家庭へ普及。松竹ホームドラマの限界が叫ばれ、映画業界は観客が減り、興行収入は年々下降していた。松竹は当たる作品を模索し苦しんでいた。このとき打ち出したのが監督の若返り作戦で、助監督の大島渚《おおしまなぎさ》、吉田《よしだ》喜重《よししげ》、篠田《しのだ》正浩《まさひろ》などを監督に昇格させ、作品を撮らせた。

これらの監督は、六〇年安保と言われた日米安全保障条約改定の反対闘争直後だったこともあり、若者の暴力やセックスを扱いながら社会や政治批判などを主体にした作品を撮った。その中で大島渚監督の「青春残酷物語」(60)、「太陽の墓場」(60)、吉田喜重監督の「ろくでなし」(60)、篠田正浩監督の「乾いた湖」(60)などが、松竹としてはそれなりに客が入り、突風的な新監督ブームが巻き起こった。

新監督の描く作品を、マスコミはフランスのヌーヴェルヴァーグ映画の日本版だというので、さっそくこれを「松竹ヌーヴェルヴァーグ」と煽《あお》った。

しかし一九六〇（昭和三五）年一〇月九日公開した「日本の夜と霧」（監督・大島渚）と「血は渇いてる」（監督・吉田喜重）の二本立てが、政治活動のイデオロギー映画になり、客がまったく入らず、四日間で上映を打ち切る騒ぎが起きた。新作を四日間で打ち切るなど業界では異例の処置だった。大島渚監督はこれに猛抗議したが会社に受け入れてもらえず、大島は翌年の一九六一年、松竹を退社し、映画製作会社「創造社」を設立して独自の製作活動をしていく。

私は「松竹ヌーヴェルヴァーグ」と言われた作品は全部観ていた。当時、作品で描かれた若者たちと同世代で、安保闘争の渦中《かちゅう》にいたからである。しかし、これらの監督作品はイデオロギーが先行し、若者のモラルが欠如《けつじょ》したものが多く、共感ができなかった。映画とはいえ、私たち学生や若者はそこまで退廃的で堕落《だらく》してはいなかった。

こうしたテーマ主義の作品は、監督の独りよがりが先行した偏見映画といってよい。興行的に失敗したのは映画の持つ娯楽的要素が欠落していたからである。

映画は観客が入ってなんぼである。会社は商売にならない作品は作らない。松竹はこれ以降、新風を吹き込もうとした新監督の作品製作を中止。松竹のヌーヴェルヴァーグ路線はわずか半年の短い命で終わった。

松竹歌劇団から二〇歳で映画デビュー

倍賞千恵子はこうした時期の一九六一（昭和三六）年、松竹歌劇団（ＳＫＤ）から映画界に入った。二〇歳のときである。デビュー作は倍賞をスカウトした中村登《なかむらのぼる》監督の「斑女《はんにょ》」（61）で、大阪から家出してきた娘・西原清美の役でデビューした。次いで「水溜り」（61）で下町の貧しい町工場で組合を作ろうとしてクビになる女工役を演じた。

この作品中、倍賞がお金ほしさに小石川植物園の暗がりで、おじさん相手にマッチをすらせ、それが燃えている間スカートをめくって、「見た？　五〇〇円」と手を差し出すシーンがあった。そのスカートの中をギラギラ覗《のぞ》くおじさん役が渥美清《あつみきよし》で、倍賞はこの作品で初めて渥美清と共演した。主演は岡田茉莉子だったが、助演ながら倍賞の飾らない素直な演技が好感を持たれ注目された。

三作目には早くも巨匠・五所平之助《ごしょへいのすけ》監督の「雲がちぎれる時」(61)で主役の佐田啓二《さだけいじ》、有馬稲子に次ぐ重要なバスガールの役に起用された。倍賞はこの作品で出番のない日もバスガールの扮装《ふんそう》で、早朝出発のロケバスに乗り込んで撮影現場で勉強していた。ロケバスでは五所監督から「これから現場までガイドになって、周りの景色を案内しながら行きなさい」と言われて、汗だくでしゃべったり歌ったりした。その結果、公開されると主演の二人より倍賞の新鮮で素直な演技が評判となり、これが倍賞の女優としての出発点となった。

一方、会社は「松竹ヌーヴェルヴァーグ」が挫折《ざせつ》したので、一九六〇年にデビューした岩下志麻《いわしたしま》とともに倍賞千恵子を積極的に売りだす方針を打ち出した。岩下をメロドラマに起用したのとは対照的に、倍賞は庶民性を生かす映画が作られていった。

その作品も下町を舞台にした花嫁シリーズで「ふりむいた花嫁」(61)、「のれんと花嫁」(61)、「クレージーの花嫁と七人の仲間」(62)、「はだしの花嫁」(62)、「泣いて笑った花嫁」(62)と続いた。相手役は山本豊三《やまもととよぞう》、津川雅彦《つがわまさひこ》、寺島達夫《てらしまたつお》、吉田輝夫などで、プログラムピクチャーの一翼を担った。一方の岩下は松竹のニューヒロインとして数々の作品を出し、人気が上昇していった。

この時期、松竹は岡田茉莉子が「秋津温泉」(62)、「秋刀魚の味」(62)、「香華」(64)などで奮闘していた。

庶民派女優となった歌謡映画「下町の太陽」

倍賞はその後「私たちの結婚」（62）、「山の讃歌・燃ゆる若者たち」（62）、「二人で歩いた幾春秋」（62）と、いずれも町の片隅で働きながら明るく生きる娘を好演した。一九六二（昭和三七）年にはその活躍が認められ、製作者協会新人賞を受賞。あわせてキングレコードから出した「下町の太陽」がヒットし、歌手として日本レコード大賞新人賞も受賞した。

当たる作品のなかった松竹は、この歌のヒットに便乗し、歌謡映画「下町の太陽」（63）を急遽《きゅうきょ》映画化し公開した。内容は下町の化粧品工場の女工として働きながら、いつも笑顔を忘れず仕事や恋に真摯《しんし》に立ち向かう、という倍賞のイメージを集大成したような作品で、これが当たった。そのため、松竹に欠かせない庶民派女優となり、このフレーズ自体が倍賞の代名詞になっていく。

「下町の太陽」（63、松竹）、倍賞千恵子と早川保

この作品、脚本・監督が山田《やまだ》洋次《ようじ》で、山田としては初監督した「二階の他人」（61）から二年ぶりの第二作目の監督である。この「下町の太陽」が倍賞と山田の最初の出会いとなり、その後の倍賞の運命を変えることになった。

以後、「下町の太陽」で共演した勝呂誉《すぐろほまれ》とのコンビがサニーカップルと命名され「二人で胸を張れ」（63）、「女嫌い」（64）などを撮るが、どれもパッとしなかった。

さらに、売れっ子歌手の橋幸夫《はしゆきお》と共演し「若いやつ」（63）、「舞妓はん」（63）、「月夜の渡り鳥」（63）、「涙にさよならを」（65）、「すっ飛び野郎」（65）など八本撮って若いファンを集めたが、どれも伸び悩んでいた。

何を出しても当たらない松竹は、このときいちばん嫌がっていたヤクザ映画に活路を求めた。元ヤクザ「安藤組」の組長・安藤昇《あんどうのぼる》を主演にした「血と掟」（65）が上映された。横井《よこい》英樹《ひでき》襲撃事件の首謀者で懲役《ちょうえき》を食らった本人が出演するというのでマスコミが騒然。話題が先行し作品は、その年の松竹一番のヒット作になった。味を占めた会社は、翌年にも安藤昇主演「男の顔は履歴書」（66、監督・加《か》藤泰《とうたい》）を出し、これも稼いだ。以後、松竹は安藤昇作品を九本製作していく。

松竹は岩下志麻、倍賞千恵子作品と並行しながら、ヤクザ映画を上映していくが思うようなヒット作に恵まれず自然消滅。東映のヤクザ映画が猛威を振るっていたときである。

岩下志麻と並ぶ松竹看板女優に

その後も倍賞は、松竹ファンを対象にした軽い青春物に出演する一方、「二十一歳の父」（64）で盲《もう》目《もく》のマッサージ師に扮《ふん》し、親の反対を押しきって同棲する青年（山本圭《やまもとけい》）との愛を静かに謳《うた》いあげ、演技的にも成長しているところをみせた。

そして「霧の旗」（65）で、再び山田洋次監督作品に主演することになった。この作品は松本清張《まつもとせいちょう》のベストセラー小説の映画化で、無実で死刑になった兄のため、弁護を断った弁護士（滝沢修《たきざわおさむ》）に、処女の身体を投げ売って復讐《ふくしゅう》する薄幸の女・桐子を体当たりで演じた。桐子のどろどろとした情念まで描ききれていなかったが、倍賞が演技の手ごたえを摑《つか》んだ作品で秀作だった。

松竹はこの作品を高く評価し、桑野《くわの》みゆき主演の「ぜったい多数」（65）との二本立で五月二八日に公開したが、思うように客が入らず鳴かず飛ばずに終わった。この当時、松竹映画は何を作っても客が入らなかった。

他社も同じで「霧の旗」を公開した一九六五（昭和四〇）年五月は、東映が三國《み》連《くにれん》太郎《たろう》主演で松川《まつかわ》事件を扱った「にっぽん泥棒物語」（監督・山本薩夫《やまもとさつお》）。大映では冤罪《えんざい》を描いた「証人の椅子」（監督・山本薩夫）、日活では戦後日本の暗部をドキュメンタリータッチで描いた「日本列島」（監督・熊井《くまい》啓《けい》）など、各社秀作、大作を公開したが、どの作品も興行的にまったく不振だった。

そのため映画各社は娯楽作品へとシフトしていく。

東映はヤクザ映画の製作に舵《かじ》を切ったので、中村錦之助《なかむらきんのすけ》（のち萬屋《よろずや》錦之介）ら俳優組合が猛反発を起こした。このとき、京都撮影所長・岡田茂《おかだしげる》が「邦画を守るためにも娯楽本位の映画を作っていく。会社の企画に不満のある者は独立してやってもらうほかない。文句があるなら、お前らみんな東映辞めろ」などと暴言を吐き、中村錦之助をはじめ、多くの俳優や監督が東映を去る事態となった。これ以降、東映はヤクザ映画や「女番長《スケバン》」シリーズなどの「不良性感度」（当時東映が打ち出したキャッチフレーズ）の作品を量産していく。

倍賞はこうした中だったが、「横堀川」（66）、「かあちゃんと11人の子ども」（66）、「火の太鼓」（66）「暖春」（66）、「稲妻」（67）などのメロドラマに主演および準主演するなど、岩下志麻と並び松竹の看板女優の地位を築いていった。

第二章　山田洋次と共に歩んで

時代の変わりようは速い。松竹が低迷していたとき、国は経済成長へと突き進み国民の生活もそれなりに潤《うるお》っていった。テレビも全家庭に普及し、松竹お得意のホームドラマもテレビで見られるようになった。これにはほかの映画会社も苦しんだ。

そこでテレビで放送しないヤクザや暴力など不良性感度の作品を作りだしたのが東映で、これが当たった。松竹ではタブーとされた作品群である。

このとき彗星《すいせい》のごとく現れたのが角川映画で「犬神家の一族」(67)が大ヒットを飛ばし、映画各社が驚愕《きょうがく》した。以降、邦画の一本立て興行が主流になっていく。その真っただ中に倍賞千恵子がいた。

さくらが語る「男はつらいよ」

倍賞の俳優人生は山田洋次監督と共にあったといってよい。「下町の太陽」「霧の旗」以降、山田監督は、ハナ肇《はじめ》主演の「運が良けりゃ」(66)、「喜劇一発勝負」(67)、「ハナ肇の一発大冒険」(68)などを撮っていたが、一九六九(昭和四四)年「男はつらいよ」(69)をヒットさせた。

この作品、ふだんは松竹の映画館に来ることのない威勢のいいねじり鉢巻きの、寅さんみたいなお兄さんたちが詰めかけた。全国の松竹劇場は久々に客が入りにぎわった。この作品で山田監督作品は当たらないという社内ジンクスを一掃し、社内評価がグンと上がった。

この「男はつらいよ」シリーズは延々と続き、二六年間で全四八作まで製作され、大衆に愛された。山田洋次の脚本・演出力と渥美清のキャラクターに負うところが多いとはいえ、倍賞が演じる「さくら」の「明るく、優しく、淑《しと》やか」な役は一服の清涼剤となり、作品の人気を高めたといってよい。倍賞の庶民性がピッタリはまり、さくらは人気キャラになった。

「男はつらいよ」については渥美清の項で詳しく触れたが、倍賞はこの作品と渥美にどんな感慨を持っていたのだろうか。

倍賞は長年演じてきたさくら役で、世間はどこへ行ってもさくらさん、さくらさん、とまとわり付いてくるので一時期、寅さんをしばらく休みたい、辞めたいと悩み苦悶《くもん》していた。

そうしたときの一九八三（昭和五八）年一月二四日、第一回都民文化栄誉章が山田洋次監督、渥美清、倍賞千恵子の受章と決まった。その話をスタッフから聞かされたとき、倍賞は「あ、これでもうダメだ。この賞をバネに開き直るしかないんだ」と、さくらを演じることにスッと覚悟が決まったと語る。三〇作「花も嵐も寅次郎」が公開中のときである。

渥美との親交は本当の兄妹のように仲がよかった。渥美に敬虔《けいけん》の念を持っていた倍賞。会うと必ず「お前、幸せか」「何かあったら言ってこいよ」と声をかけられた。

「人間として、まっとうに物事を見ることができるかどうか。相手の立場に立って、物を考えることができるかどうか。人間の優しさ、哀しさ、寂しさ。人間としていちばん大切なことを、私は渥美さんからいっぱい教えてもらった気がします。

だから、渥美さんが突然、この世からいなくなったときは、自分の体に大きな穴ぼこがあいて、そこをスーッと風が通り抜けていくような虚しさに捉われ、外に出ることもなく、思い出しては泣いてばかりいました。病院に一度もお見舞いに行かないうちに、知らないところでいなくなってしまった。悲しくて、寂しくて、悔しくて（略）。肝臓がんが肺に転移していたとのことです。ずっとつらかったはずです。撮影の後半の方では、ベッドに寝たままでメイクをしてもらっていました。最後の頃には、病状が悪化して、ロケ先でファンに囲まれても、笑顔を見せることすらできなくなっていました。

晩年は一年に何度か入院して、治療しては撮影に入っていました、撮影に合わせて病気と闘っていたわけです（略）。最後の出番を撮ったあと、目に焼きつけるかのように、何度もセットを振り返っていた渥美さんの姿が忘れられません。

『男はつらいよ』第一作のとき、渥美さんが四一歳、私は二六歳、以後二六年にわたって私たちは兄と妹を演じてきました。『死ぬ』ということは『いなくなる』ということはわかっているけれど、何かそれがうまく理解できないくらい、私にとっては大きな存在でした」（『倍賞千恵子の現場』PHP新書）

「男はつらいよ」を含め、山田監督と倍賞のコンビ作品は「故郷」（72）、「同胞《はらから》」（75）、「幸福の黄色いハンカチ」（77）、「遙かなる山の呼び声」（80）、「キネマの天地」（86）、「虹をつかむ男」（96）など、六〇本以上にのぼる。ほかに類をみない監督との密な状態が続いている稀有《けう》な女優さんである。

主演女優賞を受賞した「家族」

倍賞と山田監督のコンビで忘れがたい作品に「家族」（70）がある。この作品は長崎県の小さな島で炭鉱夫をしていた夫の会社が倒産し、若いときからの夢であった北海道の開拓を志《こころざ》し、北海道まで旅する一家の姿をオールロケーションで撮った異色作である。

日本の高度経済成長期の話で、公害が問題化する北九州の工業地帯や日本万国博覧会開催中の大阪、発展する東京など南北に広い日本の情景や世情の多様さも映し出す。あわせて繁栄の陰に庶民のどんな苦闘があったかをも描いたのがこの作品である。

風見精一（井川比佐志）は職を失い、新天地を目指して離村することになった。妻・民子（倍賞千恵子）は当初、長崎県伊王《いおう》島を離れることに反対だった。しかし夫の強い意志に従い、子供二人を含む家族で北海道へ移住することになった、同居していた父・源蔵（笠智衆）は高齢で広島県福山《ふくやま》市の二男夫婦（前田吟《まえだぎん》）に預けることになったが、福山に行ってみると二男夫婦は父親を歓迎しないことを知り、父親も一緒に北海道へ同伴することになった。

こうして一家五人の列車を乗り継ぐ旅が始まった。広島から大阪へ。大阪では万博を見物し、新幹線でその日のうちに東京へ到着する。長旅で赤ん坊の長女が具合を悪くし急遽、一泊して宿を取るが、ひきつけを悪化させてしまい近くの医院に駆け込むものの治療が遅れ、そのまま亡くなってしまう。悲嘆《ひたん》に暮れる間もなく、一家は火葬をすませ、急ぎ上野から列車に乗り青函《せいかん》連絡船を経て北海道を東上する。

やっとの思いで中標津《なかしべつ》にたどり着いたときは雪深い夜だった。一家は疲れ果てていた。次の晩、地元の人々から歓待を受けた。父・源蔵は炭鉱節を歌い上機嫌だった。ようやく落ち着いたと思った家族。しかし、源蔵は歓迎会の晩に布団に入ったまま息を引き取ってしまう。二人を失い後悔と悲嘆にくれる精一。その精一を民子は「やがてこの大地に春が来て、一面の花が咲く」と慰《なぐさ》め励ます。中標津の台地には二つの十字架が立った。六月、春が来て一家に初めての牛が生まれた。そして民子の胎内《たいない》にも新しい命が宿っていた。

この作品の倍賞は二人の子供の母に扮し、夫とその父を励ましあいながら新天地を目指し、ひたむきに生きる姿を好演した。まさに体当たりの演技で観客を魅了し泣かせた。

山田監督の代表作の一つで、倍賞と山田監督の評価が一段と上がった作品である。倍賞はこの作品で、第二五回毎日映画コンクール女優主演賞、キネマ旬報賞女優賞を受賞。さらに俳優では山田五十鈴《やまだいすず》、高峰秀子《たかみねひでこ》、三船敏郎《みふねとしろう》についで四人目という芸術選奨文部大臣賞も受賞した。

「遙かなる山の呼び声」の圧巻の演技

倍賞と山田のコンビの秀作がもう一作ある。「遙かなる山の呼び声」（80）で、警察に追われる男と牧場を切り盛りする母子の出会いと別れを描いた作品である。

北海道根釧《こんせん》原野、中標津で亡き夫が残した牧場を経営する民子（倍賞千恵子）のもとへ、激しい雨の降る春、一夜の宿を求めて、男・耕作（高倉健《たかくらけん》）がやってきた。納屋《なや》に泊めたその晩、牛のお産があり、男はそれを手伝うと、翌朝去っていった。

次の夏、男が再度民子を訪ねて働き口を世話してほしいと頼み込む。男手のない民子はその男を雇うことになった。男はその日から納屋で寝泊まりをして働きだした。近所で料理店を経営する虻田（ハナ肇）は、民子に惚れていて、ある日、力ずくで民子をモノにしようとして耕作に止められた。怒った虻田は兄弟を集めて、耕作に決闘を申し込むが、簡単にやられてしまい、それから耕作を兄貴と慕うようになった。

「遙かなる山の呼び声」（80、松竹）、右から高倉健、吉岡秀隆、倍賞千恵子

耕作に牧場で働いてもらううち、民子は優しく性格のいい耕作を愛するようになり、息子・武志（吉岡秀隆《よしおかひでたか》）も耕作になついて離れない。

季節は秋に変わり、土地の人たちが待ち焦《こ》がれた草競馬の時期となった。耕作も民子の馬で出場、見事、一着でゴールイン。興奮する民子、武志、観客たち。しかし、その中に耕作を見つめる刑事の姿があった。

刑事の質問にシラを切った耕作だったが、その夜、民子にすべてを打ち明けた。耕作は二年前、妻が高利の金を借りて自殺。それを悪しざまにいう高利貸しを殺し、逃げ回っていたのだ。ここを出ていくという耕作に民子は止めるすべもなかった。

その夜、稼ぎ頭《がしら》の牛の具合が悪くなり耕作に叩き起こされる。その牛が死にそうなショックから民子は「行かないで。どこにも行かないで――私、寂しい」と言って耕作にすがりつく。

徹夜の看病もあり牛の具合がよくなった翌朝、耕作は家の前に停まったパトカーへ自分から歩いていった。

冬、網走《あばしり》へ向かう石北《せきほく》線の車内に、四年の刑を言い渡された耕作の姿があった。その列車に途中駅から乗り込んだ民子は、驚く耕作と視線を交わしてから、通路を挟んだ席に座る。

一緒に乗った虻田が民子の向かいに座り「民子さんと息子の二人は酪農《らくのう》をやめ、町で何年か先に帰ってくる夫の帰りをまっている」と耕作に聞かせるような大声で話す。

二人の刑事は素知らぬ顔で弁当を食べている。顔をゆがめる耕作に民子は「ハンカチを渡していいですか」と刑事に許可を得て、民子が自分の涙を拭いた黄色いハンカチを渡す。耕作がそのハンカチで目を押さえ、窓に顔を向け、感情を抑えるのだった。

民子と耕作の会話はない。二人の別れと慕情《ぼじょう》がすべて目で表現される。この場面がよかった。ハナ肇、倍賞千恵子、高倉健の三人の演技が圧巻だった。この作品は数々の映画賞に輝き、倍賞は第四回日本アカデミー賞最優秀主演女優賞、報知映画賞主演女優賞、毎日映画コンクール女優主演賞を受賞した、表彰式で倍賞が涙を流した思い入れの一篇である。

繊細かつ大胆に演じた「PLAN75」

倍賞の最近作が二〇二二（令和四）年・第七五回カンヌ国際映画祭でカメラドール（監督新人賞）特別表彰を受けた「PLAN75」（22、監督・早川千絵《はやかわちえ》）である。

内容は超高齢化が到来した近未来の日本。七五歳以上に生死の選択権を与え、死を推奨・支援する制度〈プラン75〉が導入される。団地に独居する七八歳の角谷ミチ（倍賞千恵子）は仕事を奪われ、親友に先立たれ〈プラン75〉の申請を決意する。映画の中では、「老人に対し、誰もが優しい笑顔と柔らかい言葉で接する。しかし態度とは裏腹に、誰もが冷酷に老人を突き放す」。

その中にあって角谷ミチは安易な道に走ることなく、自分を見失わない判断で生きる。いまの日本社会の空気がリアルに漂い、奇妙なほど説得力を持つドラマとなっている。四〇歳の若い早川千絵監督は、倍賞千恵子をもってこの作品は成功したと語る。

映画はハードだ。この作品の主人公を倍賞は繊細《せんさい》、かつ大胆《だいたん》に演じる。倍賞自身が「こういう役にずっと憧《あこが》れていたんです」と話す通り、スクリーンの倍賞の存在感は他を圧倒する。俳優・倍賞千恵子の健在ぶりを見せつけられた近年の代表作である。この作品で倍賞は第一四回TAMA映画賞最優秀女優賞を受賞した。

老いてもなお映画に歌に、生き生きと活躍している倍賞千恵子、その生き方に喝采《かっさい》を贈らずにはいられない。

「のど自慢荒らし」で知られた子供時代

倍賞千恵子は一九四一（昭和一六）年六月二九日、東京都豊島区西巣鴨《にしすがも》に生まれた。父・美悦は都電の運転手、母・はなは保険の外交員だった。姉一人、妹一人（女優の倍賞美津子《みつこ》）、弟二人の家族構成である。

戦争中は母の実家がある茨城県に疎開し、戦後、東京へ戻って北区滝野川《たきのがわ》に住んだ。区立滝野川第六小学校を経て区立紅葉中学校へ進学。幼少の頃から「のど自慢」荒らしとして知られた。小学四年のとき、ポリドールレコード「みすず児童合唱団」に所属し、「かごめかごめ」などの童謡を吹き込んだ。

一九五七（昭和三二）年に中学校を卒業するが、両親が本人に無断で松竹音楽舞踊学校に願書を提出、合格する。一九六〇（昭和三五）年、首席で卒業すると同時に松竹歌劇団（ＳＫＤ）一三期生として入団。同期に榊《さかき》ひろみらがいた。同年の「東京踊り」で、首席で卒業した栄誉として務めるパレードの初代バトンガールとなり、同公演で新人賞を受賞するなど華やかなスタートを切った。

翌年の一九六一（昭和三六）年、松竹にスカウトされ、映画女優への転身を決意、同年の一月にＳＫＤを退団し松竹と専属契約を結ぶ。それ以降の映画界での活躍は前記した通りである。

第三章　普通の女を演じ続ける女優

人の秘めごとや過去は知られたくない。そうした俳優の秘めごとを知りたがるファンや大衆がいることも、また現実である。だからもっぱらそうした記事で埋める週刊誌も登場した。○○の秘話、△△の真実、こうした記事が氾濫《はんらん》した週刊誌に倍賞千恵子も登場した。

恋多き女として名を馳せる

数々の演技賞を受賞した倍賞も現在八一歳。映画で見せる従う女性と違って、倍賞は物事をはっきり言うし、積極的な性格である。だから私生活では意外と恋多き女性としても名を馳《は》せた。

映画界に入り最初の交際相手は「下町の太陽」（63）で共演した早川保《はやかわたもつ》である。早川はテレビで活躍していたが「山河あり」（62、松竹）で映画デビュー。慶応義塾大学経済学部卒のインテリで、芸能界では倍賞より四年先輩で五歳年上。

早川が優しかったので倍賞はすっかり夢中になった。しかし早川が別の女性に子供を産ませたのが週刊誌で発覚し、破局。二人の交際はマスコミを騒がせた。

その後、一〇歳上の妻子あるテレビプロデューサー・砂田実《すなだみのる》と不倫。砂田の妻が離婚を断固拒否したため泥沼不倫が八年続き、これも破局。

そんな中の一九七六（昭和五二）年、舞台「屋根の上のバイオリン弾き」で共演した七歳年下の新進俳優・小宮健吾《こみやけんご》と恋仲になり、小宮は倍賞の実家に行き父母を前に「いまは無名ですけど、近い将来必ず彼女より有名になって、僕の収入で彼女を養うようにします」と誓《ちか》って結婚を申し込んだ。倍賞は「そうよ。そうなったら、私、女優辞めて主婦に専念するんだから」と、二人は相思相愛の仲を示して結婚が認められた。

一九七六年一月、倍賞は単独記者会見して婚約を発表。同年三月八日に軽井沢の聖パウロカトリック教会で結婚式を挙げた。参列者はマネージャーなどごく身近な八人だけで質素なものだった。

この結婚、収入がアンバランスな二人がやっていけるのかと、世間は心配して見守った。倍賞の年収は数千万円、小宮の年収は約八〇万円、完全な格差婚だった。しかし小宮は「初めは彼女に頼るけど、まあ、借りるようなもので、男なら、やがて自分で養う覚悟はできている」と意気軒高《けんこう》だった。

しかし、結婚から四年後の一九八〇（昭和五五）年一月、小宮は荷物をまとめて家を出ていってしまった。倍賞は懸命に修復をはかろうとしたが破断。同年一〇月末、二人そろって離婚会見を開いたが、離婚の原因については、ついに明かされることはなかった。マスコミは夫婦間の収入バランスが取れない最たる離婚と書き立てた。また、ある週刊誌は離婚の裏に高倉健の影がちらついていると指摘したところもあった。

「駅 STATION」で高倉健と恋愛

離婚の翌年、倍賞と高倉健との熱愛が発覚した。現場を「週刊女性」にスッパ抜かれ大騒ぎに。倍賞は映画「幸福の黄色いハンカチ」(77)、「遙かなる山の呼び声」(80)の共演から高倉と親しくなった。

正式な出会いは東京・築地《つきじ》の東劇で開かれた「遙かなる山の呼び声」の記者会見前のとき。第一印象は「やっぱりかっこいいな」。ずっと第一線で仕事をされてきたスーパースターのオーラというか、これまで会ったことのない人に出会ったという感じだった。とにかく印象が強かったのはその「眼力」であったと語る。

この撮影中、山田監督から「倍賞君、健さんのところへ行って、兄弟が何人いるのか聞いてごらん」と言われて、え？ と思いながら健さんのところへ行き、そこで話を聞いているうちに、いつのまにか腕を組んで相合傘をしていた。倍賞はドキドキしていたのか結局、兄弟は何人だったのかは覚えていなかった。倍賞はこれで健さんとすっかり親しくなった。

その高倉が「駅 STATION」(81、監督・降旗康男《ふるはたやすお》)の撮影で北海道へ行く前日に、必ず倍賞の家へ行くことをキャッチした「週刊女性」の石川敏男《いしかわとしお》記者は、さっそく向かいのビルから倍賞の部屋をのぞくと、楽しそうに料理している倍賞の姿が見えた。しかも、壁には高倉がCM出演していた三菱ギャランΣ《シグマ》のポスターが貼ってあった。これは健さんが来るな、と思って石川記者はカメラを構えて高倉を待ち受けた。

その夜、高倉健は確かに倍賞千恵子のマンションを訪れ、記者に気づくと車をUターンさせた。ショッキングだが、二人に対して善意ある情報を頼りに追跡した本誌は、まぎれもなく、二人の大人の愛を確かめた……

高倉健とのデートをすっぱ抜いた「週刊女性」記事

そうすると午後八時半頃、「駅 STATION」のワッペンを張ったつば広帽をかぶった高倉が三菱の車に乗ってマンションの駐車場に入ってきた。通い慣れているような感じで、迷わず駐車所スペースに停車。管理人も高倉の車とみるや、さっと飛び出してマンションのエントランスを開け、エレベーターを一階に呼んで「開」ボタンをずっと押していた。高倉が来たら、すぐに乗り込めるように待っていた。

このとき石川記者は「これは話ができる」と慌てて飛び出したが、タイミングが早すぎた。それに気づいた健さんは車から降りることなく、狭い駐車場の中をUターンし、マンションから立ち去ってしまった。記者も車で追い駆けるも、追いつかず、結局記事だけが一九八一（昭和五六）年八月一一日発売号の「週刊女性」で報じられた。後日、スクープを逃した石川記者は「私の芸能記者生活の中でいちばんの大失敗。本当に悔しい思いをしました」と語る。

高倉は「駅 STATION」の撮影中、急遽、北海道留萌《るもい》で記者会見を開いた。「週刊女性」の記事について「自分が決意する前に、マスコミに先取りされてしまったことが心外なんです。今後はどういうふうに進んでいくか、私にはまったくわかりません。二人は仲のいい友達なんです」と、友人関係を強調した。記者たちが質問しようとすると、関係者は質問を遮《さえぎ》り、高倉を急《せ》かせて会見場を後にした。

この報道が出た後、高倉と倍賞の密会は倍賞の所有する箱根の別荘だったり、高倉の愛車が使われるようになったとか。しかし高倉との関係も三年ほどで破局してしまう。

この「駅 STATION」では倍賞が経営する、赤ちょうちんの居酒屋「桐子」で、大晦日《おおみそか》に紅白歌合戦で歌われる「舟歌」（歌・八代亜紀《やしろあき》）を聞きながら、倍賞と高倉がしっぽりと情を重ねるシーンは、長く語り継がれる日本映画の名場面となった。このシーン、舞台は北海道増毛《ましけ》だったが東宝・砧《きぬた》スタジオで撮影された。倍賞はこの作品で、キネマ旬報賞主演女優賞、毎日映画コンクール女優演技賞を受賞した。

音楽が縁で生涯の伴侶を得る

その後、一九八五（昭和六〇）年の春に銀座「博品館劇場」で久々のリサイタルを開いたとき、ボニージャックスから紹介された、八歳年下の妻子ある作曲家・小六禮次郎《ころくれいじろう》と知り合い不倫が続いた。最初のきっかけは、自分の声が原曲のキーでは合わなくなったので、コンサートで歌う「下町の太陽」のアレンジをお願いしたことだった。

このときの出会いを倍賞は、

『誰かいいアレンジャーいないかな。いままでの私のレパートリーを思い切り変えてくれるような人』。そしたら、よく仕事を一緒にやっていたボニージャックスの人たちが、小六さんを紹介してくれたのです。

曲ができ上がって、レッスンが始まると、私はすっかり慌てました。むずかしくて、とても歌えそうにないのです。

『こんなんじゃ歌えませんけど』

恐る恐るそう切り出すと、小六さんはムスッとした顔でピアノを止めました。

『だって、あなたが思い切りアレンジを変えてくれって言ったんじゃないですか』

『それはそうですけど、とにかくこれじゃ歌えないんです』

『じゃ、どうすればいいんです？　私に降りてほしいんですか』

『いえ、そんなこと言っているんじゃありません。もう少し歌いやすくしていただけないかと思って』

『できません！』

『は？』

『まだ試してもいないうちに、自分のアレンジを、こそこそ引っ込めるなんて、あなた、できると思いますか』

『はい、ごもっともです。ごめんなさい』

『どうするんです？　歌ってみるんですか？』

『お願いします』

すっかり圧倒されて、ピアノの前に立ちました。でもレッスンに入ると、小六さんはまるで少女を相手にしているように、ていねいにやさしく、声の出し方、楽譜の読み方、息つぎの微妙な取り方などを教えてくれました。

『すみません。そんなにいっぺんに言われても憶えきれないんですけど』

『楽譜に書き入れたらいいじゃないですか』

『あ、そうか』

私の持ち歌の一つ一つが新しく生まれ変わっていく、新鮮な時間でした」（『お兄ちゃん』廣済堂出版）

その後、倍賞は久しぶりのアルバム製作で、再び小六禮次郎に頼みレッスンを積んでいったが、小六の音楽に対する真摯な態度に倍賞は心穏やかではなかった。それからというもの結婚している小六に倍賞の猛烈《もうれつ》なアタックが始まり、親密な交際が続いた。

この不倫関係は七年間も続いたが一九九三（平成五）年、小六の離婚が成立し結婚へこぎつけた。俗にいう略奪婚で倍賞五二歳のときである。

小六禮次郎は岡山市で生まれた。東京藝術大学音楽学部を卒業後、作曲・編曲分野で活躍していた。作品は映画、テレビ、ミュージカル、CM作品からオペラ、交響詩まで幅広い分野である。

いま、二人は北海道中標津の原野に一軒家（別荘）を建て、一年の半分近くをそこで過ごしている。現在、小六禮次郎とタッグを組んで「倍賞千恵子コンサート」を全国で実施している。四歳のときから歌っていた倍賞の「日本の抒情歌《じょじょうか》」は世代を超えて人気があり、コンサートはいつも盛況で、「谷間のともしび――倍賞千恵子世界の詩をうたう」「倍賞千恵子の抒情歌ベスト」のCDアルバムも好評だ。

なお、倍賞の大ヒット曲には「下町の太陽」「さよならはダンスの後に」などがある。これはあまり知られていないが岸洋子《きしようこ》が歌って大ヒットした「希望」は、当初、倍賞が劇作家・作詞家の藤田敏雄《ふじたとしお》にお願いして書いてもらった曲で、倍賞は「当時の私はまだ若く、歌いこなすことができなかった」と語っている。

「無個性の個性」こそが強み

幸せな生活を送っていた倍賞が二〇〇八（平成二〇）年、乳がんに侵されていたことを、「鳥越俊太郎《とりごえしゅんたろう》の遺言——ガンと共に生きる」（BS朝日）で告白したので世間は驚いた。

乳がんが発見されたのは二〇〇一年の冬、北海道の自宅で雪かきをした後、右胸にしこりを感じ病院で検査。しかし診断が二転三転し、安心と不安が行ったり来たりしたという。結論が出た際は「あ〜やっぱりね」と受け止めた。

手術台の上で、医師から「あなたのファンなんですよ」と言われ、「じゃあ〝下町の太陽〟を歌いますね」と看護師の手を握りながら歌い始めると涙がこぼれ落ち、最後まで歌い切らないうちに麻酔が効き眠りについた。乳房を残しながらも患部を切除する手術は成功したものの、いまでも、季節の変わり目には患部がキュッと引っ張られるような、違和感を覚え、風邪をひいただけでも肺がんを疑うなど過敏になっていると告白。発病は六〇歳のときである。

入院中、夫の小六禮次郎が病室に泊まり込んで看護した。この件で「なんとなく暮らしてきたのが、自分がどのくらいの人に支えられているか気づきました」と語る。発病当時は「仕事に支障がなかったから」公《おおやけ》にせず、その後も自身の体験を語ることはなかった。

しかし、両親と祖母ががんで逝去。「男はつらいよ」で共演した渥美清（肺がん）、太宰久雄《だざいひさお》（胃がん）らもがんで逝去したことが重なった。そうした時期、タレントの山田邦子《やまだくにこ》から相談を受けたことで、早期検診の重要性を認識。がん撲滅《ぼくめつ》支援団体、認定NPO法人5yearsで、芸能人チャリティ組織「スター混声合唱団」に参加するなど啓発活動にも熱心に取り組んでいる。

倍賞が二〇一七（平成二九）年、俳優生活について書いた一文がある。

「一九六三年に初めて主演した『下町の太陽』から、私に与えられたのは『庶民スター』とか『下町の女優』という呼び名でした。（略）たしかに私はいわゆる『お嬢さん』ではなく、生まれ育ったのがにぎやかな下町の長屋です。どこにでもいる普通の人に囲まれて暮らしていました。

当時、そんな人が映画の主役を演じるなんて考えられませんでした。松竹といえば、田中絹代《たなかきぬよ》さん、高峰三枝子《たかみねみえこ》さん、木暮実千代《こぐれみちよ》さん、原節子《はらせつこ》さんといった大女優に彩られてきた伝統の映画会社です。私が入った松竹は、有馬稲子さんや岡田茉莉子さん、一つ上に岩下志麻さんといったバラかカトレアのような大輪の花のような女優さんばかりで、私のような野に咲くスミレかタンポポのような存在は本当に珍しかったようです。（略）

映画スターとなると、誰かにすべて面倒を見てもらえる時代です。ほかの女優さんが車で送り迎えされる中で、私は滝野川の自宅から電車を乗り継いで撮影所へ通い、食事も撮影所入口のお店でおむ

すびを買って食べたりしていました。私の中では、ごく当たり前のことだったので、周りの世界がとても不思議でした。（略）

山田作品で私が演じてきたのは、さくらさんのように、典型的な日本人の優しさや包容力を持ち合わせた女性です。周りにタテをつかないけれど、どこかで一本筋が通っている。私は山田監督に『無個性の個性』と表現されたことがありますが、それはさくらさんのような女性のことでもありました。

さくらさんにしても、民子さんにしても、演じていて本当に面白かった。それは、私がもともと『庶民派女優』と呼ばれるような持ち味の役者だったからなんでしょうね」（『倍賞千恵子の現場』）

映画界の斜陽が進む中で目いっぱいに活躍した女優さんは少ない。倍賞千恵子はその中で、最も輝いた最後の女優さんといってよいだろう。高齢になったとはいえ、スクリーンにおける存在感は圧倒的である。ますますの長命を願わずにはいられない。

▼倍賞千恵子・主な出演作

「斑女」（61）でデビュー、「二人で歩いた幾春秋」（62）、「私たちの結婚」（62）、「歌え若人達」（63）、「下町の太陽」（63）、「若いやつ」（63）、「花の舞妓はん」（64）、「霧の旗」（65）、「運が良けりゃ」（66）、「恋と涙の太陽」（66）、「愛の讃歌」（67）、「喜劇 一発勝負」（67）、「家族」（70）、「故郷」（72）、「同胞（はらから）」（75）、「幸福の黄色いハンカチ」（77）、「遙かなる山の呼び声」（80）、「駅 STATION」（81）、「植村直己物語」（86）、「キネマの天地」（86）、「離婚しない女」（86）、

「ダウンタウンヒーローズ」（88）、「隠し剣　鬼の爪」（04）、「空を飛んだオッチ」（05）、「母べえ」（08）、「座頭市　ＴＨＥ　ＬＡＳＴ」（10）、「東京に来たばかり」（13）、「ハーメルン」（13）、「小さいおうち」（14）、「４６１個のおべんとう」（20）、「男はつらいよ」シリーズ五〇作ほか。

Ⅷ 吉永小百合

——清純派美少女からレジェンドへ

一九四五（昭和二〇）年三月一三日〜（77歳）

日本映画は草創期から男性中心の作品が主流だった。それが一九二〇（大正九）年に人気女優・栗島《くりしま》すみ子（松竹）が登場し、映画は変わった。以来、女優の変遷《へんせん》を見るとき、田中絹代《たなかきぬよ》、原節子《はらせつこ》、高峰秀子《たかみねひでこ》、美空《みそら》ひばり、若尾文子《わかおあやこ》、山本富士子《やまもとふじこ》、岩下志麻《いわしたしま》などの主演作が輝いている。それに次いで吉永小百合《よしながさゆり》が入ってくる。吉永は二〇二三年で女優生活六四年目を迎える。田中絹代の五二年を抜いてスター女優としてダントツの日本一で、まさに日本映画界のレジェンドになった（扉写真は「夢千代日記」〔84、ＮＨＫ〕）。

第一章　父母の呪縛で失ったもの

日本の映画会社は製作、配給、興行（劇場）を一社で完結させる方法で発達してきた。そのため松竹作品は松竹の劇場で、東宝作品は東宝の劇場でしか観られなかった。直営館のない地方は、それぞれの会社の契約館で観るのが長年続いた。製作、配給が分離している外国のシステムとはだいぶ違う。そのため会社は儲かる作品を安定供給するため、俳優の囲い込みを始めた。それが会社による俳優の専属制である。

作品も会社が組むプログラムによって公開日が決まり、それも毎週二本立てで上映したのだからいい作品ができるわけがなかった。こうした環境下の時代に吉永小百合《よしながさゆり》がデビューした。

現在まで吉永の出演作は一二二本。これが多いか、少ないかは別として、吉永は若いときから主役を張った。日活男性路線の中にあっても吉永だけは、浜田光夫《はまだみつお》とのコンビで純愛路線を組み、主役を務め日活を支えた。

映画会社は俳優に市場価値があるうちは、高額ギャラで優遇《ゆうぐう》する。作品が当たればなおさらである。これが吉永小百合の場合、どうだったのか。

話題作、必ずしも大ヒットならず

吉永小百合の六四年間の俳優人生を見ると、日活時代の一八～二二歳の四年間がいちばん輝いていた。作品も年間ベストテンの中に「光る海」（63）が四位、「青い山脈」（63）が八位、「愛と死をみつめて」（64）が一位、「若草物語」（64）が五位、「愛と死の記録」（66）が六位と健闘し、石原裕次郎《いしはらゆうじろう》と共に日活の黄金期を支えていた。

これ以降三五年間、特別、芸術作品ばかりを撮っているわけではないのに、なぜかヒット作品はない。昭和後期世代の人に「吉永小百合の代表作は？」と問うと、すぐに答えられる人は少ない。記憶にないといった方が正しいのかもしれない。これが平成生まれの人になると、直近の宣伝している作品を答える程度で、首をかしげて答えられない。厳しいようだがこれが現実である。

吉永はデビューから人気があり、往時には東京・浅草のマルベル堂のプロマイド売り上げは、美空《みそら》ひばりに続いて歴代二位を誇る人気スターである。

サユリストと言われる熱狂的な男性ファンも多い。サユリストは彼女を決して〝ちゃん〟づけはしない。小百合サマと呼ぶ。ここが従来のスターと吉永を隔《へだ》てる境界線だ。「戦後、最も神格化された美少女」、それが吉永小百合だった。

山田洋次《やまだようじ》監督は「高倉健《たかくらけん》さん亡きあと、小百合さんは『最後のスター』になってしまった。素敵な女優さんはたくさんいるけれど、小百合さんは別格の存在。そのプレッシャーを思うと気の毒になるけれど、小百合さんが小百合さんであり続けることは、もはやあの人の任務だと思う」と語る。

吉永は人気と演技力からいえば歴代の名優に伍《ご》する女優である。吉永は映画歴が永く、主演作品も

吉永小百合主演作品　興行成績　(7、9番は助演作品)

番号	公開年	作品名	製作	監督	共演者	興行収入	年順位
1	2000	長崎ぶらぶら節	東映	深町幸男	渡哲也	11.6 億円	13 位
2	2001	千年の恋　ひかる源氏物語	東映	堀川とんこう	天海祐希	20.8 億円	6 位
3	2005	北の零年	東映	行定勲	渡辺謙	27.0 億円	8 位
4	2008	母べえ	松竹	山田洋次	浅野忠信	21.2 億円	15 位
5	2008	まぼろしの邪馬台国	東映	堤幸彦	竹中直人	9.1 億円	38 位
6	2010	おとうと	松竹	山田洋次	笑福亭鶴瓶	21.0 億円	15 位
7	2011	手塚治虫のブッダ	東映アニメ	森下孝三	堺雅人	7.0 億円	番外
8	2012	北のカナリアたち	東映	阪本順治	柴田恭平	14.0 億円	32 位
9	2014	BUDDHA2　手塚治虫のブッダ	東映アニメ	小村敏明	松山ケンイチ	4.5 億円	番外
10	2014	ふしぎ岬の物語	東映	成島出	阿部寛	12.6 億円	21 位
11	2015	母と暮せば	松竹	山田洋次	二宮和也	17.0 億円	17 位
12	2018	北の桜守	東映	滝田洋二郎	堺雅人	12.7 億円	24 位
13	2019	最高の人生の見つけ方	ワーナー	犬童一心	天海祐希	10.5 億円	40 位
14	2021	いのちの停車場	東映	成島出	松坂桃李	10.1 億円	34 位

多い。しかし、大ヒット作品に恵まれない稀有《けう》な女優さんでもある。二〇〇〇（平成一二）～二〇二一（令和三）年の二一年間の興行成績を見ても、それが如実《にょじつ》にわかる。

二一年間で出演作品が一四本と意外と少ない。その中で興収ベストテンに入った作品は二本しかない。ヒットすればいいというものではないが、映画は多くの人に観てもらうから価値がある。山田洋次監督のいう「最後のスター」がこの程度では寂しい。

綺麗だけでは女性客がつかない

吉永小百合は現在七七歳、俳優生活六四年目を迎えた。

高齢になったので出演作品も限られる。あわせて映画はデジタル撮影で画像が鮮明になり俳優の顔皺《かおじわ》まで映し出される。これは女優さんにとっては残酷だ。女優が主演するホームドラマ調の作品は、テレビや動画配信市場に取られ興行環境が厳しくなっている。

吉永は映画出演を決めるとき「一人の人間、一人の女性が描かれている」ことが出演条件と語る。「社会性を持った作品」とは語らない。だからどの作品も綺麗《きれい》、綺麗で終わる。女性層の客も少ない。吉永には高峰秀子が「浮雲」(55)で演じた、男とどん底まで落ちていくゆき子役、栗原小巻《くりはらこまき》が「忍ぶ川」(72)で演じた初夜の全裸シーン、田中絹代が「サンダカン八番娼館 望郷」(74)で演じた娼婦役や、岩下志麻の「極道の妻《おんな》たち」(86)の役は演《や》れない。俳優にはそれぞれ個性があるとはいえ、やはり吉永は吉永の作品であり続ける。

観る観客もそれを承知しているから、客層の広がりがない。そのため吉永限界説もある。年齢が重なるとその幅はさらに狭まる。それでも「いい映画を残したい」「夢一途《いちず》、この道をあるく」と頑張っている吉永小百合。その姿には感動すら覚える。


最近の吉永作品に「いのちの停車場」(21)がある。内容は長寿社会における現代医療の問題や尊厳死、安楽死といった医療制度のタブーに正面から向き合い、それらに携わる医師、患者、その家族を描いたものである。吉永にしては珍しく社会性のある作品で、監督、キャスティングも自分で決めた。吉永のプロデュース作品である。

この作品に問題が起きた。共演の伊勢谷友介《いせやゆうすけ》が大麻取締法違反で逮捕された。製作・配給の東映・手塚治《てづかおさむ》社長は「映画は観客が意図を持って有料で観にくるもので、テレビやCMとは異なる。作品と個人は別だと考え、今回は作品を守るという判断をした」と説明し、伊勢谷の出演シーンを撮り直しなしで上映した。

批判の嵐が起きた。犯罪者を映画に出演させシャーシャーとしている。作品と世間に対する責任と倫理観がまったく欠如《けつじょ》していた。二〇一九年四月公開の「麻雀放浪記２０２０」（東映）でもピエール瀧《たき》が麻薬取締法違反で逮捕された。このときもピエール瀧の撮影が終わっていたので強行上映。理由も今回とまったく同じで二回目である。要するに、撮り直す製作費と時間がないからである。

ここに一つの例を挙げる。角川映画が一九七八（昭和五三）年に製作していた「オイディプスの刃」（監督・村川透《むらかわとおる》）である。この作品は「野性時代」に掲載され、第一回角川小説賞を受賞した赤江《あかえ》瀑《ばく》原作の映画化である。

内容は複雑な血縁関係の家族の愛憎劇を三兄弟を通して描く、京都とフランス・ニースを舞台にしたサスペンスロマンである。配役は松田《まつだ》優作《ゆうさく》、中山仁《なかやまじん》、瑳峨三智子《さがみちこ》、川口晶《かわぐちあきら》。

この映画が南仏ロケを撮影した後、出演者の川口晶が大麻取締法違反で逮捕された。

この事件で、製作の角川春樹事務所は製作中止を決断した。作品は記者会見を大々的におこない、海外ロケなど撮影がかなり進んでいたときである。潔《いさぎよ》い判断であった。この作品は八年後、スタッフ、キャストをガラリと変え製作された。

「いのちの停車場」は、製作会社や監督に撮り直す力がなかった。映画産業はそこまで落ちた。アメリカでは逮捕者が刑を終えずに出演させることはしない。

この作品、コロナ禍《か》での二〇二一年五月二一日公開した。興行収入は一〇億一〇〇〇万円でその年の興収ベストテン三四位であった。

自主製作「あゝ野麦峠」中止の顚末

映画は企画段階からプロデューサーの役割が大きい。俳優自ら企画しプロデュースする作品もある。しかし、成功した例は少ない。たいがいの俳優プロダクションは製作費の赤字を抱えて倒産する。

少し古くなるが、吉永事務所でも映画製作の企画があった。吉永が人気絶頂の一九六七（昭和四二）年、曽我部博士《そがべひろし》の「野麦峠《のむぎとうげ》」の唄を聞き感動した吉永が、山本茂実《やまもとしげみ》原作『あゝ野麦峠：ある製糸工女哀史』（朝日新聞社）をベースにした映画化を企画した。明治時代、飛驒《ひだ》の高山《たかやま》から野麦峠を越えて信州・岡谷の製糸工場に出稼ぎにいった女工哀史物語である。

製作を日活に打診したが断られ、吉永事務所で製作することになった。ゼネラルプロデューサーを劇団民藝の宇野重吉《うのじゅうきち》、脚本は「米」(57)、「人間の壁」(59)、「愛と死をみつめて」(64)などの八木保《やぎやす》太郎《たろう》、監督には巨匠・内田吐夢《うちだとむ》が決まり、一九六九（昭和四四）年三月一三日、吉永二四歳の誕生日に記者会見して発表した。ところが、上がってきた八木保太郎のシナリオが気に入らない。

吉永の父親が脚本を読んで八木保太郎に注文をつけた。「これは小百合中心のドラマじゃないし、抒情的《じょじょう》ではない。前に八木先生に書いてもらった『愛と死をみつめて』のような紅涙をしぼる作品をお願いします」

そんなバカな！　原作は製糸工女の闘争の記録じゃないか、と八木としては頭にきたが、とにかく第二稿を書くことを承知し、執筆にかかろうとしたところへ――、父親が今度は「ファンクラブでシナリオを読んだ意見」と称する文章を持参して「これを参考にして改訂してもらいたい」と希望を出した。

そこには「主題歌を入れて、小百合ちゃんをあまり不幸にしないで」など、アホなことが書きつらねられていた。その〝意見〟なるもの、あまりにも原作を知らなすぎるので、さすがの八木保太郎も激怒し、シナリオ執筆を拒否した。

それからスッタモンダがあって、次に劇団民藝の劇作家・大橋喜一《おおはしきいち》に依頼した。しかし、ここでも吉永の考えている「野麦峠」とは違うものだった。シナリオは集団ドラマとして描かれ、吉永はその一員でしかないというのが理由だった。製作は中止になった。

女工哀史なのだから、綺麗ごとになるわけがなかった。しかし吉永は「抒情的な展開の中に糸引さんという女の一代記を描いていきたいと考えていたのです」と語り、当時の新聞紙上には「脱皮できない抒情女優」として皮肉られた。吉永はこのとき「もう仕事は続けられない」と思ったという。多くの映画人に迷惑をかけたからだ。

後年、「あゝ野麦峠」(79)は、主演・大竹《おおたけ》しのぶ、監督・山本薩夫《やまもとさつお》で撮り、興行収入一四億円を上げ、その年の興行収入ベストテン二位に入る大ヒットを飛ばした。映画に登場する岐阜県飛騨地方の工女たちも共感し、全国で岐阜東宝だけが六週間上映という前代未聞のロングランヒットになった。作品もその年の第三四回毎日映画コンクールで、日本映画大賞、音楽賞、撮影賞、美術賞を受賞し、第三三回日本映画技術賞では、撮影賞、美術賞、録音賞、照明賞などを受賞した。

全裸ヌード拒否で出演を辞退した「忍ぶ川」

まだある。吉永が強く出演を希望していた、三浦哲郎《みうらてつお》原作の「忍ぶ川」(72)である。この作品は熊井啓《くまいけい》監督が長年温めていた作品で、主演に吉永小百合を考え、シナリオを一九六七年に渡していた。吉永は、ファンクラブ会報「さゆり」五月創刊号で熊井啓と対談し、「熊井先生の本(脚本)は、いまでも一週に一度拝見して、ヒロインのイメージ作りに努力しているんですけど――」「大人の役をこれから本格的にやっていくための足掛かりがつかめるんじゃないかと――」などと、張り切っていた。吉永二二歳のときである。

このとき熊井監督は吉永に「黒白スタンダードで撮る」「ヒロイン・志乃の初夜シーンはヌードで撮る」という二つの条件を出した。吉永側にはこれが呑めなかった。

吉永の父親から「モノクロでなくカラーで」「主題歌を入れて歌わせる」などに加え、「初夜のシーンはすべてカット」の要求が突きつけられた。

熊井啓は「結婚によるセックスを通して結びつき、どのように自己を『生』に転化させるか――それが『初夜』のシーンの持つ意味で、そこでおこなわれる性行為は、死を生に転化させる行為」と意味づけていた。吉永側の要求は間違っても、呑めないものだった。

結果、熊井は吉永を諦め、製作を延期した。

しかし、諦め切れない吉永は、映画化権は熊井監督に押さえられているので、舞台で挑戦した。芸術祭参加作品と銘打ち、脚本・福田善之《ふくだよしゆき》、音楽・林光《はやしひかる》、演出・観世栄夫《かんぜひでお》で、ミニ・ミュージカルとして一九六九（昭和四四）年一〇月、「忍ぶ川」を公演し、志乃役を演じた。公演の批評は散々だった。吉永は「これまでのイメージから脱皮」するはずであった。だが、

「見ているこちらが恥ずかしくて死にそうになるほど、恐るべき見せ物だった。とくに、初夜のシーン。処女喪失《そうしつ》の喜びと哀しみ、吉永が清潔に演じようとすればするほど、正視に耐えぬワイセツ感ただよって、何度か腰を浮かして逃げたい衝動にかられた。結局、吉永は何もわかっちゃいなかったのである」

「残酷な言い方だが、小生はそこに、欲求不満をもてあまし、とりとめもない性の擬態《ぎたい》を演じている『老いかけた若い娘を見た』」（「週刊読売」一九七〇年三月二〇日号）などの悪評が少なくなかった。

その後、この映画は一九七二（昭和四七）年五月二五日公開された。製作は俳優座、配給は東宝である。このとき熊井啓は日活を辞めていた。志乃役は当時、コマキストに人気があった俳優座の栗原小巻が演じた。仕上がった「忍ぶ川」は、栗原小巻の可憐《かれん》ではかなげな容姿と美しいヌードが、原作のイメージとあいまって絶賛を浴びた。作品は一九七二年度のキネマ旬報ベスト・テン一位。栗原は毎日映画コンクール主演女優賞、ゴールデンアロー賞映画賞、エールフランス女優賞などを受賞した。まさに栗原小巻の代表作になった。

映画評論家・白井《しらい》佳夫《よしお》は「日本風土に生きる男と女の愛をきちんと描くことに成功した恋愛映画の傑作」と評した。熊井啓は「出血性胃炎」だったので、撮影現場に医師がつき添い、身体を横たえながらの撮影だった。

この作品、その後も尾ひれがついた。吉永の母・和枝が手記出版した『母だから女だから』(立風書房)の中で熊井啓監督を名指しで痛烈《つうれつ》に批判するなど、のちのちに禍根《かこん》を残すことになった。吉永がギャラやスケジュールのすべてを管理している父母の呪縛《じゅばく》から抜けきれないときである。

第二章　映画女優への道と夢

映画は初期から男性が主役を張る物語が中心で、女性は脇役、添え物として発展してきた。昭和初期までは歌舞伎よろしく、男が女役を演じていた。それが時代に合わなくなり、一九二〇（大正九）年になると人気女優・栗島すみ子が現れ、一九三三（昭和八）年五月には「松竹蒲田《かまた》女性ニューフェイス採用試験」などが実施され本格的な女優が誕生してきた。

作品も女性中心のものが多く製作されるようになり、田中絹代、高峰秀子などが活躍した。しかし、若くして主役を演じ、多くの作品を残したのは日本映画史上、美空ひばりと吉永小百合の二人だけである。

家族全員が娘の収入に頼る生活

吉永小百合は一九四五（昭和二〇）年三月一三日、東京都渋谷区代々木で生まれた。本名・岡田小百合（旧姓・吉永）。外務省勤めの父・芳之と、ピアノ教師の母・和枝の三人姉妹の二女として生まれた。小百合は幼少時から家族ぐるみで、芸能界入りを応援された。そのため幼いころからピアノ、日

デビュー作「朝を呼ぶ口笛」（59、松竹）、吉永小百合と加藤弘

本舞踊、声楽などを学んだ。

小学六年のとき、ラジオドラマ「赤胴鈴之助」でデビュー。翌年にはテレビドラマ化され出演、早々と芸能界に進出した。

映画デビューは一九五九（昭和三四）年三月公開の「朝を呼ぶ口笛」（松竹）で、主役（加藤弘）の新聞少年を励ます少女役で出演した。映画の観客人口が一一億人を突破していた映画絶頂期のデビューだった。その翌年の一九六〇（昭和三五）年、日活へ入社、契約は年二本、月給制という契約だった。

この年、日活はくすぶっていた小林旭《こばやしあきら》の売り出しに成功した。小林は一九五九年八月二日公開の「南国土佐を後にして」でアクションスターとなり、九月公開の「銀座旋風児《マイトガイ》」、次いで一〇月公開の「ギターを持った渡り鳥」でスターダムに躍り出た。これで日活は、石原裕次郎、小林旭、赤木《あかぎ》圭一《けいいち》郎《ろう》、和田《わだ》浩治《こうじ》を加えて「日活ダイヤモンド・ライン」として四人を売り出していく。

吉永の日活出演第一作は、新人で人気があった赤木圭一郎主演の「拳銃無頼帖　電光石火の男」（60）で、喫茶店のウェートレスのチョイ役だった。以下「霧笛が俺を呼んでいる」（60）、「疾風小僧」（60）、「すべてが狂ってる」（60）などに出ていたが、入社半年目の一九六〇年一一月九日公開

「ガラスの中の少女」で早くも主役を演じた。作品は有馬頼義《ありまよりちか》の原作で、少年少女の純愛を描く叙情編である。新人・浜田光曠（のちの光夫）との共演だった。

吉永のデビュー時、父が外務省を辞め、出版業を始めたが失敗。家の中は火の車状態だった。借金取りや差し押さえの税務署員が来るなど、大変な苦痛を味わっていた。そのため吉永は子役で働き、家計を支えなければならなかった。以降、父母が吉永のマネージメントを管理し、家族全員が吉永の収入に頼る生活が始まった。

この作品以降、吉永は「美しき抵抗」（60）などに助演し、主演二作目の「花と娘と白い道」（61）を撮る。同年、主演三作目の「青い芽の素顔」（61）から人気が上昇し、一九六一（昭和三六）年だけで一六本に出演した。そのため都立駒場高校に通学できず、私立精華高校へ転校をよぎなくされた。日活は人気の出てきた吉永の主演四作目「草を刈る娘」（61）から浜田光夫とのコンビで「日活純愛路線」を敷いて大々的に売り出していく。以降、このコンビは九年間も続きその作品は四四本にのぼる。

その後、吉永人気が定着。吉永ファンがサユリストと呼ばれるなど人気が高くなっていった。こうした吉永の活躍に対し一九六一（昭和三六）年度、製作者協会新人賞が授与された。

吉永小百合のイメージを決めた「キューポラのある街」

一九六二（昭和三七）年、吉永の青春映画の代表作となった「キューポラのある街」（監督・浦山桐《うらやまきり》郎《お》）があった。ジュンという娘役で、鋳物《いもの》職人の父親は小工場をクビになって、大酒を飲んで荒《すさ》んでいた。そうした家庭や周囲が貧困のために陰惨《いんさん》な生活に堕《お》ちいっているなか、中学生ジュンは高校進学の望みを捨てず、一生懸命に勉強する。しかし貧しさのため昼間の高校を諦めざるをえなくなったとき、彼女は待遇《たいぐう》のいい大会社の工場で働き、夜は定時制高校に通おうとする逞《たくま》しい少女役を演じた。

浦山監督の創造したこのヒロイン像が、以後の吉永のイメージを確立した。新鮮で清潔、優等生的なものを持っている娘のイメージである。それは吉永小百合という新人女優に、いかにもピッタリしていた。

吉永は「私は、常にこの映画を超えようとおもって、次の映画に出ているんですけど、今回見直して、これはなかなか超えられないな、とあらためて思いました、それほど素晴らしい映画だと思います」（『私が愛した映画たち』集英社新書）と語っている。

吉永はこの作品で史上最年少のブルーリボン賞女優主演賞とＮＨＫ映画賞優秀新人賞を受賞し、吉永の出世作になった。日活入社三年目である。

この作品以降、吉永の主演作が増える。「あすの花嫁」（62）、「青い山脈」（63）、「伊豆の踊子」（63）、「美しい暦」（63）、「光る海」（63）、「潮騒」（64）、「風と樹と空と」（64）などである。

また高橋英樹《たかはしひでき》主演「激流に生きる男」（62）、石原裕次郎主演「若い人」（62）などの作品にもゲスト出演した。

唯一の大ヒット作「愛と死をみつめて」

「愛と死をみつめて」（64、日活）、吉永小百合と浜田光夫

この頃から吉永は、一九五五（昭和三〇）年に入社した浅丘《あさおか》ルリ子と共に日活を支える看板女優に成長していく。それを決定づけたのが「愛と死をみつめて」（64、監督・斎藤武市《さいとうぶいち》）である。

原作に頼るところが多いとはいえ、吉永小百合の知名度はさらに上がり、青春スターとしての地位を盤石《ばんじゃく》にした。映画デビューして五年目。一九歳のときである。

『愛と死をみつめて』（著者・大島《おおしま》みち子・河野実《こうのまこと》）は、一九六三（昭和三八）年に大和書房から出版され、一六〇万部のベストセラーになっていた。

物語は、兵庫県立西脇高等学校に通うミコ（吉永小百合）が、顔に軟骨肉腫《なんこつにくしゅ》ができる難病におかされて阪大病院に入院する。その同じ病棟で長野県出身の浪人学生マコ（浜田光夫）と出会う。

お互いの年も同じ一八歳で意気投合し、退院後も文通が絶えることはなかった。その後、ミコは同志社大学、マコは中央大学へ進学。文通は途切れず、ミコの病気が再発して再入院した後も、マコは大阪でアルバイトをしてミコを励ます。

夏休みが終わって東京へ戻ったマコとの文通が、ミコの闘病生活の大きな支えになっていた。マコはその後、アルバイトをして長距離電話で励ましたり、旅費を工面して阪大病院を訪れる。二人の愛は深まるばかりだった。しかしミコは手術で顔の半分を失い、さらに病気は悪化していく。そしてマコ二二歳の誕生日の前日、自らのメモリアルデーを刻んで、この世を去っていく。

この作品、九月一九日に公開されると若者を中心に初日から観客が詰めかけ大ヒットになった。この年の興行収入ベストテン一位に躍り出た。吉永の主演作品がベストテン一位に輝いたのは、これが最初で最後である。吉永小百合、唯一《ゆいいつ》の大ヒット作品といえる。公開したのは東京オリンピック開催の二〇日前であった。

映画主題歌ではないが、青山和子（コロムビア）が歌った「愛と死をみつめて」（作詞・大矢弘子、作曲・土田啓四郎）も大ヒットし、第六回日本レコード大賞を受賞した。山口百恵《やまぐちももえ》を世に出した酒井《さかい》政利《まさとし》の第一回プロデュース作品でもある。

男性路線の中で赤字の日活を支えて

一九六四（昭和三九）年開催した「東京オリンピック」がテレビをさらに普及させ、映画が斜陽化していく。日活も石原裕次郎や、小林旭の無国籍映画「渡り鳥」シリーズなどを撮っていた男性路線が行き詰まっていた。

会社は二本立て興行をギリギリ支えていたが、赤字が続いた。このとき東映の任侠《にんきょう》映画が猛威を奮《ふる》っていた。日活も小林旭で「黒い賭博師」（65）シリーズ、「日本最大の顔役」（70）。渡哲也《わたりてつや》で「無頼」（68）シリーズ、「大幹部」シリーズ（68）、さらに石原裕次郎を担ぎ出し、小林旭、高橋英樹、浅丘ルリ子を共演させ「遊侠三国志・鉄火の花道」（68）を撮るが、どれも思うほど当たらなかった。
このヤクザ映画路線、日活でいちばん稼いだのは高橋英樹で「男の紋章」（63）シリーズが受け、一〇作も撮っている。着物姿がいちばんに似合っていた。だが、東映の二番煎じでも客が入らない日活系の劇場は悲鳴を上げた。

そうした中でも吉永は孤軍奮闘していた。一九六四年に「うず潮」を撮り、その年の一二月三一日に公開した「若草物語」（64、監督・森永健次《もりながけんじ》郎《ろう》）では高度成長期を生きる若い女性たちの恋愛観や結婚観、幸福のあり方を健康的に描いた青春大作として話題になり、興行収入ベストテン五位に入った。共演者は芦川《あしかわ》いづみ、浅丘ルリ子、和泉雅子《いずみまさこ》である。

次いで「悲しき別れの歌」（65）、「未成年」（65）、「青春のお通り」（65）、「父と娘の歌」（65）、「大空に乾杯」（66）、「風車のある街」（66）などを撮り頑張っていたが、一九六六（昭和四一）年九月公開の「愛と死の記録」（監督・蔵原惟繕《くらはらこれよし》）は吉永を原爆に目覚めさせた作品となった。

その後、吉永は「青春の海」（67）、「あゝひめゆりの塔」（68）、「花ひらく娘たち」（69）などに主演した。この当時、日活を支えていたのは吉永小百合と高橋英樹、渡哲也だった。しかし二人の任侠映画と併映する吉永作品が合うはずもなく、日活の低迷は早く来た。

日活ロマンポルノへの転換、倒産へ

一九七〇（昭和四五）年、ついに日活は一般映画が入らず、ロマンポルノ映画に方向転換した。「ポルノ」とはポルノグラフィーの略で、露骨《ろこつ》な性描写を主軸にした読物や絵画（春画《しゅんが》）・写真などをさす。「ポルノ映画」の日本語訳は、さしずめ「ワイセツ映画」「春画映画」と呼ぶのが正しいかもしれない。それを日活は知恵を絞り、アチラ風に横文字で「ロマンポルノ」と絶妙な名をつけた。

このポルノ路線で、石原裕次郎、小林旭、吉永小百合、浅丘ルリ子、渡哲也、高橋英樹など、俳優の出番がなくなった。

しかし、このポルノ路線も一九八八（昭和六三）年四月一四日に製作終了を発表した。第一弾の「団地妻 昼下がりの情事」「色暦大奥秘話」公開から数えて一六年半、細く長く、一時代を築いたこの路線を懐かしむファンは多い。「にっかつ」はその後の一九九三（平成五）年、会社更生法を申請して、事実上倒産。日活調布撮影所は現在、貸しスタジオとして残っている。吉永が日活専属として活躍できたのはわずか一〇年間であった。

日活は一九五四（昭和二九）年六月の製作から、一九七〇年の一般映画の製作中止までの一六年間で、安井昌二《やすいしょうじ》、長門裕之《ながとひろゆき》、津川雅彦、石原裕次郎、赤木圭一郎、葉山良二《はやまりょうじ》、小林旭、宍戸錠《ししどじょう》、川地《かわち》民《たみ》夫《お》、浜田光夫、二谷英明《にたにひであき》、和田浩治、渡哲也、高橋英樹、月丘夢路《つきおかゆめじ》、南田洋子《みなみだようこ》、左幸子《ひだりさちこ》、芦川いづみ、北原三枝《きたはらみえ》、白木《しらき》マリ、中原早苗《なかはらさなえ》、筑波久子《つくばひさこ》、浅丘ルリ子、笹森礼子《ささもりれいこ》、清水まゆみ、松原智恵子《まつばらちえこ》、和泉雅子などの俳優を輩出した。

「夢千代日記」がテレビで人気に

日活が倒産したとき、新東宝、大映も倒産しており、東宝も自主製作を中止していた。実質、映画製作をしていたのは松竹と東映の二社しかなかった。

松竹は作品が当たらず低迷し、どん底状態。東映は鶴田浩二《つるたこうじ》、高倉健中心のヤクザ映画が主流で、日活の退職俳優を専属で抱える余裕もなかった。吉永は活動の場をテレビに移すしかなかった。

ひと昔前のテレビ草創の頃、映画スターは「電気紙芝居」としてテレビ出演を嫌った。映画会社や俳優もテレビを一段下に見ていた。テレビ出演者をタレントと呼び、俳優と別扱いしていた。ギャラも安かった。

そうしたなかの一九六四（昭和三九）年、長谷川一夫《はせがわかずお》がNHKの第二回大河ドラマ「赤穂浪士」への出演が決まり、長谷川の出演ギャラがあまりにも高額なのでテレビ業界が大騒ぎになった。これ以降、映画俳優がテレビ出演を受け入れるようになった。テレビが家庭に普及したことが大きかった。

吉永の本格的なテレビ出演は一九六六（昭和四一）年のNHK「わが心のかもめ」から始まる。この年、吉永は渡哲也と共演した「愛と死の記録」でヒットを飛ばしていた。にっかつロマンポルノ路線が始まる四年前である。テレビがモテモテで映画界は客が入らず、斜陽を嘆《なげ》いていたときである。

吉永は抜群のタイミングでテレビと手を組んだ。

その後、吉永は「シオノギテレビ劇場」（フジテレビ）三本、「ナショナル劇場」（TBS）二本、「東芝日曜劇場」（TBS）一八本、大河ドラマ「樅ノ木は残った」「風と雲と虹と」（NHK）などに出演し、ここでも「お茶の間の顔」になった。

吉永出演のテレビ作品で忘れられない作品がある。「ドラマ人間模様」枠で放送された「夢千代日記」（ＮＨＫ、脚本・早坂暁《はやさかあきら》）がそれ。一九八一（昭和五六）年二月一五日から放送されたこの番組は好評で視聴率も高かった。

物語は山陰の山奥にある湯村温泉を舞台に、置屋《おきや》「はる家」の女将・夢千代を取り巻く人々の生き方をもの悲しく描いている。主人公の夢千代は母親の胎内にいたとき、広島の原爆で被爆した。それが原因で成人したいまも原爆病を抱え、医者から余命三年と宣告されていた。残された生命の期間、夢千代はどう生きるか。葛藤《かっとう》するなか、さまざまな人との出会いがあり事件が起きる。

この作品、脚本のよさと、キャスティングの妙もあり五話で終わる予定だったが、ＮＨＫとしては珍しく翌年一月から「続・夢千代日記」として五話が放送された。さらにこれで終わらず、当初の放送から三年後の一九八四年一月一五日から全一〇話が、またまた放送された。

高度経済成長に乗り遅れた山陰の温泉地を舞台に、社会に挫折《ざせつ》した人が助けを求めるように集まり、還っていく。傷を癒《いや》すかのように存在する置屋「はる家」と夢千代。視聴者から夢千代を死なさないでとの声が多く、結局テレビは夢千代の最期を見届けずに終わった。

この作品の夢千代の演技に対して、一九八一（昭和五六）年、ギャラクシー賞選奨が吉永小百合に贈られた。ギャラクシー賞は放送批評懇談会が日本放送文化の質的向上を願い創設した賞である。

吉永のテレビ出演は「夢千代日記」以降、一九八九（平成元）年四月六日放送の、フジテレビ開局三〇周年記念ドラマスペシャル「春までの祭」（脚本・山田太一《やまだたいち》）で終わっている。テレビ作品は六〇本近くある。その後、現在までテレビドラマの出演はない。

「もう一度、映画人として生きてみたい」

吉永がテレビで活動していた一九七二（昭和四七）年「男はつらいよ 柴又慕情」の出演依頼があり、山田洋次監督と出会った。これが縁で、後年は山田洋次監督の「母べえ」（08）、「おとうと」（10）、「母と暮せば」（15）などを撮った。

「男はつらいよ」の翌年、テレビディレクター岡田《おかだ》太《た》郎《ろう》と結婚。この結婚で吉永は親元から離れ、父母の呪縛から解放された。「出演する作品は自分で決めなさい」という岡田の助言もあり、出演する作品も自分で選んで出るようになった。そのため、映画出演は一年一本ペースとなり、三年間も映画を撮らないときもあった。

しかし、これ以降は「戦争と人間・完結篇」（73）、「青春の門」（75）、「新 どぶ川学級」（76）、「若い人」（77）、「皇帝のいない八月」（78）、「衝動殺人 息子よ」（79）といい作品に出演できた。

「動乱」（80、東映）、吉永小百合と高倉健（2人のサイン入り）

そんなとき東映の「動乱」（80、監督・森谷司《もりたにし》郎《ろう》）で高倉健との出会いがあった。この作品で吉永は、高倉健の作品に対する真摯《しんし》な姿に接し感動した。「再び映画への情熱を蘇《よみがえ》らせてくれた作品。その頃の仕事のやり方を改め、演じたい作品を持つこと、その一本に集中すること、私は、もう一度、映画人として生きてみたいという思いが湧き上がってきた」と語る。それほどに高倉の撮影に取り組む姿勢は真摯で威厳があった。

だからこれ以降はますます作品を選んで出演した。「海峡」(82)、「細雪」(83)、「天国の駅」(84)、「おはん」(84)、「夢千代日記」(85)、「映画女優」(87)、「華の乱」(88)、「霧の子午線」(96)、「時雨の記」(98)、「北の零年」(05)、「母べえ」(08)、「おとうと」(10)、「北のカナリアたち」(12)、「最高の人生の見つけ方」(19)などである。

女優・吉永が飛躍したのはまったく結婚後だったといっていい。それも出る作品、出る作品が話題になり、最優秀女優賞も最多の四回受賞している。まさに日本アカデミー賞の常連になった。

届かない情熱、ちぐはぐな撮影現場

吉永は独立した後、いい作品に恵まれたが、どの作品も製作が順調だったわけではない。映画製作には必ず問題が発生する。これが通例である。その中で、テレビで馴染《なじ》んだ「夢千代日記」の映画製作の例をみてみよう。ここでも吉永の葛藤があった。

テレビ番組の評判がよかったので、東映で「夢千代日記」の映画化が決まった。監督は「キューポラのある街」の浦山桐郎である。吉永の希望もあり、「夢千代日記」完結編として製作し、主人公は死ぬことになった。あわせて、テレビでは各話ごとに夢千代が恋をする男性が現れるが、肉体的にも結ばれず、相手が去っていったり死んだりしていた。これが映画では新しい恋人(北大路欣也《きたおおじきんや》)と肉体的にも結ばれることになった。

映画は製作が決まると公開日も決まる。これが日本の配給・興行システムだった。しかし、落とし穴があった。早坂暁の脚本・決定稿の直しが遅れ、封切日に間に合うか危ぶまれた。監督の浦山桐郎は、我慢できず脚本を自分で直すと言って書き始めた。結局、浦山の脚本で撮影がスタート。早坂の直した脚本が上がったときは間に合わず、前半部分は浦山脚本で撮影が続行されていった。

もう一つ問題があった、夢千代が死の床で話す台詞で、早坂暁のシナリオでは「ピカが怖い」だったが、浦山は「ピカが憎い」と変えた。これに吉永が抵抗、「ピカが怖い」に固執した。これで監督と揉めに揉めた。夢千代を演じて四年、吉永は夢千代になりきっていた。夢千代の生きざまから「憎い」はないと主張した。この調整が最後までつかず、結局この場面はセリフなしで撮った。

このときのことを吉永は「私の中の夢千代は〝ピカが怖い〟とは言うけれど、『憎い』とは言わないんです（略）。テレビの『夢千代日記』には、どこかメルヘン的なところがあったし、私自身、映画にもリリカル（抒情的）な部分があるように望んでいたと思います。それに、自分なりに夢千代像ができあがっていたこともあって、どうしても『憎い』と言えなかったんです。

自分の中の夢千代というのがあまりにも大きすぎて、監督の作る夢千代になれなかったということですね。映画に入る前に、しっかり話し合いをしないまま入ってしまって、始まったら『えっ、違う、私がやってきた夢千代はこうじゃないのよ』という心の声がどんどん大きくなって、浦山さんを苦しめてしまったということです。自分がどうしてもここは譲れないと言ったことに関しては、後悔はないです。でも、そのことで監督につらい思いをさせてしまったのは確かです。浦山さんとぶつかったのは、生涯であのとき一度だけなんですが――」（『私が愛した映画たち』）

映画は完成し、一九八五（昭和六〇）年六月八日、一本立て興行で上映された。しかし、客足が伸びず、配給収入が五億円と、鳴かず飛ばずで終わった。ヒットしなかった原因について東映の岡田茂《おかだしげる》社長は「あまり真面目すぎて毒がない」。東映の作品らしくないと語った。

はたして、それだけだろうか。この作品には問題が山積していた。まず、テレビで「夢千代日記」を見ていた茶の間の主婦層は、お金を出して映画を観にくる層ではなく、ましてや不良性感度の映画ばかり作っていた東映の観客層ではなかった。

また、ファンが死なせないでと要望した夢千代を、映画では死なせてしまった。夢千代が最期だというので恋人と肉体関係まで持たせた。夢千代を育てた脚本家・早坂暁独特の人間の襞《ひだ》を描くエキスが、映画ではまったく失われていたことも大きい。

吉永と監督の作品に対する考え方の違いもあった。キャスティングもよくなかった。また共演した北大路欣也のスケジュールに振り回され、撮影がスムーズにいかなかった。

なによりも浦山桐郎監督がスタッフと酒を飲むと豹変《ひょうへん》し、まわりに絡《から》み嫌われた。休憩時間にはウォークマンで音楽を聴くので誰も近寄れず、東映京都撮影所のスタッフと断絶ができたまま撮影が進行した。プロデューサー岡田《おかだ》裕介《ゆうすけ》（元・東映会長）、佐藤《さとう》雅夫《まさお》などにはその調整もできなかった。

もろもろの悪条件は作品に熱気と勢いをなくし、観客に感染する。こうした要素が重なり「夢千代日記」は不発に終わったといっていい。吉永がいくら頑張っても、いい脚本と監督、時間をかけない作品は不振に終わる見本のようなものでもあった。

第三章　優等生女優の挫折とスキャンダル

業界では「ゴシップ記事は芸能人の有名税」と言われていた時代があった。しかし本人にとっては、たまったものではない。そこには個人の人格を無視した一方的なセンセーショナル記事が氾濫《はんらん》し、ときどき人権問題が発生する。しかし吉永はゴシップ記事に無縁の大女優である。だから優等生女優とレッテルを貼られる。しかし、まったくなかったわけではない。

親の猛反対で消えた渡哲也との恋

吉永がマスコミで話題になったエピソードは渡哲也、岡田太郎、岡田裕介の三人位しかいない。その中でも渡哲也との交際はマスコミを騒がせた。渡との出会いは「愛と死の記録」（66、監督・蔵原惟繕）であった。

原爆病を描いたメロドラマの反戦映画である。この作品は好評で、観客が久々に日活劇場に詰めかけヒットした。またこの作品は吉永を原爆問題に目覚めさせ、後年、原爆詩を朗読するきっかけになった記念すべき作品でもある。

正月の晴れ着撮影会（1968年）、吉永小百合と渡哲也

当初、共演者は浜田光夫だったが、その浜田が一九六六（昭和四一）年七月、名古屋の歓楽街のサパークラブで役者仲間の葉山良二らと飲んでいると、酔った客が絡み出し、突然、電気スタンドで葉山を襲撃した。その隣にいた浜田の右目に電気スタンドのガラスの破片が直撃し、右目がまったく見えなくなってしまった（その後全快）。この事件で浜田が入院し出演ができなくなった。

そこで代役が渡哲也に回ってきた。渡がデビューした翌年のことで、渡は大学時代から憧れていた吉永の前でガチガチ。「先輩、演技のことを教えてください」と最初に挨拶した声も上ずっていた。

渡は青山学院大学出身で空手は黒帯、映画では芯《しん》の強いタフガイで人気があった。吉永は骨太で男気のある男性が好みだったので、その姿がすっかり気に入ってしまった。

しかしこのとき、同映画でも共演中の中尾彬《なかおあきら》（24歳）が吉永にラブレターを送って入れ込んでいた。吉永は全然相手にしなかったが、そうした悩みを撮影中に相談できたのが渡哲也だった。その関係で二人は急速に親密になった。

浜田の眼が回復せず、吉永の次回作「白鳥」（66）、「青春の海」（67）と立て続けに渡と共演し、二人はすっかり親密になった。渡は吉永家に出入りするようになり、渡も吉永を実家に招いて両親に紹介した。渡は周囲に吉永のことを「うちのカミさん」と呼ぶようになり、吉永は渡のために「手作り座布団」をプレゼントするなど相思相愛で恋は順調に見えた。

このとき二人の交際は芸能界では「公然の秘密」だった。しかし、デートはもっぱら渡の愛車クラウンか吉永の家で、それも吉永の部屋ではなく応接間だった。吉永の家族が、娘の行動に目を光らせていたからである。

それでも二人は人目を忍んでデートを重ねていた。ある日、二人は結婚を決めて両親に告げる。

ところが、吉永の両親は猛反対。母は「結婚したら相手を絶対に許さない」、父は「交際は認めるが結婚は認めない」と強硬だった。このとき渡は酒を飲むと「なんで俺のところに飛び込んでくれないんだ」と吉永に電話で迫ったという。

両親に逆らえない吉永は、泣き泣き「あなたとは結婚できません」と別れを告げた。交際してから三年、一九六九（昭和四四）年暮れ、二四歳のときである。

その後、渡との共演はなかったが約三〇年後、吉永が企画した「時雨の記」（98、監督・澤井《さわい》信一《しんいち》郎《ろう》）で渡との共演が実現した。この共演で二人は息の合ったところを見せた。マスコミは記者会見で、二人の恋の真意を探ろうと必死に食い下がったが、二人はすでに大人である。期待する回答は得られるはずもなかった。

それから二年後の「長崎ぶらぶら節」（00）が渡との最後の共演作となった、この映画で吉永は日刊スポーツ主演女優賞を受賞した。その授賞式に渡がサプライズで花束を贈り「いつか夫婦役を演じたい」と語ったが、銀幕で夫婦役を演じることはなかった。

一五歳年上のバツイチ男に押しかけ婚

優等生的な女優という殻《から》を打ち破れずにいた吉永が、一九七三（昭和四八）年「結婚します」と、いきなり衝撃発表し世間を騒がせた。それも相手が若い青年でなく、一五歳も年上で離婚歴のある中年男だったので、サユリストもビックリ、マスコミも騒然。このときも両親は大反対だった。

その結婚相手とはフジテレビの子会社である、フジプロダクションの専務取締役・岡田太郎だった。岡田は昼メロドラマの創設者で「ヨロメキのタロー」の異名《いみょう》をとり、やり手のドラマディレクターとして知られていた。

岡田太郎と吉永の出会いは吉永一九歳、岡田三四歳のときである。吉永がフジテレビのドキュメンタリー番組でヨーロッパ撮影のとき、担当のディレクターとして同行した。このとき、岡田は担当外のピンチヒッターだった。それから九年の歳月が経っての結婚発表である。

その間、岡田が演出した「また逢う日まで」(66)、「その時、私は…」(67)などで親しくなった。ちょうど渡哲也との恋が破局した時期で、失恋のショックと仕事の過密スケジュールなどで、精神的な疲労が重なり、吉永は声が出なくなり病院通いや入院をしていたときで、一五歳上の岡田は包容力があり、いい相談相手だった。

そのときのことを吉永は「初めの頃は、ひどく年上の人としか見えなかったのですが、声を失った私を元気づけてくれた一言を聞いて以来、私の中で、彼に対する思いが大きく膨らんでいったのでした。私は積り積もった精神的な疲労を取り除くために、彼をとり、過去を捨てようと決心しました。アイドルであった私、スターと呼ばれた自分を捨てて、もう一度人間としてスタートラインに立ち、新しい一歩を踏み出す――。困難が待ち受けていることはわかっていましたが、それしか自分自身を立て直す方法は見つかりませんでした。両親に反対され、私は家を出ました」(『夢一途』、主婦と生活社)。

この結婚、岡田が「恋愛でいいのでは――」という感じだったが、吉永が親元から離れ、名前も変えたいという思いが強かったので、自分から強引に口説き落とした、押しかけ婚であった。

過去に決別、自分の意志で生きる

吉永は結婚の発表前から岡田と半同棲生活を始めていた。渡との結婚が両親の猛反対にあい破談に追い込まれた苦い経験から、今度はその両親に決して知られないように。

吉永は岡田と会うため、「日本舞踊の稽古《けいこ》場」という名目で、東京・三田《みた》のマンションに仕事部屋を借りていた。本館と別館があり、一方に吉永が、もう一方の棟に岡田が住み、二棟を結ぶ渡り廊下を通ってコッソリと行き来をしていた。

結婚披露宴は一九七三年八月三日、新宿京王プラザホテルでおこなわれた。しかし、そこには両親の姿はなかった。この結婚で吉永は、初めて両親の呪縛から解放されていく。

岡田太郎との結婚披露宴（1973年8月3日）

結婚については親子間で、そうとう激しい確執があったと思うのだが、吉永は後年になってもそれを語ることはしていない。

たしかに吉永の結婚は大変だった。いままでのすべてを投げ捨て、身一つになる結婚だったからだ。まず問題の一つは、吉永のギャラで家族全員が生活していたこと。第二は、このとき株式会社・吉永事務所は約二〇人の従業員を抱えていた。第三は一九六七（昭和四二）年に設立したファンクラブの解散である。会報「さゆり」も七六冊出していた。吉永はファンと囲む茶話会で体調不良で休養宣言したい、あわせてファンクラブも解散すると発表した、茶話会は大きな悲鳴で大騒ぎになった。

いろいろあって結婚した一年ぐらいは活動を完全休止。声が出なくなった病状を治すのに専念した。これ以降、岡田からの進言もあり、仕事のオファーや映画出演は脚本を読み自分で決めるようになった。

この時期、吉永自身、年齢的にも大人の女優へ移り変わる時期でもあった。映画への出演が減り、女優としての活躍に陰りが見えていた。外聞にとらわれず、反対を押し切ってでも自らの意志で結婚を貫く、吉永のまっすぐな人間性がうかがえる結婚騒動でもあった。

四〇年間頼りにしていた男の急死

吉永の「いのちの停車場」(21)の撮影中、この作品の製作総指揮を取っていた、東映会長・岡田裕介(71歳)が、一一月一八日大動脈解離で突然亡くなった。岡田は俳優時代、吉永小百合のテレビ作品「夢千代日記」(81)で共演して以来、吉永ファンで、岡田が東映に入社してから吉永作品をプロデュースし支えていた。

岡田裕介は元東映社長・岡田茂の長男として一九四九(昭和二四)年五月に生まれた。慶應義塾大学在学中に「赤頭巾ちゃん気をつけて」(70)で映画デビュー。「実録三億円事件 時効成立」(75)などに主演していた。吉永が高倉健と共演した「動乱」(80)をプロデュースした後、一九八八年、東映に入社。いろいろな部署を得て、二〇〇二(平成一四)年に社長就任。二〇一四年に東映グループ会長と日本映画製作者連盟の会長を歴任していた。吉永より四歳年下である。

二〇二一(令和三)年に上映した「いのちの停車場」まで岡田が指揮を執り、東映で製作・配給した作品は一六本にのぼる。吉永三五歳以降の全出演作の半分である。

その中で語り継がれているエピソードは多い。その一つに岡田が長年温めていた「北の零年」(05)に吉永の出演を依頼したとき、吉永は行定勲《ゆきさだいさお》監督を希望した。まだ駆け出しの行定だったが岡田はこれを了承し、撮影に入った。製作費一〇億円の大作である。当時一本の製作費が三〜四億が相場の時代である。

ところが大作を撮ったことがない行定監督は、撮影方法や演出がネックになり、製作費が一五億円まで膨んだ。岡田だから払えた製作費である。映画は二七億円の興行収入を上げ、その年の興行収入ベストテン八位に入ったが、収支決算はよいものではなかった。

吉永は結婚以降、出演依頼を受けるとき脚本、演出、音楽、キャスティングなどに注文を出すことで有名になった。吉永は「反省はしますが、悔《く》いるということはまずないですね、それは自分で決めているから、自分の気持ちで選択しているから。若い頃にはできなかったことですね」と語る。岡田はその「吉永の願いや、わがまま」を完璧《かんぺき》に実現してきた。東映社長の岡田だからできたといえる。そのため吉永の岡田に対する信頼は絶大で、その関係は四〇年間続いた。

「男女の仲」も疑われた。岡田は若いとき、東映の某女優が好きだったが潰れ、吉永とタッグを組むようになり生涯独身を通した。一九八六（昭和六一）年九月、写真週刊誌「ＦＯＣＵＳ」で、二人が岡田の車で自宅へ入っていくところを盗撮されて話題になった。父の東映社長・岡田茂が激高して「女優に手をつけるとは何事だ！」と、怒られたというエピソードも。これ以降、二人の逢瀬《おうせ》は慎重になった。

この二人の関係を、東映関係者は「秘密」と言って口を閉ざして話さない。さらに周囲の関係者に取材すると「わかるでしょう」と匂わせて逃げる。真相はいまだ闇の中である。しかし吉永のよきパートナーで後ろ盾だった岡田の死は、今後の吉永の活動と製作に大きな影響を残すことになるだろう。

酒と将棋が強く、おっちょこちょいで努力の人

吉永自身が語るプロフィールがある。

「性格の長所は、ふだんは優柔不断なことが多いけど、いざというときには進路を決める。短所は、話をしていても、相手の話を最後まで聞かないで、ほかのことを考え始めてしまう。いままで演じた中でいちばん好きな役は『キューポラのある街』のジュン。健康のためストレッチを欠かさず、水泳を週に二〜三回。できない日はエアロバイクを漕《こ》ぐ。

気分転換と趣味は、健康のためと同時に、リラックスするため水泳。スポーツ観戦が好きで、特にラグビーに熱くなる。特技は乗馬、スキー、水泳。好きな言葉『一生生徒』、日本の好きなところは、山河、海の美しさ。好きな色は白、花は『たちあおい』、季節は冬、食べ物は果物（リンゴ、干し柿、イチゴなど）、作家は宇野千代《うのちよ》、憧れの女性像は与謝野晶子《よさのあきこ》。

好きな映画は『浮雲』（55、監督・成瀬巳喜男《なるせみきお》）、『舟を編む』（13、監督・石井裕也《いしいゆうや》）、『霧の中の風景』（90、監督・テオ・アンゲロプロス）、『インビクタス　負けざる者たち』（10、監督・クリント・イーストウッド）」

この自己申告に補足すると、俳句にも造詣《ぞうけい》が深い。業界では酒と将棋が強いことで通っている。野球も好きで西武ライオンズの大ファン。すこしおっちょこちょいのところもあるようだ。スキーで顔面から突っ込み顔が傷だらけの大けがを負ったり、冬の北海道では道が「滑りますよ」と注意されたのに、氷道は馴れているからと過信し、スッテンと転び腕を骨折したりしている。

ピアノは小さいときから習っていたので上手い。歌も本格的にキングの作曲家・吉田正《よしだただし》に師事し

「寒い朝」(62)、「いつでも夢を」(62)が大ヒットし、NHKの紅白歌合戦にも五回も出場した。高校は俳優の仕事が忙しくなり中退。しかしその後、大学入学資格検定に合格し、高校と同等以上の学力があると認められ、早稲田大学第二文学部(夜間)に入学し、見事四年間で卒業している。卒論のテーマが「ギリシャ悲劇」。努力の人でもある。原爆詩の朗読をライフワークとして全国を歩いている。

永年コンビを組める監督がいなかった

吉永小百合の足跡を見るとき、戦後の映画史がよくわかる。終戦後、映画が娯楽の王様として栄えた黄金期の一九五九(昭和三四)年にデビュー。その後、映画の不況時代を経験し、所属していた日活が一九九三(平成五)年倒産。職場を失う苦難を経験した。これ以降フリーとなりテレビなどで活躍していく。二〇一〇(平成二二)年頃から撮影はフィルムからデジタルになり、撮影現場もガラリと変わった。こうした変わりゆく映画界で、いま吉永は孤軍奮闘している。

吉永はこの間、あまりにも多くの戦友を失った。日活で「拳銃無頼帖 電光石火の男」「霧笛が俺を呼んでいる」で共演し、吉永にラビットちゃんの愛称をつけてくれた赤木圭一郎。

「あいつと私」「若い人」「嵐の勇者たち」で共演し、尊敬していた石原裕次郎。

「男はつらいよ 柴又慕情」「男はつらいよ 寅次郎恋やつれ」の渥美清。

「動乱」「海峡」で再び映画への情熱を蘇らせてくれた高倉健。

「愛と死の記録」「長崎ぶらぶら節」などで共演した渡哲也は日活で苦楽を共にした盟友である。

さらにテレビ「夢千代日記」から親交を深めていた親友の樹木希林《きききりん》も他界した。

これらの人たちはいい映画をたくさん残していった。日本映画が最も輝いていた時代の俳優である。死と時代は忘却の彼方《かなた》とはいえ、吉永にとってはかけがえのない良い仲間だった。

しかし、残念だったのは、この間、吉永小百合のキャラクター（素材）に魅力を感じ、製作を固持した監督がいなかったことである。スター、名優には、馬が合うというか気脈が通じ合い相性が良い監督が必ずいる。田中絹代には溝口健二《みぞぐちけんじ》、原節子には小津安二郎、高峰秀子には成瀬巳喜男、木下恵介、美空ひばりには沢島忠《さわしまただし》、三船敏郎には黒澤明、稲垣浩《いながきひろし》、萬屋錦之介には伊藤大輔《いとうだいすけ》、高倉健には降《ふる》旗康男《はたやすお》、菅原文太《すがわらぶんた》には深作欣二《ふかさくきんじ》、渥美清には山田洋次、松田優作《まつだゆうさく》には村川透《むらかわとおる》がいた。

新東宝、日活、大映が倒産し、東宝も映画製作から撤退しているいま、こうした仲間がいたら、吉永も独立した以降、悩まずにいい作品に巡り会えたかもしれない。高倉健と降旗康男監督がそのいい例である。

日活にも素晴らしい監督が群雄割拠《かっきょ》していた。早くに逝去した川島雄三《かわしまゆうぞう》、田坂具隆《たさかともたか》は別として、時代が一緒だった今村昌平《いまむらしょうへい》、蔵原惟繕、熊井啓、舛田利雄《ますだとしお》などは後世に名を残す名監督である。なぜ、吉永とは縁がなかったのだろうか？

しかし、このところ山田洋次監督との作品が多くなってきているのは必然的かもしれない。

現在も、下町を舞台にした親子の物語「こんにちは、母さん」を撮り、二〇二三（令和五）年九月公開を目指している。一方で、有望視される監督とも組んでいるのは吉永らしい挑戦である。

映画からフィルムが消え、撮影所システムが崩壊し、一作ごとにスタッフを編成する現場。いい映画を撮る環境が厳しくなっている。さらにデジタル撮影で監督はモニターを見て判断。撮影カメラの前で監督と俳優が目と目で会話をしなくなった。激変する現場で主演作を撮り頑張っている吉永。こうした歴史を重ねてきた女優は吉永小百合をおいてほかにはいない。

吉永は「せっかくここまで歩いてきたのですから、傷《いた》んできているパーツを労《いたわ》りながら、もっと地道な努力を続けなければいけないと思います。いままで以上の集中力と情熱を持って、明日に向かいます」と決意のほどを語る。

まさに昭和、平成、令和の国民的名女優であり日本映画界のレジェンドである。高齢になったとはいえ、吉永小百合のますますの活躍を期待せずにはいられない。

▼吉永小百合・主な出演作

「朝を呼ぶ口笛」(59)でデビュー、「拳銃無頼貼　電光石火の男」(60)、「ガラスの中の少女」(60)、「花と娘と白い道」(61)、「キューポラのある街」(62)、「青い山脈」(63)、「潮騒」(64)、「愛と死をみつめて」(64)、「若草物語」(64)、「悲しき別れの歌」(65)、「愛と死の記録」(66)、「大空に乾杯」(66)、「青春の海」(67)、「あゝひめゆりの塔」(68)、「嵐の勇者たち」(69)、「風の慕情」(70)、「男はつらいよ　柴又慕情」(72)、「戦争と人間」(73)、「青春の門」(75)、「新　どぶ川学級」(76)、「若い人」(77)、「皇帝のいない八月」(78)、「衝動殺人 息子よ」(79)、「動乱」(80)、「海峡」(82)、「細雪」(83)、「天国の駅」(84)、「おはん」(84)、「夢千代日記」(85)、「映画女優」(87)、「華の乱」(88)、「霧の子午線」(96)、「時雨の記」(98)、「北の零年」(05)、「母べえ」(08)、「北のカナリアたち」(12)、「母と暮せば」(15)、「北の桜守」(18)、「最高の人生の見つけ方」(19)、「いのちの停車場」(21)、二〇二二年現在の出演作は一二二本。

Ⅸ 松田優作

——人を惹きつける孤高の異端者

一九四九（昭和二四）年九月二一日〜
一九八九（平成元）年一一月六日（40歳没）

松田優作《まつだゆうさく》が映像の世界へ進出したのは一九七三（昭和四八）年テレビドラマ「太陽にほえろ！」（NTV）シリーズからで、日本映画が根本的な変容を遂げていたときでもある。松田優作は大手映画会社の俳優ではなかった。友人と始めた演劇活動の下積み生活から這《は》い上がってきた俳優である。しかも、その生い立ちから逝去《せいきょ》するまで、かなり屈折《くっせつ》した人生を送った。それも四〇歳という短い生涯であった。映画界で活躍したのは一六年間。二五作品を残した（扉写真は「蘇える金狼」（79、東宝））。

第一章　スクリーンを駆け抜けた獣

かつての映画はすべて撮影所で作られていた。大手映画会社は自社の撮影所を持ち、そこには監督やカメラマンなどのスタッフはむろんのこと、俳優さえも抱え、全国に自社系列の映画館を持ち、製作、配給、興行と首尾一貫した体制を取っていた。

撮影所が夢の工場と呼ばれていたのは、映画が〝娯楽の王様〟だった頃のことである。当時、映画スターはその〝夢の工場〟のシンボルであり、すくなくとも一九六〇年代まではすべての作品が撮影所から生まれた。俳優はこの撮影所から提供された作品を次から次へと演じていた。俳優は撮影所という城の中で育てられ、ビッグスターになっていった。三船敏郎《みふねとしろう》、勝新太郎《かつしんたろう》、市川雷蔵《いちかわらいぞう》、石原裕次郎《いしはらゆうじろう》、高倉健《たかくらけん》などが、そうした俳優である。

ところが六〇年代の後半あたりから、テレビの圧倒的な普及で、映画観客数がどんどん減少して、映画会社の力が衰《おとろ》え、撮影所を中心とした映画作りに翳《かげ》りが見え始めていく。それが七〇年になると、その傾向が加速度的に早くなり、もはや撮影所にスターを生み出す力はなくなっていった。

一九六五（昭和四〇）年八月、松竹京都撮影所閉鎖。一九七一（昭和四六）年八月、日活が一般映

画の製作を中止、ロマンポルノ路線へ転換する。同年一二月、大映倒産。一九七二（昭和四七）年、東宝が自社製作を中止するなど、映画界激動の七〇年代であった。

「太陽にほえろ！」のジーパン刑事役でデビュー

松田優作はそうした時代に俳優としてスタートしたのが、映画でなくテレビとは、なんともこの時代を象徴する出来事であった。一九七三（昭和四八）年七月から「太陽にほえろ！」のジーパン刑事役として芸能界デビューした。

松田優作は前年の一九七二（昭和四七）年四月、「文学座」の試験に合格。一二期生として入り、七三年、付属演技研究所を卒業し文学座入り。同年、「狼の紋章」（73、東宝、監督・松本正志《まつもとまさし》）で高校を暴力で制圧し、主人公と敵対する不良番長役の準主役で映画デビューした。作品は添え物映画であったにもかかわらず、本編の「化石の森」（73、監督・篠田《しのだ》正浩《まさひろ》）を完全に食ってしまい、「狼の紋章」で観客が増えていった。この作品が当たったので、監督の松本正志が優作を東宝に売り込んだが「東宝向きの顔じゃない」と断られた経緯がある。

似た話がある。石原慎太郎《しんたろう》は「太陽の季節で」芥川賞を受賞する前、東宝文芸部に在籍していた。そのとき、弟の石原裕次郎を俳優にしようと思って、製作担当の藤本真澄《ふじもとさねずみ》プロデューサーに紹介したら「歯並びが悪い。不良っぽく、ノッポすぎる」と言って断られた。それで慎太郎は裕次郎を日活に連れていって大スターになった。

優作は翌年、澤田《さわだ》幸弘《ゆきひろ》監督の日活児童映画「ともだち」（74）に出演。次いで黒木《くろき》和雄《かずお》監督のＡＴ

G（日本アート・シアター・ギルド）作品「竜馬暗殺」（74）で、坂本龍馬を暗殺する幕末のテロリストを演じた。

翌年の一九七五（昭和五〇）年、文学座を退団し六月劇場に入る。優作の人気が上昇しつつあった頃、取材記者と暴力事件を起こし、しばらく謹慎《きんしん》生活を続けた。これが心機一転のきっかけとなり、以後、俳優としての自己に徹するようになったとか。一九七六（昭和五一）年は大洲齋《おおずひとし》監督と「ひとごろし」（76、大映）、岡本明久《おかもとあきひさ》監督で「暴力教室」（76、東映）を撮った。

「人間の証明」（77、東映）、右から北林谷栄、松田優作、ハナ肇

大作「人間の証明」で鍛えられる

優作の人気が出たのは、テレビドラマ「大都会PARTⅡ」（77、NTV）シリーズで、これまでにない、若い獣《けもの》のようなイメージとユーモアを加味した刑事役を演じて、茶の間の人気者になっていた。そうしたなか、角川映画「人間の証明」（77、監督・佐藤純彌《さとうじゅんや》）の出演オファーが来て出演した。優作にとって初めてのメジャー作品である。

内容はアメリカからやってきた黒人青年の不審な死をきっかけに、その捜査に乗り出す刑事・棟居弘一良に扮し、岡田茉莉子《おかだまりこ》、三船敏郎、鶴田浩二《つるたこうじ》、そしてアメリカからジョージ・ケネディなどのビッグスターと共演した。

　しかし、演技的にはまだまだ未熟だった。ニューヨークでの撮影中、共演のジョージ・ケネディがスタッフに「松田は本当に日本で有名なのか？」「彼はワンパターンな演技しか、できないではないか」と疑問を投げかけた。アメリカでは監督が「OK、ワンスモア」と言って何度か違う演技を要求する。その中から監督が見ていいものを取る。

　優作は「違った演技をすること」ができなかった。何回も撮り直すが差異がなかった。

ジョージ・ケネディの目には、奇異に映ったのである。たしかにセリフはぶっきらぼうで、魅力的な人間像を作り出すまでの演技がまだできていなかった。

「人間の証明」は宣伝で押しまくった。「読んでから見るか、見てから読むか」のキャッチコピーで、書籍と映画を同時に売り込む角川書店のテレビスポットCMが世に氾濫《はんらん》した。また、ジョー山中《やまなか》が歌う「人間の証明のテーマ」もラジオ、テレビで流行り「Mama, Do you remember」が流行語になった。

　さらに映画の印象を決定づけたのが、犯人探しの重要な鍵となる西条八十《さいじょうやそ》の詩である。

　　母さん、僕のあの帽子、どうしたでしょうね？

　　ええ、夏、碓氷《うすい》から、霧積《きりづみ》へ行くみちで、
　　谿谷《たにぞこ》へ落とした　あの麦稈《むぎわら》帽子ですよ
　　母さん　あれは好きな帽子でしたよ
　作品は、派手な宣伝効果もあり、一九七七（昭和五二）年の興行収入ベストテン二位になり、優作もようやく映画界に認知された。ちなみに一位は「八甲田山」（主演・高倉健）。

一匹狼の殺し屋で魅せた「遊戯」シリーズ

映画への熱い思いが、これ以降の作品を増やしていく。しかし、作品は東映非主流の添え物ばかりだった。次回作の「最も危険な遊戯」（78、監督・村川透《むらかわとおる》）では、優作の魅力を遺憾《いかん》なく発揮、一匹狼の殺し屋・鳴海昌平に扮し、獣のしなやかで強靭《きょうじん》な精神と行動力を一杯に演じた。製作費三〇〇〇万円、撮影日数二週間、セットは組まずオールロケーションという、苛酷《かこく》な条件の八九分の短編であった。

この「最も危険な遊戯」は館主や観た人の評判がよかった。次いで出した「殺人遊戯」（78、監督・村川透）で再び鳴海昌平を演じた。これも九二分の短編。作品は舘《たち》ひろし主演のデビュー作「皮ジャン反抗族」（78、東映）と二本立て上映だった。シリーズ三作目「処刑遊戯」（79、監督・村川透）に至っては、併映作品がジャッキー・チェン主演の香港映画「スネーキーモンキー蛇拳」ときているから、客が入るわけがなかった。なんでもかんでも二本立てを組まなくてはいけない上映方式だった。

この頃の東映は、ヤクザの実録路線「仁義なき戦い」が終了し、企画の貧困さを露呈して当たる作品がなかった。そのため優作の作品は東映本社扱いではなく、子会社の東映セントラルフィルムが企画、製作していた。

それでも遊戯シリーズ三作は、低予算で製作されたにもかかわらず秀作だった。特に「処刑遊戯」は、前作二作と違ってシリアスなハードボイルドに徹した作品で、丸山昇一《まるやましょういち》の脚本が光った。

この三部作は、優作が生涯の友とした村川透監督、優作の後見人で東映セントラルフィルム社長兼プロデューサーの黒澤満《くろさわみつる》の関わりが大きい。この二人が優作の個性と力量を大きく開花させた。映画界に後ろ盾がないこの時代、ビッグスターはひとりでは生まれない。以後、脚本家・丸山昇一を加えた三人との親交が優作を飛躍させた。

優作はこの後、「俺達に墓はない」(79)、「蘇える金狼」(79)の二本のアクション映画を撮った。しかし、この頃から自己主張が強くなり、役に取り組む姿勢が変わってきた。そのため周囲でさまざまな波紋《はもん》が起きた。

のめりこみすぎて反発を食らった「野獣死すべし」

一九八〇(昭和五五)年一〇月四日に公開した角川映画「野獣死すべし」(80、監督・村川透)は、「蘇える金狼」に続く、大藪春彦《おおやぶはるひこ》原作のハードボイルド・アクションで、大藪春彦の処女作である。当時ベストセラーになり、東宝が仲代達矢《なかだいたつや》主演で映画化したことがある。それを今回、丸山昇一が大胆に脚色し製作した。

内容はベトナムなどの戦地を渡り歩いた元・通信社のカメラマン伊達邦彦(松田優作)が、翻訳の仕事に身を隠しながら、相棒とともに銀行を襲撃。神を裏切ることが目的であるかのように殺人を重ねていく。伊達が一匹の野獣となって、管理社会の安隠《あんのん》とした生活に犯罪で挑む姿を描いた、ピカレスク・ロマン作品である。

優作は「野獣死すべし」の脚本を読んで気に入り役にのめり込んだ。自分が理解した役になりきろうと、体重を一〇キロ落とし込んだ。あわせて声も変えようと、上下の歯を四本抜いた。優作は精悍《せいかん》なヒーローから痩《や》せ細った死に神のような殺人鬼へと変身した。

「野獣死すべし」（80、東映）

完成試写を観たとき、脚本の丸山昇一がぶっ飛んだ。脚本と違っていたからだ。「撮影に入ったら優作もスタッフもみんなが、テンション高まって、ある種、発狂状態になっていた。だからあの映画を観た半数の人からは『おまえら勝手なことをやって、どこが面白いんだ』と言われた。優作さんはこのときは、台本通りきちんとやる俳優という枠を超えていましたから、完全に」（丸山談）。優作はこの撮影中、妻に「客が呼べない映画になるな——」と漏らしていたほど、撮影中、我を通した。

「オールラッシュを見て、全然違うものができてきて仰天した」

じつは製作の角川春樹《かどかわはるき》もこの作品は不満だった。角川は、

「優作が助監督の小池要之助と一緒になって、気持ちのいい撮り方でやってしまった。『ものすごい役作りをした』と言って、本人は気持ちよかったかもしれないけれど、私は『処刑遊戯』（79）のような作品を考えていたから欲求不満だった。もちろん脚本は読んでいるから、でき上がりは想像できた。だけどオールラッシュを見て、

全然違うものができてきたので仰天《ぎょうてん》した。

優作は最初から自分がやりたいように作ろうとして、私にそれまでラッシュを見せなかった。私は完全に蚊帳《かや》の外で、オールラッシュから注文を出しても間に合わない。結果、優作の思い通りにでき上がった。(略)、優作は『ロバート・デ・ニーロを超えた』とか言い出して、私としては馬鹿馬鹿しいことこの上ない。

優作は狂気を出そうとしたけれど、ここではうまくいっていない。むしろ『蘇える金狼』の方が『野獣死すべし』に比べればはるかにいい。本人は『野獣死すべし』がいいというに決まっているけど。

私自身プロデューサーに言ったけれども『つまらない映画をつくりやがった』と内心腹ワタが煮えくり返った。それで優作を殴《なぐ》ってやろうと思い、この作品の最後の舞台挨拶がある渋谷東映に、うちの社員二人を出した。一人は二五歳の少林寺拳法五段で、もう一人は柔道五段だったから、いくら優作が強いと言ってもかなうはずはない。

私は二人に『優作には手を出すな』と言い含め、優作を渋谷まで連れてくるように命じた。そしたら二人が手ぶらで、すごすご帰ってきて『人がいっぱいで入れませんでした』というから、待ち構えていた私も笑っちゃってね、それで怒りが急に冷め、また殴るのを断念した(笑)」(『松田優作クロニクル』キネマ旬報社)

このとき、優作三一歳、角川三八歳である。優作は噂で空手二段と言われていた。角川は学生時代ボクシングをやっていて喧嘩《けんか》が強かった。「人間の証明」の撮影のとき、優作がプロデューサーを殴る事件があった。製作の角川が秩序を乱すと怒った。優作を呼びつけた。激しい喧嘩になると思っていたが、優作は角川を見るなり、パッと手をつき「何をされても結構です」と、土下座して謝った。そのタイミングが絶妙で、角川はその場で思わず笑いだす事件があった。

「野獣死すべし」は、それから二度目の出来事だった。映画は、〝青春は屍《しかばね》をこえて〟のキャッチコピーと、派手な宣伝効果で配給収入七億三〇〇〇万円を上げるヒットになった。

「探偵物語」（83、東映）、右から薬師丸ひろ子、松田優作

薬師丸との「探偵物語」でファンを広げる

優作は「超大作とは、肌があわない。俺にはB級映画の方が似合っている」と、毎度語っているが、多くの観客が観るから俳優価値が上がり、ギャラも上がる。映画は観客が入ってなんぼの世界である。

そうした中で興行成績がよく、優作ファンを広げた作品がある。角川映画「探偵物語」（83）である。

この作品は「セーラー服と機関銃」（81）の原作者でもある赤《あか》川次郎《がわじろう》が、当時アイドルとして爆発的人気だった、薬師丸《やくしまる》ひろ子のために書き下ろした作品で、優作が一九七九（昭和五四）年から日本テレビで主演していた同名の作品とはまったく違う別物である。

内容は女子大生・新井直美（薬師丸）が、父親の待つアメリカへの出発を一週間後に控えているので、何かあってはいけないと私立探偵・辻山秀一（松田）が雇われ、監視兼ボディガードに当たることになった。ボディガードなどうっとうしいだけの直美は、辻山と衝突ばかりするが、ひょんなことから二人は殺人事件に巻き込まれてしまい、そして――。

尾行ひとつ満足にできないのかしら、ドジな探偵さん。
冗談じゃねえよ、なんでオレがこんなガキの子守をしなくちゃならないんだ。
ついてこないでよ、ほんとうに頭にくる人ね！
お互い様だ、仕事じゃなけりゃ誰がこんなこと！
ほんと、オジンなんだから、全然たよりにならないなんて、それでも探偵さん？
子供のくせに、生意気いうが、俺だっていざとなれば、こんなもんじゃないさ。
私だって、もう子供じゃないのよ、それに、案外ひょっとして――。
俺だってオジンなんかじゃないさ、おい、よせよ冗談じゃない。

原作・赤川次郎が薬師丸ひろ子をイメージして書き下ろしたユーモアミステリーで、優作は飄々《ひょうひょう》としながらも、機知に富んだ、人情味のある探偵役を見事に演じた。
監督は「遠雷」（81）で映画各賞に輝いた根岸吉太郎《ねぎしきちたろう》である。ハードな中にもユーモアを随所に光らせ、二人の身長差三〇センチの凸凹コンビの面白さなどが話題になった。また、全国宣伝キャンペーン「ヒロコーズ野球大会&主題歌発表」や、薬師丸ひろ子が歌う主題歌が予約数六〇万枚という日本新記録を達成するなどの話題沸騰《ふっとう》で、映画は超ヒットし、一九八三（昭和五八）年の興行収入ベストテン二位に輝いた。ちなみに一位は「南極物語」（主演・高倉健）。

第二章　俳優・松田優作がわかる代表作

松田優作は舞台や映画出演のたびに作品と葛藤《かっとう》し、スタッフや俳優と揉《も》めて、暴力沙汰《ざた》も多かった。まったく稀有《けう》な俳優である。まだ、そうしたことが許される、芸能界独特の世界だったのかもしれない。いまでは考えられないことだが、それが許された。

そのためか、優作は大衆から「カリスマ性のある俳優」としての認知がされなかった。時代がそうした大スターを求める意識や世情が変わってきたことも大きい。映画界からスターが消えていった。そうした中で優作の代表作は何だったのか。私は「蘇える金狼」(79)、「家族ゲーム」(83)、主役ではないが「ブラック・レイン」(89) の三作をあげたい。

強烈な個性と鍛えられた肉体「蘇える金狼」

「気をつけろよ。刺すような毒気がなけりゃ、男稼業はおしまいさ」これが「蘇える金狼」の宣伝コピーである。この作品は製作・角川春樹、脚本・永原秀一《ながはらひでいち》、監督・村川透、配給は東映で、一九七九(昭和五四)年八月二五日、東宝洋画系で公開された。

大都会のコンクリートジャングル――そこでは企業集団が生き残るために、個人の心情などまったく無視されてゆく。感情のない組織の歯車。味気のない平凡な毎日。生の強烈な手応えなど、どこを探してもない。そんな大都会の片隅で、ひっそりと一匹の狼が反逆の牙《きば》を研《と》ぎはじめた。知恵と体力のすべてをふりしぼり、たった一人で組織に闘いを挑む男・朝倉哲也（松田優作）。叩きつけるようなハードボイルドタッチで物語は進展する。

昼間は羊のようにおとなしいサラリーマンが、一転、夜になると巨大資本の乗っ取りを企《たくら》む一匹狼に変貌《へんぼう》。炸裂《さくれつ》する拳銃《ガン》、強烈なパワーで走り廻る車《カー》、野望のためには愛する女を盾《たて》にしても眉ひとつ動かさない壮絶なヒーローが暴力の渦を巻き起こす。共演は風吹《ふぶき》ジュン、千葉真一《ちばしんいち》、佐藤慶《さとうけい》、成田三樹夫《なりたみきお》、岩城滉一《いわきこういち》。

この作品は面白かった。娯楽作品の秀作である。細かくいうと問題もいろいろあるが、優作のかっこよさですべて帳消しである。私は大藪春彦の作品はほとんど読んでいたので、拳銃のコルト３５７マグナムパイソンを片手に、イタリアのスーパーカー、ランボルギーニ・カウンタックＬＰ５００を乗り回す優作の姿を堪能《たんのう》した。また、なぜか古びたジャズもよく似合った。

作品は、その年の興行収入ベストテン五位に入る大ヒットになった。

異色ホームドラマの家庭教師役「家族ゲーム」

優作が森田芳光《もりたよしみつ》監督と初めて組んだ主演作品が「家族ゲーム」（83）である。低予算のＡＴＧ作品だったが、面白い作品に仕上がり、話題を呼んだ。

この作品は第五回すばる文学賞を受賞した本間洋平《ほんまようへい》の原作を元に映画化したものである。製作・ATG、NCP、脚本・監督・森田芳光、撮影・前田米造《まえだよねぞう》、出演は松田優作、宮川一朗太《みやかわいちろうた》、伊丹十三《いたみじゅうぞう》、由紀《ゆき》さおりなど。

息子の高校受験のために雇った、風変わりな家庭教師がやってきたことで、一家に巻き起こる騒動を描いたホームコメディである。現代家庭の抱えている問題をユーモラスに描いた。横一列に並んで食事するという演劇的な画面設計、音楽なしの誇張された効果音など斬新《ざんしん》な演出が目立った。

とにかく脚本、演出がよくできている。優作はとぼけた家庭教師役を気負わず自然体で演じた。

脇の登場人物もユニークで、吉本（松田優作）の恋人（阿木燿子《あきようこ》）が吉本にペディキュアを塗らせたり、リンゴを食べさせながらキスしたり、近所の奥さん（戸川純《とがわじゅん》）が勝手に沼田家に来て自己中な発言で千賀子（由紀さおり）を困惑させたり、話の隅々《すみずみ》まで行き届いた演出が研ぎ澄まされて面白い。その中でも茂之（宮川一朗太）の父を演じた伊丹十三の演技が光っていた。決して笑いに流されることのない、醒《さ》めた視線で見据えた異色ホームドラマである。

この作品、初号試写を東洋現像所（現・IMAGICA）で、ATG関係者、俳優、スタッフ、宣伝担当の皆で観たとき、全員が沈んで、上映中も笑いはなかった。それで「こんな暗い映画がヒットするのか」と話しあいになった。このとき優作はじっと考え込んで黙っていた。

二度、三度観るようになって、優作が「これはすごいぞ」と言い出した。そこで優作と森田は握手した。お互いの意識が共通したのだ。「誰が何と言おうと、俺たちがいいと思うのだから大丈夫だ」と森田の一言で、映画は世に出た。試写を観た評論家の受けもよかった。

一九八三（昭和五八）年六月四日、上映すると客が劇場に押し寄せた。ＡＴＧ作品の上映劇場は少なくて小さい。連日満員が続くので、急遽《きゅうきょ》、東宝系の劇場での拡大上映が決まった。ＡＴＧ作品としては異例の大ヒットになった。

この作品は、一九八三年度映画賞を総なめにした。優作は第七回日本アカデミー賞優秀主演男優賞、第五七回キネマ旬報ベスト・テン主演男優賞。第八回報知映画賞主演男優賞、第五回ヨコハマ映画祭主演男優賞を受賞した。森田監督は第二四回映画監督協会新人賞はじめ、主だった映画賞のすべてで監督賞を受賞している。作品賞もしかりであった。

「家族ゲーム」に出演する二年前、「陽炎座」（81、監督・鈴木清順《すずきせいじゅん》）で、優作はアクションスターのイメージを感じさせない、コミカル演技で新境地を開き話題になった。

作品は泉鏡花《いずみきょうか》の原作で、鈴木清順監督の独特で摩訶《まか》不思議な、幻想的観念映画である。優作は大正ロマンの劇作家の役にどっぷり漬かって演じた。作品は、その筋の評論家や映画マニアは絶賛したが、一般客は「なにがなんだか、さっぱりわからない」と酷評《こくひょう》する人も多かった。こうした監督の主張する観念的映画は興行的に成功した例はない。

しかし、マニア受けがいいので日本アカデミー賞、キネマ旬報でいろいろな賞に輝いたが、主役の優作の受賞はなかった。

ハリウッドが震えた優作の狂気「ブラック・レイン」

晩年の作品で忘れられないのがアメリカ映画「ブラック・レイン」（89、監督・リドリー・スコット）である。この作品が優作の最後の映画になった。出演はマイケル・ダグラス、アンディ・ガルシアなどで、日本からは高倉健、松田優作、若山富三郎《わかやまとみさぶろう》、神山繁《こうやましげる》などが出演した。

内容は大阪の街を舞台に、日米の刑事たちが協力して日本のヤクザ組織と戦う物語である。ニューヨーク市警察本部捜査課の刑事ニック（マイケル・ダグラス）は、同僚のチャーリー（アンディ・ガルシア）とレストランで、日本のヤクザ幹部が刺殺される現場に出くわした。追跡の末に犯人を捕まえるが、日本国内での犯罪で指名手配されていたため、その男・佐藤浩史（松田優作）を日本に護送することになった。

護送する任についたニックとチャーリーが伊丹空港で、警察を装った佐藤の手下（内田《うちだ》裕也《ゆうや》）たちに、佐藤を引き渡してしまう。逃げられた佐藤逮捕の捜査に権限がないのに、強引に大阪府警察の捜査に加わろうとするニックとチャーリーだったが、刑事部長の大橋警視（神山繁）がそれを許さず、監視役に松本正博警部補（高倉健）がつけられた。

ここから物語はニューヨークの刺殺事件が、偽ドル原版をめぐったヤクザ同士の抗争であることが判明していく。

そうしたなか、同僚のチャーリーが佐藤に殺戮《さつりく》される現場を目撃したニックは、佐藤への復讐《ふくしゅう》を誓うが、アメリカへ強制帰還させられる。護送刑事の隙《すき》をつき飛び立とうとする機内から逃げるニック。

その責任を取り松本は停職処分を受ける。

その後は一人捜査を続けるニックだったが――。

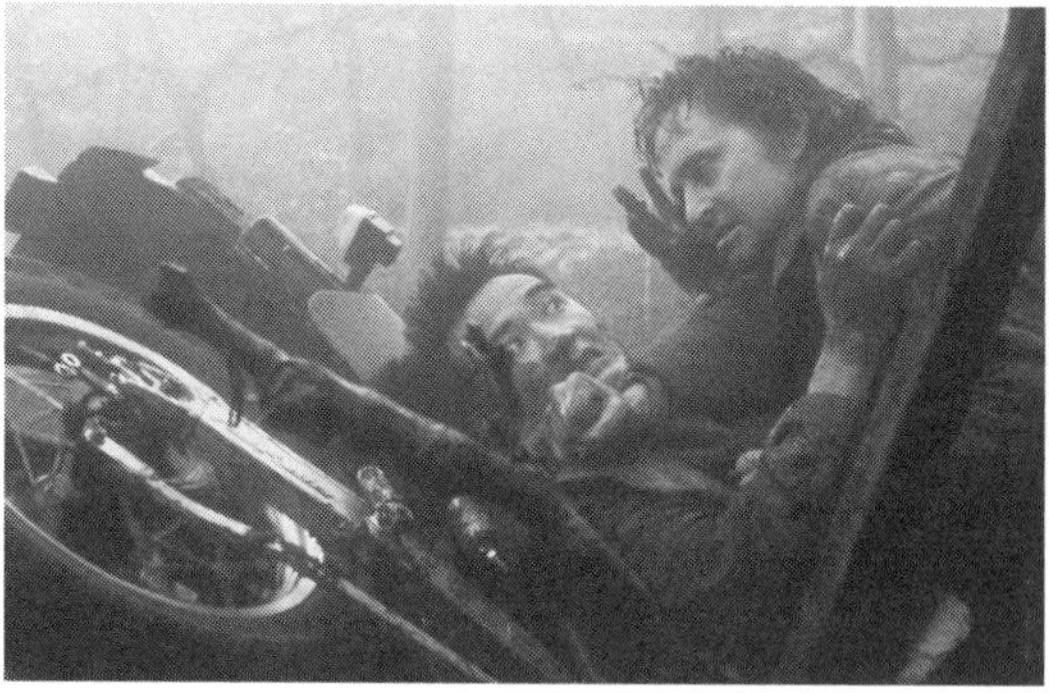

「ブラック・レイン」（89、UIP）、右からマイケル・ダグラス、松田優作

「ブラック・レイン」は娯楽映画の一級品で、アメリカでは三週間連続で興行収入トップとなりヒットした。アメリカから遅れること半月後の、一九八九（平成元）年一〇月七日、日本でも公開され配給収入一三億五〇〇〇万円を上げ、興行力は抜群であった。

なにより話題になったのが凄《すさ》まじい悪を演じた優作である。最初のレストランに優作が現れたときから異様な雰囲気を醸《かも》し出し、短刀で無表情にヤクザの首を切るシーンは圧巻で、観客に恐怖を与えた。

このファーストシーンが、これからの物語の面白さを暗示しているようで、ワクワクしたことを覚えている。その後、ふてぶてしいツラで刑事ニックに挑戦していく悪人を演じ切った。あまりの迫力に主演のマイケル・ダグラス、アンディ・ガルシア、高倉健を完全に食ってしまった。鬼気迫る演技は世界中から賞賛された。

優作はこの撮影中、がんに侵され、薬を飲んでの撮影で、痛みに耐えながらハリウッドデビューの作品に集中していた。日本公開の一ヵ月後、優作はがんで他界していった。

▼優作が演じた佐藤の役は、当初、奥田瑛二《おくだえいじ》を予定していたがスケジュールが合わず、オーディションで決めることになった。応募した優作は、「自分で締めていたネクタイを外し、それを手錠に見立てて手首を結び、本番さながらの迫真の演技を披露し、佐藤役を獲得した」。優作は当初、一次審査（書類選考）で落とされていたが、日本側のスタッフが「松田優作はそんなレベルの役者ではない」とアメリカ側を説得、実現したものだった。この最終審査に残っていたのはほかに、萩原健一《はぎわらけんいち》、根津甚八《ねづじんぱち》、世良公則《せらまさのり》などがいた。

▼作品は大阪が舞台だったが、撮影隊の希望する撮影地はほとんど使えず、トラブルが読出した。大阪府や警察が撮影許可を出さず、ロケ地調整に苦労した。日本のあまりにも多い規制と非協力のため、親日家のリドリー・スコット監督が激怒。「二度と日本で映画を撮らない」と怒り、撮影予定の一〇日間を五日間で切り上げて帰国した。

だから画面では大阪の雰囲気があまり感じられず、残念な結果になった。当時の日本にはフィルム・コミッション（映画やテレビドラマなどの屋外撮影がスムーズにおこなわれるように支援する非営利組織）が存在しなかったため、ロケ現場でも揉めた。

このトラブルでハリウッドでは「日本は規制が多く、映画ロケがまともにできない国」という悪評が広まって、三〇年間の長きにわたり、海外の大作ロケはまったく日本では撮影されなかった。

日本の鎖国性が、映画文化に対する無理解を生んだ。国が映画振興を掲げているフランス、イタリア、イギリス、韓国とはかなり違う。現在、韓国などは映画の先進国になったし、世界市場も日本より強くて広い。いまや日本は映画後進国となり実写映画は瀕死《ひんし》状態だ。この先真っ暗としかいいようがない。

第三章　自己嫌悪と闘いながら高みを目指した

松田優作は韓国人の私生児として生まれた。あわせて自宅が遊郭《ゆうかく》街の中心にあり、親が連れ込み旅館をしている家で、幼年時代、少年時代を過ごした。優作は「人間としてクズでだめなんだ、という屈辱《くつじょく》の中で生きてきた」と語るほど暗い幼少期だった。成人になるにつれ、在日コリアンであることを仕事仲間などに吐露《とろ》しなくてはいけないという葛藤とも闘った。そうしたことを乗り越えて優作は俳優として飛躍した。

生涯、父の顔を知らずに過ごす

松田優作は一九四九（昭和二四）年九月二一日、山口県下関市今浦《いまうら》町で、日本人の父と韓国人の母・かね子（36歳）との間に非嫡出子として生まれた。父親は長崎出身の保護司で当時三九歳、郷里に妻子を持つ一八〇センチ近い大柄な男性だった。かね子とは優作が生まれる半年前から同棲していた。

かね子の妊娠を知った保護司は責任を放棄して長崎に帰り、その後連絡を絶ってしまった。優作は不倫の末の子供として生まれた。そのため認知されることはなかった。

かね子は姉や仕事仲間など、周囲の反対を押し切って優作を生んだので、生後一年間は優作を表に出さず、人目につかないようにして自宅内で育てた。出生届を出したのは三年後で、しかも出生年を一年遅らせて出した。優作は三年もの間、出生の記録がなかった。

優作は生まれたときから母子家庭という境遇《きょうぐう》で育ち、父親不在の寂しさを知り尽くした。

一家は松田姓を名乗っていたが、国籍は大韓民国で姓は金。かね子は日本の植民地だった朝鮮半島から渡ってきた在日一世で、民族差別にさらされながら苦労を重ねて生きてきた。優作には兄となる長男（東）と次男（丈臣）がおり、彼らの父親は韓国籍で、日本名は松田武雄。日本軍に召集され、一九四三（昭和一八）年ニューギニアで戦死していた。

以後、かね子は、戦後まもなく、闇市から仕入れた物を売りさばく行商をして子供たちを育てた。男勝りのかね子は、その後自宅で「衣類商　宝飾品類　古物営業」を始め、のちに「松田質店」を開いた。

優作を生んだ年には、長男が一四歳、次男が一〇歳になっていた。母親の外国人登録証明書に記載された彼の名前は金優作。通称名を使っていた優作は一〇歳になるまで、自分の父親が兄たちと違うことや、在日コリアンであることを知らなかった。

優作が生まれ育った今浦町は、通称〝下関の六花街〟と呼ばれる遊郭街の一つであった。今浦町一帯は長屋のように家屋が連なり、夜になると脂粉《しふん》の匂いをさせた娼婦たちが表に立ち、下関港に寄港した漁船員客を呼び込む、娼家街だった。

優作の自宅周辺の道幅は人がすれ違うのがやっとという狭さ、細い路地でかなりゴミゴミした一帯で、その突き当たりに優作の家があった。生活が苦しくなったかね子は自宅で連れ込み宿を始めた。優作の部屋はその隣の日当たりの悪い、狭い奥にあり、床から天井まで二メートルもない部屋をあてがわれた。夜は娼婦の嬌声《きょうせい》が聞こえる部屋だった。子供が生活するような場所でないなか、優作は高校一年まで過ごした。

嫌悪と増悪と後悔の中で――

一九五七（昭和三二）年四月、神田小学校に入学、四年生になった頃には、皆より一歳上だった優作は身体の大きさで体力と腕力を使って同級生を従わせた。喧嘩が強く、子分はいても友達はいなかった。

一九六三（昭和三八）年四月、文洋中学校に入学。一年生の運動会に家族が揃って応援に来てくれた。そのとき下の兄の嫁さんがチマチョゴリを着てきた。パッと目を引く派手な色の衣裳だった。家は在日の一家ですと宣伝しているようなもので、それを見たとき優作は、もうショックで逃げ出したくなった。同級生に国籍を知られたくなかった優作にとって、義姉の姿は裏切りに思えた。生徒数約九〇〇人の学校である。父兄も多く、この一件で優作は韓国人であることが知れ渡った。

一九六六（昭和四一）年四月、県立下関第一高等学校に進学。高校では環境からのにおいをさせないように無口でおとなしく、目立たない存在で通した。女性にモテるタイプではなかった。人に誘われて組織や集団の一員になることも嫌った。

優作は親しくなった友達の重井修二を自宅へ招いて試験勉強したことがあった。その重井が「徹夜になったけど、そこは色町とはいっても二流の場所や。客と娼婦の睦《むつ》み合う声が聞こえるし、男娼もいた。そらあ、眠れんね。若い時分やし。優作は連れ込み旅館が自分の家だし、慣れていた」と語っている。

高校一年のとき市内の「乃木道場」で空手を習ったが、型を覚える程度ですぐに止めた。のちに池袋の「極真会館」にも通ったが、段をとるまでにはいっていない。後年、優作は喧嘩が強いとのイメージが定着していたので、誰かが二段だと言うようになり広まった。しかし喧嘩をすると、相手が「やめて」と身体にしがみついてきても徹底的に叩きつけた。優作は生まれたときからの環境が大きく影響し、喧嘩や、ものの見方、考え方にも歪《ゆが》みを残した。

異邦人の孤独と芸能界入り

母・かね子には、優作に国籍や父親のことでひけめを感じさせないため、大学まで進学させたいという希望があった。そのため高校でも立派な学生にしようと考え、高校二年のとき、叔母の住むアメリカへ留学させた。優作は嫌だったが母親に従った。

カリフォルニア州モントレー郡シーサイド市のシーサイド高校に転入した。しかし、英語力が身につかず、容易に埋まらない言葉のギャップと、想像していたのとはまるで違う生活環境、下宿していた叔母が夫との離婚訴訟を抱えており、優作の世話どころではなかった。

母が送ってくれる月々の食費も、叔母の生活費の一部として使われ、優作の食事は貧しく、お腹をすかす日が続いた。そのためいろいろな確執が生まれた。あわせて白人対有色人種という大きな差別がアメリカにも存在している事実を知った。ここでも優作は、強烈な疎外感を味わい、日本へ帰りたいとの思いが日々続いた。

意を決した優作は、留学から一年も経っていない一九六八（昭和四三）年九月上旬、帰国して、長兄が暮らしている池袋のアパートに転がりこんだ。母に知らせていない帰国に長兄はビックリしたが、優しい兄は優作のことを心配して、私立豊南高校夜間部普通科の四年生に転入手続きをしてくれた。一九七〇（昭和四五）年四月、関東学院大学文学部に入学。

優作は小さいときから芸能界を目指していたので、一九七一（昭和四六）年五月、俳優・金子信雄《かねこのぶお》主宰の劇団「新演劇人クラブ・マールイ」に研究生として入った。しかし長く続かず短期間で退団した。その後、仲間と演劇集団「F企画」を作り細々と活動を続けていたが、一九七二年四月「文学座」に合格。文学座付属演技研究所一二期生となった。

文学座同期には阿川泰子《あがわやすこ》、高橋洋子《たかはしようこ》、山西道弘《やまにしみちひろ》、一期後輩には中村雅俊《なかむらまさとし》、一期先輩には桃井《ももい》かおりがいた。優作は役者に専念するため、六月に大学に退学届を出した。

生活のため新宿駅東口のトリスバー「ロック」でバーテンダーを勤めていたとき、客として来ていた文学座の村野武範《むらのたけのり》と知り合い親交を結んでいた。ある日、村野が日本テレビのプロデューサーである岡田晋吉《おかだひろきち》が新人を探していることを聞き、「面白い男がいる」と言って優作を紹介した。

紹介された岡田が文学座の優作の稽古場を視察に行くと、芝居に対する体当たりの真剣さと、強引とも思える度胸《どきょう》のよさに驚き、採用を決めた。

これが縁で一九七三（昭和四八）年二月「太陽にほえろ！」（NTV）、第三五話「愛するものの叫び」で市役所職員のちょい役で出演。プロデューサーの岡田晋吉をはじめスタッフに認められ、一九七三年七月から「太陽にほえろ！」のジーパン刑事役としてレギュラー出演が決まった。優作の芸能界デビューである。

出演すると、足の長さと変わったキャラクターで茶の間の人気を集めた。特に優作が最後に殉職《じゅんしょく》するシーンが話題になった。

「本当のことを知れば、俺から逃げていくだろう」

優作は「新演劇人クラブ・マールイ」で勉強していた一九七一年、研究生だった熊本美智子《みちこ》と知り合い、優作が強引に美智子のアパートへ押しかけ同棲した。

美智子は優作と同じ山口県出身で、学習院女子短期大学英文科を卒業。短大時代は、岩国のミスコンテスト「ミス錦帯橋」で一位になったこともある、知的な美人である。生活費は二人とも演劇の勉強をしながらアルバイトで支えた。

同棲から半年後、下北沢のアパートへ引っ越していた一二月下旬、美智子が部屋の掃除をしていたら床に落ちていた二つ折りの黒い定期入れがあった。あけてみると優作の顔写真の下に「金優作」という文字がプリントされていた。常時携帯が義務づけられている外国人登録証書だった。美智子は初めて優作が韓国人だったことを知った。

同棲してすぐに、優作がいきなり「俺をお前の家の養子にしてくれないか」と言ったり、「本当のことを知れば、お前は俺から逃げていくだろう」と呟《つぶや》いた言葉の意味が美智子には理解できた。あるとき、美智子の同棲生活を知った叔父が優作の身上調査をした。叔父から「彼が私生児であること。実家が女郎屋のような商売をしていて、警察沙汰になったこともあり、国籍も韓国だと告げられた」。そのため将来を考えれば、けっしてよい条件の相手ではないので、よく考えるようにと言われた。

「人は、自分で環境を選んで生まれてこられるわけではない」。子供の頃から偏見にさらされ、屈辱的な思いを味わってきた優作を想像すると、美智子は彼と別れようとは考えなかった。

しかしその後、優作は長兄から美智子が「韓国人であることを知っている」話を聞き驚いた。内緒にしていたことがバレていたのだ。美智子がそれを知っていながら優作には一言もいわず、同棲していてくれたことに優作は涙し、美智子にすべてを打ち明けた。

帰化申請と離婚、そして再婚へ

一九七三年七月「太陽にほえろ！」でデビューした優作は人気者になっていったが、家庭で考え込むことが多くなった。放送から二ヵ月が過ぎた頃、優作は真剣な顔で美智子に「どうしても日本国籍に帰化したい、協力してくれないか」と頼んできた。

協力とは、美智子の父に帰化についてお願いしてくれという意味だった。美智子の父は山口県を地元とする元総理大臣・佐藤栄作《さとうえいさく》の地区後援会会長を務めており、元総理の秘書官とも懇意にしていた。優作はそのルートを使って帰化させてもらえないか、と頼んできたのだ。

優作はそれまで何度か帰化申請を試みたが、母が一九五六（昭和三一）年四月に制定された「売春取締条例」に違反して逮捕されたり、在日コリアンの共同経営者が夜逃げして、多額の借金を背負わされた経緯などもあり、申請は何時も却下されていた。

美智子の父は優作との生活には大反対だったが「孫が生まれてくることを考えたら、協力せざるをえんじゃろ」と引き受けてくれた。

これを聞いた優作は小躍りして喜んだ。複雑で多くの書類を揃えるのに時間がかかった。その中で「帰化申請動機書」の文面が美智子の胸を打った。「僕は今年の七月から日本テレビの『太陽にほえろ！』という人気番組にレギュラーで出演しています。視聴者は子供から大人までと幅広く、家族で楽しめる番組です。僕を応援してくれる人たちもたくさんできました。現在は松田優作という通称名を使っているので、番組の関係者にも知られていませんが、もし、僕が在日韓国人であることがわかったら、みなさんが、失望すると思います。特に子供たちは夢を裏切られた気持ちになるでしょう」などと書かれていた。（『越境者　松田優作』松田美智子著、新潮社）

その年の一二月、帰化申請が許可された。異例の早さだった。法務大臣の名が記された許可書を受け取ったときの優作の顔は、重く立ち込めていた霧がパッと晴れたような表情だった。この許可書は美智子だからできた荒業《あらわざ》だった。

帰化申請が降りた二年後の、一九七五（昭和五〇）年九月二一日、優作二六歳の誕生日に二人は結婚した。同棲五年目で、結婚指輪もなく挙式、披露宴もせず、区役所への入籍届だけだった。美智子はこれを機に、芸名・堀真弓で活動していた女優活動を停止した。

後年、美智子は「内輪だけでもいいから、お披露目をして、ウェディングドレスを着てみたかった」と後悔《こうかい》する。それにもまして、名家を誇る美智子の両親の落胆《らくたん》は大きかった。

これ以降、優作の仕事は順調に進んでいく。映画の出演も「暴力教室」（76）、「ひとごろし」（76）、「人間の証明」（77）と続き、テレビも「俺たちの勲章」（75）、「大都会シリーズ」（77）などで活躍していった。一九七六（昭和五二）年一二月二五日には長女・沙織が帝王切開で誕生した。

しかし、順風満帆《まんぱん》に見えた生活だったが、落とし穴が待っていた。優作の不倫である。相手は一九七九年九月一八日から始まったテレビ「探偵物語」でゲスト出演していた熊谷美由紀《くまがいみゆき》（18歳）で、優作とは一二歳離れていた。

美智子はいつもの共演相手だと思い、浮気に気がつくのが遅れた。気がついたときには優作が自宅へ戻らない日々が続いた。何度か話し合ったが、溝が埋まらない。結果、優作の方から離婚を宣言され一九八一（昭和五六）年一二月二四日離婚した。離婚届の証人欄は、俳優・原田芳雄《はらだよしお》夫妻で、美智子三一歳。娘・沙織五歳のときである。優作とは一一年間生活を共にしたことになる。

美智子は離婚時、優作から娘の名字は変えたくないと申し込まれ、離婚後も戸籍は松田姓を名乗っている。その後、美智子はシナリオライターの勉強をし、高名な作家のゴーストライターとして、映画の脚本などを執筆していた。あるときノンフィクション作家・大下英治《おおしたえいじ》からその才能を認められ、ノンフィクション作家兼推理小説家として仕事を始めた。ペンネームは松田麻妙《まみ》、雨宮早希《あまみやさき》と使い分けている。後年は松田美智子名の書物が多くなっている。その著作は四〇冊以上にのぼる

じつは私は彼女のファンで『永遠の挑発：松田優作との21年』『オウムの女』『スクープ』『柩の中の殺意』『越境者 松田優作』『サムライ：評伝 三船敏郎』『仁義なき戦い 菅原文太伝』などの愛読者である。本書の執筆も彼女の松田優作に関する書籍を大いに参考にさせてもらった。

優作は、美智子がいなければ、日本国籍を取得できたかは、はなはだ疑問である。優作の家庭内暴力に耐えながら、美智子の献身的な支えが「俳優・松田優作」を誕生させたといっても過言ではない。それほど美智子の存在は大きかった。

優作は熊谷美由紀と恵比寿のマンション「センチュリープラザ」で同棲生活を始めていた。一九八三（昭和五八）年五月九日、美由紀との間に長男龍平《りゅうへい》が生まれたのを機に入籍。優作はその後、翔太《しょうた》（次男）、ゆう姫《き》（次女）を設けている。

これ以降、テレビ、映画、舞台、音楽活動とさまざまな分野で活躍していくが、タフガイに見えた優作は身体が弱かった。病院に行くことを嫌い自分勝手な解釈で治療するので、がんにも気がつかなかった。後年、このがんに悩まされ、一九八九（平成元）年一一月六日午後六時四五分、膀胱がんの腰部移転により西窪病院で永眠する。享年四〇だった。

子供の頃から万全でなかった身体

優作は身体に多くの持病を抱えていた。小学生のとき、長兄に乗せてもらった自転車が転倒して、肋骨《ろっこつ》にヒビが入り、同時に腎臓も傷《いた》めた。このとき病院では外傷の手当てだけし、内臓の損傷まで気がつかず、検査をしなかった。その後、結核にかかり、片方の腎臓《じんぞう》が機能しなくなっていた。腎臓は余力のある臓器で、残った一個が二個分の働きをしていける。日常生活に差し障りなく長生きしている人が大勢いる。こうしたこともあり、優作は浮腫《むく》みが出やすい体質なので、余分な水分を汗に変えて出すようにするため、毎日の入浴時間が長かった。

アメリカ留学のとき、急性盲腸炎《もうちょうえん》を起こし手術もしている。

また優作は凄い近眼であった。映画を観るとき、スクリーンの前列に席を取って見ていた。「野獣死すべし」(80)の撮影時に初めて検査し、眼鏡を使用するようになった。

中学では中耳炎《ちゅうじえん》になり完治しないまま過ごした。それが持病として慢性化してしまい、一九七五(昭和五〇)年に症状がぶり返し、さらに悪化して北里大学病院で診てもらった。

精密検査の結果、「真珠腫性中耳炎《しんじゅしゅ》」と判明した。慢性中耳炎を放置していたために、炎症が耳を取り巻く骨までおよんでおり、このままでは難聴、めまい、顔面神経麻痺《まひ》、さらに髄膜炎《ずいまくえん》、脳腫瘍《のうしゅよう》などの頭蓋《とうがい》内合併症まで引き起こす可能性があった。もはや薬物で治療できる段階ではなく、手術による根治《こんち》治療しか選択肢がなかった。手術は成功し、入院を一〇日ほどし、その後は週に一度の通院で治した。

優作はとにかく病院を嫌った。「殺人遊戯」(78)の撮影中に、膝の近くをかなり深くけがしたことがある。ズボンは血まみれだが、噴き出す血は、傷口を指で摘《つ》まむことで止めた。妻・美智子は病院で縫《ぬ》った方がいいと勧めたが、「消毒して、軟膏《なんこう》をつければ治る」と言い張り、絆創膏《ばんそうこう》で何度も傷口を貼り合わせることで治した。

家族にも知らせなかった末期がん

一九八八（昭和六三）年九月二七日午後三時すぎ、優作は杉並区の自宅トイレで倒れた。午後四時二〇分、三鷹駅近くのかかりつけの西窪病院（現・武蔵野陽和会病院）へ、緊急入院することになった。立って歩けるような状況ではなかった。診察の結果、悪性腫瘍が見つかった。

この優作の病気について、前妻・松田美智子が『越境者 松田優作』の中で、担当医・山藤政夫医師に取材し詳細を聞いている。概略を記しておこう。

診察の結果で膀胱《ぼうこう》内部の三ヵ所から出血し、血液の塊があった。膀胱の外側の上部にできる壁がんであることもすぐにわかった。まず出血を止める処置を取り、細胞の一部を採取した。血塊による尿《にょう》道《どう》閉鎖で下腹部が大きく腫《は》れていたので、膀胱を洗浄して尿を排出させた。尿道から内視鏡を入れ、膀胱の内部を覗いたら、細かな腫瘍が一面にみられた。この症状からすると、いままで、相当の痛みがあったはずだ、という。

じつは優作が血尿に気がついたのは二年半前の一九八六（昭和六一）年春のことだった。初監督作品「ア・ホーマンス」の撮影をしていたときで、別な病院で診察したら膀胱炎と診察された。それで安心した優作は撮影を続行した。痛みがあったときは特別ルートで仕入れた抗生物質の錠剤で治した。

そのため発見が遅れた。

入院から三日後、検査データが出た。結果は膀胱内にできる移行上皮《いこうじょうひ》がんだった。この移行上皮がんは進行が早いという特徴がある。骨盤へ向かってがん細胞が増殖《ぞうしょく》していく厄介《やっかい》で珍しいケースだった。

患者が自分の病気を理解しないと治療の協力が得られない。山藤医師は優作へ病状の説明をした。「尿道から出血しているのは、悪性腫瘍のせいかもしれません。転移している可能性もあります。治療の方法としては、まず外科手術。抗がん剤を使用することも必要です。外科手術を施した場合、人工膀胱と人工肛門の両方をつけなければならない」ことも説明した。

説明を聞いた優作に動揺した様子はなく「ああ、そうですか。自分の病気のことは家族には話さないでください」と言った。それからしばらく沈黙して、一週間考えさせてくださいと言ったが、その後、山藤医師に「ブラック・レイン」の撮影が控えていることを話した。話を聞いた山藤医師は、外科手術を受け、人工臓器をつけた身体での激しいアクションは無理だと答えた。

命と引き換えに演じた「ブラック・レイン」

優作は手術を受けない結論を出した。「撮影のクランクアップまでは、およそ一年近くかかる。その間、なんとか持たせることができないだろうか」と医師に相談した。優作のあまりにも強い希望で山藤医師が考えたのが、定期的に通院して、膀胱の中に抗がん剤のアドリアマイシンを注入すること。投薬としてはアドナ、カチーフNなどの止血剤、そして5‐FUというフルオロウラシル系の制がん剤を使用することなどであった。優作はこれに納得し一〇月一六日退院した。
一一月五日、撮影のため大阪入り、一二月一六日、ニューヨークへと飛び立った。
この間、西窪病院に何度か通院したが、がんはかなりの進行速度だった。ステージVまでいってい
た。優作はニューヨークから連日のように山藤医師の自宅へ電話した。時差があるので夜中の二時、
三時にベルがなったが、山藤医師はそのつど、薬の飲み方を指示した。優作はアクションをした後、
オシッコと痛みに苦労していた。
一二月二三日帰国。翌年の一九八九年一月六日、優作は再びニューヨークへ発ち、厳寒の撮影現場
に立った。ニューヨークへ出発した翌日の一月七日、昭和天皇が崩御《ほうぎょ》した。三月一六日、「ブラッ
ク・レイン」の撮影が終了し帰国。

しかし、帰国すぐの三月一九日から一週間ほどタイへの家族旅行をおこなった。家族はこのときま
だ、優作の病状の深刻さを理解していなかった。
四月二六日、血尿がひどくなり入院。膀胱一面に腫瘍が広がり、組織的にも最も重いがんの形だっ
た。腰椎《ようつい》位の第四番目や脊髄《せきずい》に飛んでいて、とても手術ができる状態ではなかった。山藤医師は化学
療法や放射線治療を勧めたが、優作は「じつはテレビ番組の企画があって、これはぜひやりたい」と
断った。二度目の入院も一〇日間ほどだった。
テレビ番組とは、村川透監督の「華麗なる追跡」（ＮＴＶ）で、ソウル五輪の陸上で三個の金メダ
ルを獲得したフローレンス・ジョイナーとの共演だった。しかし、撮影に入ると走れない、アクショ

ンができないと散々だった。膀胱からの多量出血と、腰からくる背中にかけての激しい痛みで、演技を十分演じきるだけの体力がなかった。それでも番組はなんとか完成し放送された。

これ以降の優作は、四月二一日、四〇歳の誕生会を杉並区の自宅で仲間たちに囲まれてすごした。九月二八日、「痛みがどうしょうもなく、血尿がひどくて止まらない」ので、またまた西窪病院に入院。患部を見ると膀胱の腫瘍が骨盤に転移し、がん性の腹膜炎《ふくまくえん》を起こしていた。「ブラック・レイン」の舞台挨拶があるというので一〇月二日、いったん退院。試写の前に帝国ホテルでパーティーが開かれ、リドリー・スコット監督、高倉健と親交を深めたが、腰痛がひどく血尿も多かったので、ホテルのトイレから長時間出られなかった。優作のあまりの顔色の悪さにリドリー・スコット監督も心配顔だった。

このとき、同席したセントラル・アーツ社長の黒澤満が体調の悪さに気づき、側にぴたりとついて離れなかった。腰痛に耐えられなかった優作は、その後にある渋谷「文化村オーチャードホール」の試写会舞台挨拶を欠席した。同午後五時すぎ、優作は西窪病院に再入院。

一一月四日、腎臓から尿を送り出す腎盂《じんう》にがんが転移したため、このままでは尿毒症になると判断し、緊急手術がおこなわれた、しかし容態は悪化の一途を辿《たど》る。五日の夕方、危篤《きとく》状態になった。優作の身体はリンゲル液や心電図など管がつけられ、身動きできない状態だった。一一月六日午後、病状が急変した。血液中のカリウム値が上がり、強靭な心臓を持っていた優作も午後六時四五分永眠した。享年四〇の生涯だった。

　じつはこのとき、ベッドの横で最後まで優作の右手を握っていたのは新興宗教家の今井だった。危篤状態を聞いた長兄が下関から駆けつけ優作に話そうとすると、「シッ！　声を出してはいけません」と妻・美由紀に阻止された。宗教家が祈禱《きとう》していたからだ。

　優作は一九八四（昭和五九）年、母親を亡くした後、妻・美由紀の母に誘われて伊豆《いず》に本山がある新興宗教の信者になった。それ以来、病気も気と般若心経《はんにゃしんぎょう》で治ると信じ、写経と座禅が習慣になっていた。

　ニューヨークの「ブラック・レイン」の撮影時にも、額に入った悲母《ひぼ》観音の写真とお香を持参するほどだった。「母の死と、俺は欲望が多すぎて、いろいろな人に迷惑をかけ、傷つけて生きてきたから」というのが入信の動機と言うが、死の寸前まで優作は、肉体を超えた精神の世界に救いをもとめていたのだ。

最後まで我を通した俳優生活

　優作が映画界で活躍した一九七三（昭和四八）～八九（平成元）年の時代は、日本映画のちょうど過度期であった。邦画界の斜陽化が進み、添え物映画にも活力がなくなり、二本立て興行が見直され、大作の一本立て興行が進んでいったときでもある。大手映画会社に代わって、角川やフジテレビが映画製作に乗り出した。あわせて、アニメのジブリが登場し、業界も様変わりしていった。

　そうしたとき、テレビで人気があった優作が映画界へ登場したのは、当時の映画界を象徴するよう

テレビ番組「探偵物語」、松田優作

なもので、人気タレントやアイドルはいても、突出したスターが生まれてこない、均等、平等がいちばんという時代でもあった。

しかし、優作はスターが生まれない社会環境の中で、自分の個性を前面に押し出し、強引に芸能界を渡り歩いた。優作は俗にいう大物俳優ではない。なぜなら、あまりにも個性が強すぎて、大手映画会社が大作を撮るときの主役には向かなかった。角川映画「野獣死すべし」がそのいい例である。この作品は角川の派手な宣伝力で興行的には成功したが、例外である。

優作もそれを承知していて「スターを集めた大作とは肌が合わない。俺にはB級映画の方が似合っている」と自覚していた。優作は気に入らないと暴力を振るう癖があった。それも作品のたびにスタッフに暴力を振るい、揉めた。

また、取材記者やロケ先で暴力事件を三件起こし、警察沙汰になり小菅《こすげ》の留置所で長期のブタ箱生活も経験した。妻・美智子は保釈金五〇〇万円を父から借り、優作を留置所から出した。その後、裁判の結果、懲役一〇ヵ月、執行猶予三年がついた。そのため謹慎生活が五ヵ月間も続いた。この件で世間から「見境なく暴力を振るう俳優」のレッテルを貼られた。

まだある。映画「ア・ホーマンス」（86、東映）では自己主張し監督を降板させて、自分で監督までしている。こうした例は歌手・長渕剛《ながぶちつよし》の「ウォータームーン」（89、東映）でもあった。長渕の主張が激しくスタッフが戸惑い、名匠・工藤栄一《くどうえいいち》監督が降板し、途中から長渕が監督した。

役者は気に入らなければ自分から降板すればいい。こうした事件を収めきれないプロデューサーと製作会社はさらに悪い。案の定、両作品とも観客から無視され、客がまったく入らなかった。そうした俳優の個性を売り物にする映画の時代ではなかった。好きに撮りたいなら、自分で金を出して製作すればいい。大方の俳優はそれで大赤字を抱えて失脚しているのが常なのだから。

修羅を背負ったキャラクターが愛された

特異キャラクターの優作を、前妻である松田美智子は「優作は綺麗《きれい》ごとが嫌いで、スマートなイメージを作られようとしたときに抵抗し、積極的にぶち壊そうとする男だった。明るい場所より暗く湿った場所を、直線より歪《ゆが》み、屈折《くっせつ》の方に興味を持っていた（略）。彼は外見であれ、作品における演技であれ、格好よさだけが強調され、単純に喜ぶような男ではなかった。〝代表作となるのはネクストワン〟を常に目指していた」（『越境者 松田優作』）と語っている。

これは優作を的確に捉えた証言である。優作は映画界でも特異な存在だった。常に新しいものを探し求めた。尊敬する人は原田芳雄、萩原健一。この二人のサングラス姿やセリフを真似た。友達は桃井かおり、水谷豊《みずたにゆたか》などがいる。

テレビ時代が優作を生んだ。撮影所中心の映画製作では、「松田優作」は、おそらく脇役で終わっていたのではないか。

また優作には在日韓国人であることが終生、負の遺産としてつきまとった。「俺は修羅《しゅら》を背負って生まれてきたし、生きてきた。それを捨てちゃうのか、そのまま背負って俳優をやるのか」と常に悩んでいた。優作にそういう意識を植えつけた日本社会が悪い。

どうして偏見を持たず平等に扱えないのだろう。私は内閣府の管轄《かんかつ》で約一〇〇年の歴史がある、「公益社団法人 中央日韓協会」の理事を永く務めたことがある。この組織は民間の立場から韓国との交流を深めることを目的とした協会である。ここの活動でいつもぶつかるのが韓国の歴史教育とヘイトスピーチの問題であった。

日本は昔から一流企業は韓国人の採用を控えた。ほかの職業も押し並べてそうである。そのため在日の韓国人は、戦後は屑鉄《くずてつ》集めや工事現場の肉体労働者か、自前で職を探すしかなかった。パチンコ店、焼肉店などに活路を開いて生活を支えてきた。若者は比較的自由な芸能界へ多く進出した。そのため、いまの芸能界は韓国系の人でいっぱいだ。

優作もそうした環境を察して、高校時より「平凡」「明星」の芸能雑誌を読み「東宝友の会」などに入会して、機をうかがっていた。しかし、好んで観た映画は日活と東映作品だったとか。

優作が映画界で活躍したのは一六年間で、出演作品は二五本。決して多くはない。しかし印象に残る作品を残した。いまでも多くのファンが優作を偲《しの》ぶのは、彼の持っているキャラクターを愛したからである。もし優作がいま蘇ったら、どんな作品をわれわれにみせてくれたのだろうか。惜しまれる俳優であった。

▼松田優作・主な出演作

「狼の紋章」（73）でデビュー、「ともだち」（74）、「竜馬暗殺」（74）、「あばよダチ公」（74）、「暴力教室」（76）、「ひとごろし」（76）、「人間の証明」（77）、「最も危険な遊戯」（78）、「殺人遊戯」（78）、「乱れからくり」（79）、「俺達に墓はない」（79）、「蘇える金狼」（79）、「処刑遊戯」（79）、「レイプハンター　狙われた女」（80）、「薔薇の標的」（80）、「野獣死すべし」（80）、「ヨコハマBJブルース」（81）、「陽炎座」（81）、「家族ゲーム」（83）、「探偵物語」（83）、「それから」（85）、「ア・ホーマンス」（86）、「嵐が丘」（88）、「華の乱」（88）、「ブラック・レイン」（89）。

X 夏目雅子

――語り継がれる早逝の大女優

一九五七（昭和三二）年一二月一七日〜
一九八五（昭和六〇）年九月一一日（27歳没）

日本映画界が元気をなくしていた一九八〇年代、彗星《すいせい》のように現れた女優がいた。夏目《なつめ》雅子《まさこ》である。容姿《ようし》端麗《たんれい》で知性に富み、その性格は天真爛漫《てんしんらんまん》、あっけらかんとした態度は、過去の女優にはないキャラクターだった。だから多くの監督、演出家が競って夏目を指名した。しかし、その逸材《いつざい》も将来を嘱望《しょくぼう》されながら二七歳という短い人生だった（扉写真は「鬼龍院花子の生涯」〔82、東映〕、夏目雅子と小《お》沢《ざわ》栄《えい》太《た》郎《ろう》〔右端〕）。

第一章　監督たちに認められた度胸と才能

夏目雅子は一九七七（昭和五二）年、カネボウ化粧品、夏のキャンペーン「Ｏｈ！クッキーフェイス」のモデルとして登場した。ＣＭはチュニジアで撮影され、キャンペーンが始まると、夏目は、たちまち世間の注目を一身に集めた。健康的な小麦色をした肌と、はちきれんばかりの笑顔。街中に貼り出された水着姿のポスターは次々と盗まれた。雑誌のグラビアは彼女の写真で溢《あふ》れた。

テレビ「西遊記」三蔵法師役で人気

その人気に飛びついたのがテレビ局だった、本格デビューしたその年の一九七七年に出演したのが「悪魔の手毬唄」（ＭＢＳ）、「花ぼうろ」（ＹＴＶ）など七番組だった。一九七八（昭和五三）年は、大河ドラマ「黄金の日日」（ＮＨＫ）、フジテレビで「銭形平次」「Ｙの悲劇」、日本テレビでは「オレの愛妻物語」「西遊記」「桃太郎侍」など八番組に出演。その中でも連続ドラマ「西遊記」が高視聴率を上げ、三蔵法師役の夏目雅子は一躍、茶の間の人気者になった。

一九七九（昭和五四）年も「鉄道公安官」（テレビ朝日）、「風の隼人」（ＮＨＫ）、「西遊記Ⅱ」（ＮＴ

V）などに出演。翌年もテレビが主要な活躍の場として、年間八番組に出演したが、その中で、夏目が役者として絞られた作品に「ザ・商社」（NHK）があった。

悪女を演じて役者開眼「ザ・商社」

「ザ・商社」は、世界を舞台に石油代理店獲得を目指す総合商社の苦闘と崩壊を描いた経済ドラマである。社内の権力闘争や、北米の石油市場に挑む商社の姿を、戦後最大の倒産と言われた安宅《あたか》産業をモデルにした、松本清張《まつもとせいちょう》原作の実録小説『空の城』のテレビ化である。四ヵ国での海外ロケなど、当時のテレビドラマとしては空前のスケールだった。

演出は和田勉《わだべん》、脚本・大野靖子《おおのやすこ》、出演・山﨑努《やまざきつとむ》、片岡仁左衛門《かたおかにざえもん》、中村玉緒《なかむらたまお》などのキャストだった。放送は一二月五日～一三日まで、テレビドラマスペシャルとして全四話放送された。

この大作に夏目雅子が抜擢《ばってき》された。そのいきさつをディレクター・和田勉が語る。「稽古の一週間前になってもまだヒロイン役が決まらない中で、ヒロインの友達役を夏目雅子と考えてNHK近くの喫茶店で会った。普通駆け出しの新人女優といっても一人では来ない。たいていマネージャーとか付き人がついてくる。約束の時間に行くと、複数で来ている人はいない。ぽつんと一人マンガ本を読んでいるカーリーヘアの女の子がいて、彼女しかいないから、前に回って見たら写真やドラマで見た夏目君らしいので『夏目さんですか』って言うと、パッと顔を上げて『アッハハそうです』って大笑い」それが最初の出会いであった。

「出演を決めて、それじゃ一週間後に稽古《けいこ》が始まるからということで、別れようとしたとき、夏目君が『私、一〇年後、三〇歳になったら演技力をつけて、このピアニストの役をやりたい』といったわけです。そのとき何か、僕の中でグラッときたものがあった。で僕は『役者というのは、明日というのがないんだよ』と言ったんです。

つまり役者にとって一〇年後にやりたいというようなことはありえない。タレントは別だけど、役者は明日がないというぐらいの覚悟でやらなくちゃいけないと。そして『もし、本当にやりたいんだったら、いまこれをやらないと意味ないよ』というようなことを言って、ポン！とヒロインのピアニスト役に決めちゃったんです。彼女はほっぺたつねったけど。やはり、そういう僕に言わせてしまう何かがあったんだろうね」

「ザ・商社」（80、NHK）、夏目雅子と山﨑努

男を踏み台に、のし上がっていくピアニストの役である。カナダ北東海岸のカンバイチャンというところで、山﨑努演じる江坂アメリカ社長とのベッドシーンがあって、台本には「上半身裸になる」とある。

「もちろん夏目くんもそれを読んでいるわけで、そのとき夏目くんは、ほとんど何の抵抗もなく上半身裸になり演じた」（『女優　夏目雅子』キネマ旬報社）

これには伏線があった。夏目は難解なもの、役作りが難しいものになると苦しんで、苦しんでその人になりきる。「ザ・商社」の撮影中、母とデパートへスリップを買いに行った。試着室で母は雅子に「すいぶん小さな胸だねぇ」と言ってしまった。裸になるシーンの撮影で頭が一杯だった夏目は、この言葉にショックを受けた。

それから撮影現場に行った夏目は和田勉の前に立ち、いきなり「この胸でいいんですか」と言って前をパッと開いて裸をみせた。これには演出の和田も驚いたという。

このベッドシーン、夏目は半裸で胸も隠さず演じた。乳房も丸見えで、民放なら大々的に宣伝しただろうが、和田がNHK広報室と記者クラブに、一切記事にしない約束を取りつけたのが幸いした。夏目の体当たり演技もあり、この作品の評判がよく視聴率も上がった。夏目は注目され、全国にファンを広めた。

夏目はこの作品で映画・テレビプロデューサー協会の一九八〇（昭和五五）年度、エメラルド賞新人賞を受賞した。

大女優に大化けした「鬼龍院花子の生涯」

夏目がさらに大ブレークしたのが、一九八二（昭和五七）年の映画「鬼龍院花子の生涯」（82）である。

直木賞作家・宮尾登美子《みやおとみこ》の同名小説の映画化で、東映と俳優座の提携作品として製作された。監督はフジテレビを退職していた五社英雄《ごしゃひでお》で、再起をかけた作品でもあった。

内容は大正末期から昭和にかけて、土佐《とさ》を舞台に侠客《きょうかく》・鬼龍院政五郎（通称・鬼政）とその娘花子の波乱万丈の生涯を、約五〇年間にわたり、その興亡を見守った養女・松恵の目線から描いた作品で、とりわけ鬼政を取り巻く女たちの凄《すさ》まじくも絢爛《けんらん》な愛憎劇の物語でもある。

大正一〇年。土佐の侠客・鬼龍院政五郎（仲代達矢《なかだいたつや》）は、一二歳の松恵（少女時代は仙道敦子《せんどうのぶこ》、夏目雅子）を養女にもらう。政五郎は正妻である歌（岩下志麻《いわしたしま》）のほかに複数の愛人を囲っており、愛人・つる（佳那晃子《かなあきこ》）に産ませた娘・花子（高杉かほり）を溺愛《できあい》する。

政五郎と花子の身の回りの世話をしながら成長した松恵は、政五郎の反対を押し切って女学校に入学。のちに小学校教師となる。やがて、土佐電鉄労働組合のストライキを支援する、高校教師・田辺恭介（山本圭《やまもとけい》）と恋に落ち結婚するが――。

鬼龍院家の人間たちの生き様を目《ま》の当たりにしてきた影響で、松恵はしとやかな中にも激しい情念を秘めた女性に成長し、さまざまな人間との出会いや別れを通して、波乱に満ちた人生を送っていく。この作品は、松恵から見た鬼龍院家の栄枯盛衰《えいこせいすい》、政五郎と花子に関わった人間の生き様などを、松恵のナレーションで語り継ぐ。

この作品で松恵が「なめたらいかんぜよ」と言うセリフが話題になり、流行語になった。これで夏目が大ブレークした。そのシーンは、

「喪服を着た松恵は、ヤクザの抗争に巻き込まれて死んだ、愛する夫の遺骨をもらいに、夫の実家を

訪れる。夫の父親（小沢栄太郎《おざわえいたろう》）に『お前のようなヤクザものの娘にくれてやるくらいなら、犬猫にでも食わした方がましじゃ、はよ、いね！（早く帰れ！）』と、けんもほろろに突き返される。すると松恵は仏壇に向かって突き進み、骨壷を取り出すと持参した石鹸箱に入れ持ち帰ろうとする。一瞬虚《きょ》をつかれて、たじろいだ下男たちが、松恵を取り囲む。そのとき、松恵は『……うちは、高知、九反《くたん》田《ぼ》の侠客、鬼政の娘じゃき！』と啖呵《たんか》を切る。

台本はこのセリフで終わっている。それが、映画では最後に「なめたら、なめたらいかんぜよ！」がつけ加えられた。現場で五社監督が、即興で書き加えた言葉である。

このセリフが映画全体のグレードを上げたことはいうまでもない。

じつはこのセリフ、五社監督の言葉であった。当初、松恵役をオファーした大竹《おおたけ》しのぶに断られクランクインが延々と延びる中、京都・花見小路のスナック「ポシェット」で毎夜、うさばらしに飲んでいた。

五社は酔うと「俺をなめたらいかんぜ」と怒鳴り、灰皿をカウンターに叩きつける癖があった。クランクインの頃、店のカウンターはボコボコになっていた。「男は悔《くや》しがって生き、女は寂しがって生きている」が五社の口癖だったが、「俺をなめたらいかんぜ」にはこの頃の五社の「悔しくて寂しくてたまらない」思いが鬱積《うっせき》していた言葉だった――とは、このスナックで一緒に飲んでいた脚本家・高田宏治《たかだこうじ》の証言である。五社が自分自身のさまざまな人生の思いを込めたこのセリフが、作品に生かされた。

夏目はこの作品で一九八二年度ブルーリボン賞主演女優賞、第六回日本アカデミー賞優秀主演女優賞、報知映画賞主演女優賞に輝いた。

岩下志麻も恐れた東映の現場

▼五社監督は、東映から、「松恵の役は大物女優にして箔《はく》をつけないと文芸作品にならない」と注文をつけられたので、大竹しのぶに交渉した。当時の大竹は演技派女優として注目されていた。しかし大竹は東映のスタッフの厳しさが評判になっていたので、東映京都撮影所をかたくなに嫌がり、延々と交渉が長引いた。

また五社の評判は、芸能界ではあまりよくなかった。「あの監督にかかったら、何をされるかわからない。間違いなく脱がされるだけ」と、特に女優の間では敬遠されていた。クランクインを半年延ばして、さらに大竹の交渉を粘り強く続けたが、やはり大竹は辞退してきた。このとき五社は連日酒を飲み「上等だ！　大竹しのぶがなんぼのもんじゃい！」と息巻いていた。

▼スタートから頓挫《とんざ》しかけていたとき、この作品のプロデューサーである、俳優座映画放送社長・佐《さ》藤正之《とうまさゆき》より呼び出され、事務所で夏目雅子を紹介された。夏目は初対面のときから物怖《ものお》じすることなく、人懐《なつ》っこい笑みで「松恵の役を自分ができたらラッキー」と屈託なく話した。「ザ・商社」を観ていた五社は夏目の度胸と凛《りん》とした美貌《びぼう》に魅せられ抜擢が決まった。

東映では映画のヒロインを張るにはまだ力量不足の夏目を心配し、映画はヒットしないんじゃないかと渋ったが、五社監督の押しとセットが完成していたこともあり、どうにかクランクインとなった。

▼この作品で岩下志麻は政五郎の妻・歌を演じた。大竹しのぶが怖がっていた東映は、岩下にも初めてだった。「松竹にいた頃、東映は凄く怖いところだと言われていたので緊張しました。夏目さんも初めての東映できっと緊張なさっていたと思います。しかし、東映って、いったん認めてくれると温かい。仕事ぶりを見て、プロに徹してやっているというのが見えると、態度が全然違ってくるんです。全部のパートがプロでしょ。進行部さん、演技事務に関してまでも本当にパーフェクトですよ。見る目が厳しい分、認めてもらうと、ものすごく和気あいあいになって、居心地がよくて、私は最終的には、とても大好きな撮影所になりました」と語る。

監督を大事にした松竹、俳優を大事にした東映の違いもある。のちに岩下が東映で「極道の妻《おんな》たち」シリーズを撮っていた頃、岩下が朝、京都撮影所に入ると、俳優会館前にスタッフがズラリと並び、「姐《あね》さん、おはようございます」と頭を下げて挨拶される。もうそのときから本番ムードで、テンションが上がったという。

「雅子はすごいよ。淑女、賢女、遊女から毒婦まで演じられる」

一九八一(昭和五六)年、盛夏の京都ロケで撮影は開始された。映画の冒頭で松恵に扮する夏目が京都の橋本遊郭に妹の花子の住む家を訪ねるシーンである。三〇度を超す猛暑の中、着物姿で白いパラソルを手に歩く。大きくふくらませた黒髪と、わずかに抜いた衣裳からのぞくうなじの白さ、唇にさした紅、コントラストが色っぽい。まさに印象に残るシーンで、階段を昇り降りするカットで撮影は終わった。

そのロケの帰り、夏目は相談があるといって五社の車に乗り込んできた。

「あの……監督、本当に申し訳ございません。私、みんなに嘘をついて撮影に入ったんです。どうしてもこの役をやりたかったからずっと隠していたんですけど、クランクインしたから、もう大丈夫、白状します」

「白状って、なんのことだい？」言いよどんでいる夏目に五社が促すように言った。

「じつは、私、バセドー病にかかっているんです。このまま放っておくと、目が飛び出して出目金になってしまう。手術をして一ヵ月後に戻ってきますから、その間、ほかのシーンを撮っていてください。お願いします」

夏目の突然の告白に、五社は驚きながらも承諾した。夏目の鬼気せまる物言いに圧倒された。

バセドー病とは、二〇～三〇代女性に多い病気で、血液中の甲状腺《こうじょうせん》ホルモンが過剰となり、甲状腺の腫《は》れ、瀕脈《ひんみゃく》、眼球突出が主病状。体重が減ったり、自律神経系の異常興奮、手指のふるえなども現れる。夏目は手術を受けこれを克服した。


それから五ヵ月後、年が明けた一月、ホテルでの東映新年会で夏目は五社と数人のスタッフを個室に呼んで、喉《のど》にできた手術の傷跡を見せた。一文字に赤く腫れた傷痕は、しばらくたっても消えることはなかった。それから夏目の撮影が再開された。

五社監督は女優に関しては好みが激しく、くせのある演技をする女優や、ベテランでありながら清純派と呼ばれる女優が嫌いだった。夏目雅子にはなぜか撮影当初から思い入れが強かった。夏目も現場を離れると五社のことを「お父さん」と呼び慕《した》っていた。

「鬼龍院花子の生涯」はスタッフ、キャストが息のあった撮影現場で終了した。その後、夏目との作品はなかったが、仲代達矢、岩下志麻主演の「北の蛍」（84、東映、監督・五社英雄）で夏目にナレーションを頼んだのが、五社との最後の仕事となった。

後年、娘の五社巴《ごしゃともえ》が出版した『さよならだけが人生さ：五社英雄という生き方』（講談社）の中で、五社監督が「鬼龍院花子の生涯」の撮影中、京都から興奮して電話をかけてきたことを記している。

「雅子があそこまでうまく啖呵を切るとは俺も思っていなかった。スタッフ全員が息を呑んで雅子の演技を見守ったね。俺が『カット』と言うと、スタッフの間からフーッという安堵の声が漏れたほど。雅子はすごいよ。淑女、賢女、遊女から毒婦まで演じることができる。あの子は間違いなく大女優になるよ」

五社は興奮気味にまくしたてた。巴はこの電話をいまでも忘れられないという。

とりたてて期待を寄せていなかった新人女優の豹変《ひょうへん》に、度肝《どぎも》を抜かれたのは現場のスタッフだけでなく、東映の宣伝、営業まで感染し、映画は大ヒットになった。

鬼龍院から三年後の一九八五（昭和六〇）年九月、五社監督に夏目雅子の訃報《ふほう》が届いた。「薄化粧」（松竹）の撮影地、四国の別子《べっし》銅山だった。主演の緒形拳《おがたけん》はじめ何度も顔を合わせたスタッフばかりだったので、誰からともなく彼女のためにお通夜をやろうと言い出し、夜、二〇人ほどのスタッフが車座になり酒を飲んだ。大の男たちが流れる涙を拭おうともせず、彼女の想い出を語り、明け方まで飲んで酔いつぶれた。

夏目が亡くなった一ヵ月後、五社は夏目の実家を訪ねた。仏前に手を合わせ、帰ろうとすると、夏目の母が一枚の写真を差し出した。

「この写真は雅子の遺言で、ぜひ監督に渡してほしいと頼まれたものです」

それは夏目が亡くなる一ヵ月ほど前に、病室で親戚に撮らせたポートレートだった。黒をバックに、朱赤の長襦袢《ながじゅばん》を身にまとい、夏目が素足のまま爪先立ちで立っている。両手を目のあたりにかかげ、顎《あご》を軽く持ち上げた手が、中の白い紙吹雪にフーッと息を吹きかけたところでシャッターが切られていた。その細かく切られた紙風吹は、カルテの一片だった。

それを見た五社に「お母さん、テンシの字はどう書くかわかりますか。天の使いなんです。雅子はほんとに、天の使いだった。天使という字は雅子のためにあります」と言われ、母は胸を熱くした。

五社英雄は優れた監督である。私はフジテレビ時代の活躍は詳しくは知らない。しかし夏八木勲主《なつやぎいさお》演で製作した「牙狼之介」（66、東映）の演出を観て驚いた。物語のスピード感、多彩なカメラワーク、編集に粗削りのところがあったが、「お尋ね者七人」（主演・鶴田浩二《つるたこうじ》）の添え物作品（七三分）にもかかわらず一級の娯楽作品に仕上がっていた。好評だったので翌年も「牙狼之介 地獄切り」（67）として二作が作られた。私はこの作品で五社の力量に触れた。

五社はテレビ界から映画界に入った最初の監督である。当時、映画関係者はテレビを「電気紙芝居」として見下していた。だから五社監督が最初に松竹で「三匹の侍」（64）を撮ったとき、嫌がらせが多かった。スタジオに入ると照明の機材が頭の上から落ちてきた話、五社が脱いだ靴が撮影所の噴水にプカプカ浮いていたなど、いかにスタッフから拒否されていたかがうかがえる逸話がある。

負けん気の五社はこのとき、自分を鼓舞《こぶ》するため、家を出る前には必ず、畠山《はたけやま》みどりが歌っていた「出世街道」（62）の歌を最後まで聴いてから出ていったという。「やるぞみておれ　口にはださず腹におさめた　一途な夢を　曲げてなるかよ　くじけちゃならぬ　どうせこの世は　一ぽんどっこ」、五社はこれを呪文《じゅもん》のようにくり返し歌いながら撮影に臨んだ。

その後、五社は「陽暉楼」（83）、「櫂」（85）、「極道の妻たち」（86）、「吉原炎上」（87）、「226」（89）などの秀作を撮っていたが、食道がんを悪化させ一九九二（平成四）年八月三〇日、京都桂病院で六三年の短い生涯を閉じた。

「スターになる子はオーラがある。キャメラの前に立つと輝く」

夏目の映画出演作はわずか一二本である。デビュー作は本宮《もとみや》ひろ志《し》とチューリップ組の漫画を原作にした「俺の空」（77、東宝）だった。

マスコミ、劇場用のプレスシートにも役者表記が載らない、美しい娘というチョイ役だった。松本《まつもと》正志《まさし》監督は、カネボウのCMを見て、「ああ、いいな！」と思って採用したとか。役は自動車の運送屋で主人公のお金をパクる娘である。

演出した松本は「彼女はとても度胸がよくてハキハキしていましたね。このときから、女優として伸びてゆくだろうなあと思っていたので――」と語っている。

▼続く二作目は正月映画「トラック野郎 男一匹桃次郎」（77、東映）で、菅原文太《すがわらぶんた》が惚《ほ》れるマドンナ役で出演した。トラック野郎は、当時は「男はつらいよ」（松竹）と二分する人気作品で、マドンナ役は有名女優や歌手がなるのが常だった。

「トラック野郎」は、涙、笑い、活劇、哀愁がギッシリと詰まった「娯楽映画の祭典」のような作品である。ある日、鈴木《すずき》則文《のりぶみ》監督が脚本家の掛札《かけふだ》昌裕《まさひろ》に「次のトラックのマドンナは絶対にこの女優だ、彼女こそ銀幕の名花だ」と一枚のブロマイドを見せられた。

「誰です、この美少女？」と問いかけると、「君、夏目雅子を知らんのか。勉強不足だぞ」と写真を大事そうに鞄にしまいこんだ。

監督が指名した夏目は、まったくの新人で会社は心配した。監督は会社に「頼む。彼女なしではこの作品は完成しない」と、強引な押しで会社を説き伏せた。昔から鈴木監督は新人を見つけ出す眼力があったのも、会社が認めた要因だった。

夏目の役は女子大生で剣道三段の腕前、あるとき桃次郎（菅原）がフグの毒にあたって一晩、土の中に埋めておくと毒が消えるという、この地方の言い伝えで無理やり埋められ、そこを通りかかった小早川雅子（夏目）が気づかず頭を踏みつけてしまうというユニークな出会いから、物語が展開していく。

この作品は一九七七（昭和五二）年度の興行収入ベストテン四位に入る大ヒットとなり、映画ファンの間でも夏目の人気が全国区になり、テレビ局のオファーが増えた記念すべき作品となった。そのため、テレビ出演が多くなり、夏目の映画出演は三年間なかった。

▼三作目は一九八〇（昭和五五）年の「二百三高地」（80、東映、監督・舛田《ますだ》利雄《としお》）。この作品は東映が一本立て興行として力を入れた大作で、脚本は「仁義なき戦い」などを書いた笠原《かさはら》和夫《かずお》と力が入っていた。

内容は、日露《にちろ》戦争の旅順《りょじゅん》包囲戦における二〇三高地の日露両軍の攻防戦を描いたもので、第三軍の司令官・乃木《のぎ》希典《まれすけ》（仲代達矢）を中心とした戦闘の推移が描かれる。

その一方で、第三軍に予備役で徴兵された庶民などの民間人を通じ、全線で戦う一兵卒の惨状《さんじょう》、戦況に一喜一憂する庶民の姿、戦争の悲惨さも描写されている。

夏目は明治時代の袴《はかま》姿の女学生に扮した。松尾佐知（夏目）は反戦運動をして暴力を受けたとき小学校教師・小賀武志（あおい輝彦《てるひこ》）に助けられ、これが縁で交際し結婚する。

小賀はやがて召集されるが、少尉（小隊長）でありながら、ロシア国民との友好を願う平和主義者だった。しかし、苛《か》酷《こく》な戦場での経験で、理想と現実のギャップから、ロシア人を激しく敵視する性格へと変貌《へんぼう》し戦死する。

その後教師になった佐知は、教室で小賀の遺影を前に、黒板に「美しいロシア」と書こうとして躊《ちゅう》躇《ちょ》し涙ぐむ。このシーンは戦争一辺倒のモラルが横行した時代に毅《き》然《ぜん》としていたリベラルなヒロイン像が透かし彫りされていて、夏目の演技が光った。

舛田利雄監督は「スターになる子というのはやはりオーラがあるんだよね。キャメラの前に立つと輝く。実に聡明な子でね」と語り、共演したあおい輝彦は「ふだん、冗談ばかり言っているのに、本番になるとパッと変わってみせる。役に対する執念《しゅうねん》というか、演技への『本気度』に本当に感動しましたね」「彼女が亡くなった話を不意に告げられて、僕は男のくせに人目もはばからず泣いてしまいました。もう涙が止まらなかったんです」と回想する。

「二百三高地」は一九八〇年度の興行収入ベストテン三位に入る超ヒットを飛ばし、夏目は第四回日本アカデミー賞優秀助演賞を受賞した。

一〇円ハゲができたほどしごかれた「魚影の群れ」

夏目晩年の作品「魚影の群れ」（83、松竹富士、監督・相米慎二《そうまいしんじ》）は、吉村昭《よしむらあきら》の短編小説集『海の鼠』（73、新潮社）の映画化である（その後、映画公開に合わせ『魚影の群れ』〔新潮社〕として改題し出版された）。

作品は青森県下北半島の大間《おおま》漁港を舞台に、厳しい北の海で小型船を操り、孤独で苛酷なマグロ一本釣りに生命を懸ける海の男たちと、寡黙《かもく》の中にも情熱的な女たちの世界を描く意欲作である。

大間港でマグロ漁に従事する漁師・房次郎（緒形拳）は、二〇年前に妻アヤ（十朱幸代《とあけゆきよ》）に逃げられ、娘トキ子（夏目雅子）を男手ひとつで育て上げた。トキ子は恋人の俊一（佐藤浩市《さとうこういち》）に漁師になって

「魚影の群れ」（83、松竹富士）夏目雅子

ほしいと懇願《こんがん》する。俊一はトキ子の願いを叶《かな》え、喫茶店をたたんで房次郎に教えを乞《こ》う。当初、頑として拒《こば》んでいた房次郎も、俊一を船に乗せて沖へ出るようになる。

ようやくマグロの群れに出会ったとき、房次郎は、釣糸が頭に巻きついて重傷の俊一に目もくれず、死闘のすえにマグロを仕留める。俊一は数ヵ月後に退院して、父を憎むトキ子と共に町を去る。一年後、漁の途中で北海道の伊布港に上陸した房次郎は、そこで偶然、二〇年ぶりに元妻アヤと再会するが――。

この作品は秀作である。田《た》中陽造《なかようぞう》の脚本が素晴らしい。ワンシーン・ワンカットの長回しの粘りが、親子、夫婦、男女の愛憎の表現にまで徹している。主役の緒形拳はじめ俳優陣も好演し、重厚な作品になった。

夏目も好演した。漁師の娘から結婚して、夫を亡くすまでの半生を見事に演じた。演技力を監督に徹底的に絞られ、ストレスがたまり、円形脱毛症になり頭に一〇円玉くらいのハゲができた。

「こんな仕事、受けなければよかったと思うほどつらかった」

「ロケ先で、現場なんてすぐそこだけど、朝起きてそこまで行くのがイヤで、イヤで、こんなに監督にいたぶられ、いじめられてやった仕事ないですね」

「監督は役柄の『打ち合わせ』とかしない人ですから。〝お前さんのすきなようにやって下さい〟って言って、演《や》ってみて駄目だと、はい次の、はい次の――で三〇回以上演らされるんです。同じことを二回演っちゃいけない、いびりがすごいの。だから毎日、監督と戦争しているようなものですね」

「こんな精神的に疲れたのは初めてです。もう監督の顔を一年間ぐらいみたくない（笑）。でも完成試写会で会わなくちゃいけないから、いやだなあ（笑）」

と、「キネマ旬報」のインタビューに答えるほど、現場はシンドかった。

撮影期間が長かったし、内容的にも濃厚な作品であった。映画は一九八三（昭和五八）年一〇月公開するも、観客の入りが悪かった。秀作だったがこの時期、松竹は「男はつらいよ」以外、観客を呼べる作品がなく低迷していたときでもある。

この作品で夏目は一九八三年、第七回日本アカデミー賞優秀主演女優賞、報知映画賞女優賞に輝いた。緒形拳も数々の映画賞で主演男優賞を受賞した。

「魚影の群れ」を撮った相米慎二監督は、薬師《やくし》丸《まる》ひろ子主演「翔んだカップル」（80）、「セーラー服と機関銃」（81）などを撮り、「魚影の群れ」は四作目の作品であった。ワンカットを長回しする演出で知られ、その後「台風クラブ」（85）などを撮っていたが二〇〇一（平成一三）年九月、肺がんのため五三歳の若さで逝去。業界では若手監督として最も期待されていたので惜しまれた。

「瀬戸内少年野球団」（84、東宝）、製作発表

「瀬戸内少年野球団」でも天真爛漫エピソード

夏目雅子の映画における遺作となったのが一九八四（昭和五九）年の「瀬戸内少年野球団」（84、監督・篠田《しのだ》正浩《まさひろ》）である。作詞家・阿久悠《あくゆう》が淡路《あわじ》島での少年時代を綴《つづ》った自伝的長編小説の映画化で、脚本は「儀式」（71）、「夜叉ヶ池」（79）の田村孟《たむらつとむ》、撮影は溝口健二《みぞぐちけんじ》、黒澤明《くろさわあきら》監督の作品などを撮っていた名カメラマン宮川一夫《みやがわかずお》が担当した。

物語は、敗戦直後の淡路島を舞台に、初めてする野球に夢中になっていく少年たちと戦争の影を引きずる大人たちの姿をノスタルジックに描く。

一九四五（昭和二〇）年九月。淡路島の国民学校。敗戦によって、この学校でも軍国教育から民主主義教育に変わり、子供たちにも少なからず戸惑いが生じる。五年男組の担任・駒子先生（夏目）は新婚直後に夫・正夫（郷《ごう》ひろみ）が戦死、嫁ぎ先の家にとどまるべきか悩んでいたが——。

作品は敗戦で価値観が変わっていく中で、野球を通して子供たちに民主主義を学ばせようとする女教師と、スポーツに目覚めていく子供たちとの絆《きずな》を描き、戦争とは？　を問いかける。作品は一九八四年六月二三日公開されヒットした。夏目は第八回日本アカデミー賞優秀主演女優賞に輝いた。

▼この撮影中、夏目は「魚影の群れ」と掛け持ちで大変だった。「魚影の群れ」で共演中の佐藤浩市

が、篠田監督と組んだことがないので、「『相米組と篠田組、どっちがいい？』と聞いた。そしたら彼女は間髪《かんはつ》を入れず『瀬戸内！』と答えた（笑）。『こっちはやだ。疲れるんだもん。あのハゲ』って相米監督をハゲ呼ばわりしていたことをよく覚えています（笑）」と語っている。

▼付き人の銭神信子は淡路島の撮影中、台風でロケが中止になって、二人でお風呂に入った。「階下にある男風呂から、出演者の子供たちの声が聞こえてきたんです。すると、雅子さんが窓から下を覗いて、『おーい！　一緒に入ろ！』って呼んだんですよ（笑）。そうしたらなんと、主役の男の子ふたりが〝有志〟として、腰にタオルをまいてすっごく恥ずかしそうに入ってきたんです。雅子さんは弟の敏くんがいたので、全然平気なんですね。

『前、隠すな』『背中洗え』とか言って、四人並んで背中を流しっこしましたよ。もう私は恥ずかしかったんですけど、そのおかげで男の子たちは緊張がほぐれ、のびのびと撮影に臨むことができたんですよ」

▼夏目の死後、カメラマンの宮川一夫（77歳）が自宅へお線香を上げに行った。夏目の母に撮影中のことを話した。篠田監督との意見の相違で空気が険悪になり、気まずい沈黙が漂ったとき「先生（宮川）、肩凝《こ》ってるねぇ、ヨイショ、ヨイショ」と、夏目はその場の緊張をほぐすように、宮川の肩を揉んでくれた話をした。「お前は本当にやさしかったなぁ」と言って、仏前で号泣《ごうきゅう》した。

第二章　大女優への道半ばで倒れる

夏目雅子の生涯はあまりにも短い。それだけに残した記憶は鮮明だ。デビューしたカネボウ化粧品のキャンペーンがセミヌードでセンセーショナルだったこともある。しかし、私生活は厳しい躾《しつけ》の中で育った。芸能界入りを反対されながら、俳優稼業に勤《いそ》しんだ夏目は、それでも家族を終生大事にした。

内気で寂しがり屋の幼少時代

夏目雅子は一九五七（昭和三二）年一二月一七日、父・小達《おだて》宗一郎、母・スエの三人兄娘の長女として東京都港区六本木に生まれた。本名・西山雅子（旧姓・小達）。実家は輸入雑貨商を営み、裕福な家庭環境で育った。

幼少の頃、商売が忙しいので、母親は雅子を祖母のふくに育ててもらっていた。三歳のとき、雅子が化粧水を飲み込む事件があり救急車を呼んだ。それからしばらくして、今度は醤油をコップ一杯飲み干してしまう。病気になれば、商売の忙しい母も看病で自分と一緒にいてくれるので起こした行動だった。雅子は母が忙しく店にばかりいるので寂しかった。

　小学校から短大まで東京女学館で学ぶ。小学校時代は極端な内気で近所でもいじめられ、通信簿も「積極性に欠け、友達もいない」と書かれていた。中学三年のとき、一家一二人は横浜市山手町に引っ越した。外人墓地にほど近い小高い丘にある大きな洋館である。

　一九七六（昭和五一）年、短大在学中に初めてCMに出演したことがきっかけで、日本テレビ系「愛が見えますか――」のオーディションに応募して合格。本名の小達雅子名で女優デビューを果たす。一九七七年から八年間、山口銀行の広告として起用された。同年カネボウ化粧品の「Oh！クッキーフェイス」キャンペーンガールに選ばれて、芸名を夏目雅子とする。同CMのディレクターを務めたのは、のちに作家となり、雅子と結婚することになる伊集院静《いじゅういんしずか》である。

　カネボウのキャンペーンガールになった夏目を、当時、鐘紡 化粧品広報宣伝室長・余頃康之は「当社がハーフモデルを使ってきたイメージ戦略を一新して、日本人でいこうと決めた際の最初のキャンペーンガールが夏目雅子でした。

　新人であることを条件に、オーディションをした結果、あの明るく誰からも好かれるキャラクターがとても新鮮に映ったんです。礼儀正しさから、育ちのよさも自然に現れていましたね。あっけらかんとしていましたが、芯の強い人でもありました。

　CM撮影の現場で思い出すのは『おはよう！』の元気の声とスタジオに入ってくる姿はもちろんですが、その後に照明の若いスタッフにまで、『○○君よろしくね』と必ず名前を言っていたことです。カメラマンの名前は覚えても、駆け出しのスタッフのことまで気が回らないのが普通なのに」と話す。

セミヌードを含む水着姿のモデルに家族中から「お前は小達家末代までの恥だ」と猛烈《もうれつ》に叱《しか》られたが、ポスターが貼られるたびに盗まれる現象が話題を呼んで注目の存在になった。

その後、夏目が「11PM」(NTV)に出演したのをたまたま見た母が、帰宅して玄関を入った雅子の頬を、ものも言わずひっぱたいた。雅子に手をあげたのは、初めてのことだった。

「何ではたくの、ママ?」雅子は愕然《がくぜん》として言った。

「何で、じゃないでしょ。夜の番組に出るのもいやなのに、肩を露出した服を着て、それをずり下ろしているのを見て、ママは情けなかった。女として恥じらいがなさすぎます。何でそこまでサービス精神を出さないといけないの?」

「……気がつかなかった」

「気がつかないでやるのは潜在的に媚《こび》があるからよ。なお悪いじゃない。おまえは娼婦か!」

とまで言われた。そばで聞いていた父が「おまえ、娘に向かってひどいことを言うなあ」と溜め息をついた。

母は気持ちが落ち着いてから、「ママは今後いっさい、〈夏目雅子〉は認めません。だから家には〈小達雅子〉になって帰ってきなさい。その代わりに、家から一歩出たら、なにをしてもいい」と断言した。このとき夏目に心の底からホッとしたような表情が浮かんだという。家族から夏目雅子の芸能活動が許された瞬間である。

母・スエが芸能界を嫌がったのは、芸能人に対するイメージだった。「新幹線のホームなどで見かける芸能人は、荷物を持たせた付き人を従え、ひとり偉そうにスッスッと歩いていく。それを周囲の人びとが好奇と羨望《せんぼう》の眼差《まなざ》しでみつめている。母・スエはそんな光景を見るのがとても嫌だった。雅子にはそういう人になってほしくなかった、という。

反対されながらも本格派女優への道を歩む

芸能活動禁止であった短大は中退し、本名から芸名を夏目雅子に改名し、女優業に邁進《まいしん》する。一九七七（昭和五二）年、松本正志監督「俺の空」（東宝）での映画初出演を経て、鈴木則文監督のヒットシリーズ第六作「トラック野郎 男一匹桃次郎」（77、東映）のマドンナ役に抜擢されたのは前述のとおりである。この頃より、テレビ番組の出演が増えていった。

一九七九（昭和五四）年、本格派女優を育てる其田事務所に所属、一九八〇年、和田勉が演出した「ザ・商社」（ＮＨＫ）でパトロンを踏み台にして、のし上がっていくピアニストを演じ、久世光彦《くぜてるひこ》の「虹子の冒険」（テレビ朝日）では弟の借金返済のために働くクラブのホステスを演じて役に幅を広げた。この二作品が夏目の演技開眼とも言われる作品となった。

同年、三年ぶりの映画となった舛田利雄監督「二百三高地」（80、東映）でも主人公の恋人の女教師を好演する。また「機関車ナポレオンの退職」（80）で初舞台を踏み、森繁久彌《もりしげひさや》と共演。

一九八一（昭和五六）年「魔性の夏 四谷怪談より」（81、松竹）、「野々村病院物語」（ＴＢＳ）などを経て、一九八二（昭和五七）年「鬼龍院花子の生涯」（82、東映）で映画初主演。一枚看板となり土佐高知の俠客・鬼龍院政五郎とその娘・花子の半生を、養女の立場からみる語り部となる松恵役を演じた。ヌードのスタンドイン（代役）が準備されていた濡れ場を、周囲の反対を押して自ら演じるなど強い熱意で作品に臨み、壮絶な演技が話題になって映画はヒットした。

二七歳、急性白血病で逝去

同年の一九八二年は舛田利雄監督「大日本帝国」(82、東映)にも出演し、学徒出陣した主人公の恋人と、戦地で出会うフィリピン女性との二役を演じる。

しかしその頃、夏目に一大スキャンダルが持ち上がる。伊集院静をめぐる、桃井《ももい》かおりとの三角関係が発覚し、マスコミが大々的に取り上げた。この騒動は年が明けても収まらず、夏目は常に、芸能マスコミに追われるようになった。しかし何を質問されても、絶対に伊集院を責めるようなことは口にしなかった。

翌一九八三(昭和五八)年はスキャンダルに巻き込まれながらも、女優としての発展期でもあった。「時代屋の女房」(83、松竹)、「小説 吉田学校」(83、東宝)、国民的ヒット作「南極物語」(83、フジテレビ)、「魚影の群れ」(83、松竹富士)と四本の映画に出演。同年、NHK大河ドラマ「徳川家康」では淀君役に挑戦した。

一九八四(昭和五九)年、ブレークのきっかけを作った伊集院静と七年の交際を実らせて結婚。同年の「瀬戸内少年野球団」(84)では、戦後を迎えた生徒たちに野球を教える女教師・駒子役を凛として演じ、いよいよ将来の大女優との期待が高まっていった。

一九八五(昭和六〇)年二月、PARCO西武劇場「愚かな女」の公演中に体調不良を訴えて緊急入院。急性骨髄《こつずい》性白血病と診断されたが、本人には病名が伏せられた。

しかし、二月二七日、あるスポーツ紙が「急性白血病で危篤《きとく》」と報じたので、報道合戦が過熱し、病床の夏目を撮影しようと、白衣を着て病院に潜入しようとするカメラマンまで現れた。

「絶対に治る。治してみせる」

家族は懸命だった。夫・伊集院も、仕事をいっさい断って看病にあたった。順調に回復に向かっていたものの肺炎を併発して、同年九月一一日に逝去。二七歳の若さだった。

葬儀は九月一二日、飯田橋の日蓮宗浄風会の本部で執りおこなわれた。六〇〇人以上の参列者を前に、夫・伊集院は涙を抑えて、こう挨拶した。

「ありがとう、という言葉で次の世界へ送ってあげたいと思います」

間断の音なき空に星花火

伊集院に抱えられながら八月二日、病室の窓から花火大会を見たときに夏目が詠《よ》んだ句である。映画の仕事はナレーションを担当した「北の蛍」（84、東映、監督・五社英雄）が遺作となった。

第三章　愛する人のそばにいたかった

夏目は伊集院静と七年間の不倫交際。あわせて桃井かおりとの三角関係がマスコミを騒がせスキャンダルに。有名人の三人はマスコミの格好の餌食《えじき》にされた。しかし、夏目は紆余《うよ》曲折を乗り越え伊集院と結婚するも、その生活もわずか六ヵ月という短いものだった。

赤い糸で結ばれた運命の出会い

伊集院と夏目の出会いは一九七七（昭和五二）年、カネボウ化粧品の「Oh!クッキーフェイス」キャンペーンガールのCM撮影で知り合ったのが最初。伊集院はCMのディレクターとして参加していた。

このとき、夏目の両親は海外に娘を一人で出すのが心配で、カネボウに自費で同行を申し出たが「そうしたことは、いままで例がありません。しっかりお預かりします」と説得された。

心配した母は、雅子を羽田まで送りにいった。二人がガラス越しに泣きながら別れをおしんでいると、「お母さん、大丈夫ですよ、安心してください」と、長髪でジーンズを穿《は》いた男性が声をかけた。

それが伊集院だった。

「雅子はオシッコを我慢すると熱が出る子ですから、藪《やぶ》でもどこでも、オシッコをさせてください」と、母はすがるような気持ちで頼んだ。

撮影中、伊集院から「オシッコをちゃんとさせています」とハガキが届いた。撮影が終わって帰国してからは「撮影が延びて、雅子さんの学業に差し支えが出たことをお詫《わ》びします。雅子さんはよく頑張ってくれました」というハガキも届いた。母は濃《こま》やかな心づかいが嬉しかった。


七歳年上の伊集院とのつき合いがここから始まった。知り合った頃は、頼りがいのあるお兄さんのような気持ちを持って、甘えてなんでも相談した、役をもらってわからないと、どう解釈したらいいのか教えてもらった。優しくて物知りの伊集院に、夏目の意識はいつしか恋に変わっていった。

その後、夏目と伊集院の噂が飛んだ、心配した専属契約を結んでいたカネボウ化粧品から両親が呼ばれた。「彼は、目の前に一〇人の女性がいたら、一〇人が一〇人を飽きさせない人です。雅子さんが幸せになれるとは思いません」と言われて、ズラッと並んだ関係者から、反対され交際を辞めさせるよう説得された。

反対されるとますます燃えるのが恋である。それを聞いた夏目は、恋が本当の愛に変わっていった。伊集院も夏目の自宅へ訪れ、両親に挨拶なども交わした。

その後も、夏目は伊集院が滞在していた神奈川県逗子《ずし》の「なぎさホテル」通いが続いた。「なぎさホテル」は大正末期に作られたモダンな洋館で、石原慎太郎《いしはらしんたろう》の「太陽の季節」などに登場し、湘南《しょうなん》では若者に人気があった。伊集院はこのとき正式離婚し、ここを仕事場にしていた。夏目は時間があれば、好きなものを差し入れ、ゴルフなども一緒にして楽しんでいた。

伊集院の短編小説「乳房」は夏目雅子が下敷きになって書かれている。主人公が子供を何人か堕《お》ろしたことになっているが、実際の夏目は伊集院の子供を一度だけ堕ろしている。

夏目が伊集院に子供ができたことを告げると「僕には子供がいるから、子供はいらない」と返事がかえってきた。夏目は悩んだ。産んで子供を伊集院の気持ちを引き留めるための道具にすることだけはできなかった。

夏目は「産まないほうを選んだ」。母と一緒に病院へ行き堕胎《だたい》した。どんなことがあっても涙を見せない夏目が、ワアワアと泣きに泣いた。しかし大泣きしても「産みたい」という言葉は出なかったという。伊集院に殉《じゅん》じたのだ。

発覚した三角関係スキャンダル

ところが一九八二年、夏目と伊集院、桃井かおりとの三角関係がマスコミで大々的に取り上げられた。

「桃井かおり　夏目から伊集院を奪う!」「伊集院が夏目より桃井かおりを選んだ」などという趣旨の報道だった。伊集院はこれを否定。夏目雅子は恋人というより妹ですと、突っぱねた。

このとき夏目は兄に「私は伊集院さんが好きだ、と言い切りたいの。そうでなく、私が裏切られたと言うと、男の人の方へ非難が集中するでしょう、だから、私が好きで追いかけていると言い切ろうと思うんだけど、どうかしら」と意見を求めた。兄は「ほんとうだね。雅子がそう言い切れたら、えらいいよ。がんばりな」と励ました。

それ以来、夏目はマスコミ取材には「私の方に魅力がなかったんだと思います」とテレビカメラの前でも冷静に答え通した。

夏目と伊集院の週刊誌記事

しかし、家に戻ると「ほんとにイーさんはひどい人だ」と罵詈《ばり》雑言《ぞうごん》を吐《は》いた。母も娘の気持ちが軽くなるように、思いつく限りの悪口を言ったという。

でも諦めきれない夏目は、ヒルトンホテルに桃井と一緒にいる伊集院に電話をかけた。

「桃井さんがそこにいるでしょ。出して」

夏目がそう言ったが、伊集院は「ここにはいない。仕事中に電話して邪魔しないでくれ」と冷たかった。

桃井かおりは、愛している伊集院から、横にいる自分を目の前にして「いない」と否定されたので複雑な気持ちになった。ところがこの電話事件、週刊誌で報道され、またまた騒ぎに。その後、桃井かおりは伊集院と外国へウェディングドレスを作りに行ったというニュースも流れた。

それ以来、母・スエは、伊集院を断ち切れない顔をしている雅子に「私の前なら電話してもいいけど、それ以外はいけない」と、電話をするのも、受けるのも禁じた。やがて三ヵ月騒動の中で、さすがの夏目も一度は別れを決意した。

決心してから、いっさい電話口に出ないようにしようと、親子は手をヒモでつなぎ家の中を歩いた。ヒモをほどいたのは唯一《ゆいいつ》、トイレに行くときだけだった。携帯電話もまだないときだった。

母があきらめさせようと伊集院を辛辣《しんらつ》な口調で非難すると、夏目は、初めての海外ロケのため羽田まで見送ったときに伊集院が示した濃やかな心づかいを持ちだし、

「ママやパパが心配しているときに、手紙をくれて安心させてくれた人はほかにいた？」

「撮影のときだって、伊集院さんのコンテで汗をかいた私がシャツの上から水をかけることになっていたのを、私が汗をかくまで一緒に浜辺を走ってくれたのよ」

「撮影のときは、大きな布で幕を作ってオシッコをさせてくれたの」

彼には優しさがあると言い続けた。

それでも悪口を言うと「でも――」と彼をかばうのだった。

そうして一〇日ほどが過ぎ、夏目がようやく自分を納得させ、もう大丈夫かなと思った矢先、エアポケットのような一瞬の隙に伊集院から電話がかかってきた。

「やっぱり雅子がいちばんいい。京都にいるから来てくれ」という電話だった。

「どうしてもいくのね」

「行く」

「ママがダメと言っても行くんでしょう」

「行く」

母は「女は一生愛する人のそばにいるのがいちばん幸せかもしれない」と思い、京都行きを許した。

夏目はとるものもとりあえず、京都へ新幹線で飛んでいった。それから二日ほどで戻ってきた夏目は、幸せそうな顔をして母に婚約したいと申し出た。

伊集院静への想いを篠田正浩監督に相談

こうした渦中《かちゅう》、夏目は「瀬戸内少年野球団」の撮影の時期でもあった。後年、篠田正治監督が「キネマ旬報」の取材で、夏目から打ち明けられた思い出を語っている。

「撮影が終わり淡路島で打ち上げをした晩、夏目さんが僕の部屋を訪ねてきた。

『監督に報告があります』というので、『どうしたの』と聞くと、

『私、この仕事が終わったら、結婚します』

と、文芸誌の『小説新潮』を僕に差し出して頁《ページ》を開きました。

『この小説、読んでくれませんか』

と言うので、みたら趙忠來という在日韓国人作家が書いた「三年坂」という小説が載っているんですよ。

『なに？　これを気に入って君は映画にでもしようと思っているの？』と聞いたら、

『そうじゃないんです。私、この趙忠來と結婚します。彼が作家として才能があるかどうか、映画監督として読んで判断してもらえませんか？』と言うんですよ。

『これから結婚する相手に才能がないから諦めなさい、という役割を僕に期待しているの？』と返しました。

『そうじゃありません。彼は伊達歩《だてあゆみ》という名前も持っています。〈ギンギラギンにさりげなく〉って知りませんか？』と聞くんですよ。

『近藤《こんどう》マッチ（真彦《まさひこ》）が歌っているその曲を作詞しているんです。それから監督、カネボウの〝Oh！クッキーフェイス〟のCMを見たことがありますか？』

『あなた、ギリギリのビキニ、着てたね（笑）』

『母に、うんと叱られました。あのCMを撮ったのもこの趙忠來なんです。日本名は伊集院静と名乗っています』

『君を養うことができるの？』

『大丈夫です。私より彼のほうが稼いでいるかもしれません』『松田聖子《まつだせいこ》って知っていますか？』

『名前は聞いたことがあるよ』

『彼女のステージの演出も、彼がやっています』

『女にモテてしょうがないんだなあ、彼は』

『そうです』

そういう話をしたんですが（笑）、たしかに恋人の噂はかすかに聞いていたんですよ」

「夏目君が亡くなって数日しまして、伊集院君から手紙をもらいました。『雅子が白血病で倒れて入院中、面会謝絶して、大変失礼いたしました。病中のご報告をしたいので、時間をつくっていただけないでしょうか』と、筆の立派な書体で書いてある手紙でした。そして僕は、伊集院君に会いに行きました。

『雨が降っていると、雅子は機嫌がよかったです。ざまあみろ、今日はロケーションに行っても誰も撮影できないだろう、って。しかし、天気になるとさめざめ泣いて、絶対に私はもういちど病院の外の世界へ戻って、映画を作るんだ――そう、言っていました』と、報告を受けました」――――。

大願成就の結婚生活もわずか半年

やっと騒動も収まって結婚することになった。婚約式は伊集院（西山）の実家が山口県防府《ほうふ》だったので、仲人の往復の負担を減らすため、当時、伊集院が定宿にしていた港区芝公園の東京プリンスホテルでおこなった。仲人は鎌倉で二人がお世話になっていた小花寿司の主人夫妻だった。

マスコミにも発表しなければならない。一九八四（昭和五九）年七月三日、プライベートなことなので、世田谷区の夏目の自宅で発表した。ところが取材班があまりにも多くなり二度に分けての会見となった。このとき夏目の姿は、家でいつも着ているタンクトップの上に白いデニムのジーンズ姿だった。

夏目は大勢の報道陣を前に「あたしみたいににぎやかな人が家にいるといいんじゃないかなと、あたしの方から何度か言いました」と押しかけ婚を強調した。夏目二七歳のときである。

二人は、結婚披露宴もおこなわず鎌倉の写真館で、夏目は白いスーツを着て、伊集院はピシッとしたスーツを着て記念写真を撮ってすませた。しかし、この結婚生活はわずか半年で、急性骨髄性白血病のため翌年の一九八五年九月一一日、夏目は他界する。

ここで伊集院静のことを簡単に触れておこう。

伊集院は一九五〇（昭和二五）年二月九日、山口県防府市で在日韓国人二世として生まれた。出生当時の氏名は趙忠來。日本に帰化してから西山忠来《にしやまただき》に変えた。

県立防府高等学校を経て立教大学日本文学科卒業。広告代理店電通を経てCMディレクターになる。電通時代に最初の結婚。二児をもうけるが一九八〇年離婚。これ以降、松任谷由実《まつとうやゆみ》、松田聖子、薬師丸ひろ子などのコンサートの演出を務める。

一九八一（昭和五六）年、作家デビュー。伊達歩の名で作詞家としても活躍。一九八四年八月、夏目雅子と七年間の交際の後、再婚。夏目と結婚したときはまだ無名の作家で、夏目逝去の三年後から出版物も多くなり、直木賞、吉川英治文学賞、司馬遼太郎賞などを受賞した。一九九二（平成四）年、女優・篠《しの》ひろ子と結婚。いまでは作品も多く、売れっ子作家として活躍している。

映画界の惜しまれた名花

夏目雅子の芸名は、芸能界嫌いの母親が「芸能界では小達《おだて》のオの字も使わせない」と突っぱねたので、東京女学館で茶道をやっていて、好きだったお茶の棗《なつめ》から取り夏目とした。名前だけは母から許してもらい雅子を名乗った。

芸能界に理解のない母親だったにもかかわらず、夏目は結婚するまで、ずっと実家で暮らした。母が一人暮らしを勧めても、けっしてしようとしなかった。

母親とは生涯、どこに行くのも一緒で仲がよかった。一九八〇年四月、父・宗一郎が四七歳の若さで逝去して二年後、家族は横浜から世田谷・下馬《しもうま》に引っ越した。婚約発表はこの自宅でおこなった。

結婚は夢の続きやひな祭り

右の句は結婚してからの句である。夏目は俳句が好きでよく詠んでいる。俳号は海童。

夏目雅子は思い入れの深い女優さんである。私は「俺の空」「魔性の夏　四谷怪談より」以外の映画は全部観ている。夏目の出演作品は回を追うごとに演技力がつき、輝き、オーラがあった。

将来を嘱望され、次の作品も楽しみにしていただけに、二七年間の生涯はあまりにも短い。まさに「美人薄命」とは夏目のためにあるような言葉である。

私が札幌へ転勤していたとき「鬼龍院花子の生涯」のキャンペーンで一緒した。これが夏目と会った最初で最後であった。一泊二日の予定だったが、トイレが近かったのがなぜか印象に残っている。

会社に来ても応接間に行かず、横の事務用椅子に座りおしゃべり。電話が鳴ると「ハイ！　東映です」と出てくれたのにはビックリ。まったく飾らない稀有な女優さんであった。

夏目は晩年まで映画、テレビと、どちらにも偏らず活躍した。ＮＨＫの演出家・和田勉、五社英雄監督、篠田正浩監督が、次回作も夏目と仕事をしたいと言っていたが、テレビからは大作が消え、映画界はアニメ作品が主流になっていく時代でもあった。

映画界不振の中、二七歳の人生を、めいっぱい駆け抜けた銀幕スター・夏目雅子。その輝きはいまも失せることはない。

▼夏目雅子・主な出演作

「俺の空」（77）でデビュー、「トラック野郎・男一匹桃次郎」（77）、「二百三高地」（80）、「魔性の夏　四谷怪談より」（81年）、「鬼龍院花子の生涯」（82）、「大日本帝国」（82）、「時代屋の女房」（83）、「小説　吉田学校」（83）、「南極物語」（83）、「魚影の群れ」（83）、「瀬戸内少年野球団」（84）。

あとがき——スターが生まれない時代

ノンフィクションは真実を突き止めることで公益性を持ち、世の中の役に付することが多い。それが人権意識の高まりから、書かれる人のプライバシーばかりに目が向けられ、深掘りした真実の事項も控えめにするか、ボツにするしかない。そうしたことで今回も少し悔いが残る稿がある。

本書で登場願った俳優で、会ったことがない方が三人いる。描きにくかったが、側近だった方に取材してまとめた。資料は本人の著書や関係者の方々の著作を参考にさせていただいた。映画雑誌は作品紹介や批評が中心のものが多く、たまぁ〜にある人物伝も美辞麗句《びじれいく》の氾濫《はんらん》である。

本書で取り上げられなかった俳優も多い。阪東妻三郎、長谷川一夫、市川雷蔵、萬屋錦之介、石原裕次郎、仲代達矢、菅原文太、田中絹代、原節子、高峰秀子、京マチ子、岸惠子、若尾文子、浅丘ルリ子、岩下志麻、富司純子などである。これらの俳優は一時代を築いた大スターである。

スターとは星のように光り輝く存在の意味で、映画界では銀幕スターともいい、本来の才能あるいは演技力に関わりなく、ただスクリーンに登場するだけで、大衆の人気を得られる俳優のことである。スターは興行力があり、しばしば作品そのものを凌《しの》ぐ価値を生む。

名優とも違う。名優はさまざまな役をこなす。作家や演出の作り出す人物になり変わることのできる俳優で、高邁《こうまい》な人物も卑劣《ひれつ》な人物も演じる。具体的にいえば、三國連太郎は名優である。スターの脇を固める人が多い。

いっぽう、高倉健はスターである。彼は決して卑劣な人物は演じない。高倉の場合は逆にプロデューサーが彼のパーソナリティに合うような作品を企画する。だから黄金期のスターは容姿《ようし》端麗《たんれい》、慕われるパーソナリティであれば大根役者でも務まった。しかし、最近はスターも演技を勉強し名優を兼ねるようになった。後年の高峰秀子や高倉健などはスターであり名優である。

戦後の日本映画黄金期は一九四六（昭和二一）年から一九六〇（昭和三五）年の一四年間で、水商売的要素はあったが会社は儲かった。そのため都市の中心街に自社の直営館をどんどん建てていった。

この時期、映画各社はプロ野球球団まで持っていた。松竹は「大洋松竹ロビンス」（現・横浜DeNAベイスターズ）、東宝は親会社との二社で「阪急ブレーブス」（現・オリックス・バファローズ）、大映は毎日新聞と二社で「毎日大映オリオンズ」（略称・大毎。現・千葉ロッテマリーンズ）を、東映は「東映フライヤーズ」（現・北海道日本ハムファイターズ）などである。

景気がよかった時代といえばそれまでだが、映画会社はそうした形でも国民生活に寄り添った会社でもあった。その会社の頂点にいたのがスター俳優だったから、羨望《せんぼう》の的《まと》だった。

戦後、映画人口のピークは一九五八（昭和三三）年で観客動員数が一一億二七四五万人。劇場数七六七館を誇った。日本の総人口が九一七六万七〇〇〇人だから、赤ちゃんからお年寄りまで入れたすべての国民が一年間に一二回、一ヵ月に一～二回以上、映画館に通っていたことになる。それが二〇二一年には、映画人口が一億一四八一万九〇〇〇人、スクリーン数が三六四八。一一分の一以下まで落ち込んだ。

　地方の映画館は閉館し、大スクリーンもいまはなく、シネコンスタイルで小画面化。さらに映画はネットフリックス、アマゾン・プライムビデオなどの動画配信で見られるようになった。

　時代の変わりようは速い。社会がグローバル化され、生活における文化、芸術などが多様化し、映画が生活の一部から消えた。あわせてテレビ・ネット時代になり俳優はタレント化、映画では食べていけないのでCM出演したり、お笑い番組に出たりで、まったく神秘性がなくなった。

　そのため映画からスターが生まれなくなった。ハリウッドのように世界市場を相手にしているのとは違う。トム・クルーズ、ブラッド・ピットなどは、昔から変わらない羨望の映画スターそのものである。アメリカでは俳優がCMに出演すると「売れなくなった」とみなされ価値が下がり、その俳優はジ・エンドとされる。だからアメリカの俳優が日本のCMに出演するとき、宣伝エリアを日本限定と条件をつける。

　暗い話ばかりの日本映画界だが、明るい光も見えている、若い監督の台頭である。早川千絵《はやかわちえ》、岩切一空《いわきりいそら》、大友啓史《おおともけいし》、深田晃司《ふかだこうじ》、HIKARIなどの監督作品は「社会を見据え、人物をしっかり描くことで映画を生きいきと活性化させている」。人間の才能は涸《か》れることがない。映画界も意識改革し、こうした若手の映画人を育ててほしい。

　いま問題なのは、有能な人材が映画界から離れていくことである。監督になれる力があっても、テレビドラマの仕事をしないと暮らしが立たない。映画製作したくとも資金調達ができない。また、いい作品なのに観客が入らない現実もあり、次の製作につながらない悪循環に陥っている。

あわせて脚本、撮影、美術、照明、録音、大道具、小道具、結髪、衣裳などのプロ技術の継承が途絶えている。「映画は社会を映す鏡」である。日本映画の現状は、社会に横たわる構造的問題そのものので、改革が必要である。国がもう少し「映画は文化」として理解していれば、日本映画界はここまで沈むことはなかった。

本書はそうした映画界の現況を踏まえ、昭和に活躍したスターの足跡と素顔を捉えてみた。限られたスペースで意図するところが十分書けたとは言いがたいが、時代を代表した俳優の個性や人間性がわかっていただければ幸いである。なお、本書では人物の敬称を省略させていただいた。

最後に、取材にご協力いただいた多くの方々、助言いただいた田崎明氏、今井貴子氏に感謝申し上げたい。

主要参考文献

『サムライ：評伝 三船敏郎』松田美智子、文春文庫
『三船敏郎の映画史』小林淳著、三船プロダクション監修、アルファベータブックス
『三船敏郎：さいごのサムライ』毎日ムック
『複眼の映像：私と黒澤明』橋本忍、文藝春秋
『未完。』仲代達矢、KADOKAWA
『ひばり自伝：わたしと影』美空ひばり、草思社
『美空ひばり不死鳥伝説：長篇実録ノベル』大下英治、廣済堂文庫
『美空ひばり：〝歌う女王〟のすべて』文藝春秋編、文春文庫
『鞍馬天狗のおじさんは』竹中労、筑摩書房
『波瀾万丈の映画人生：岡田茂自伝』岡田茂、角川書店
『のど元過ぎれば有馬稲子』有馬稲子、日本経済新聞出版社
『有馬稲子：わが愛と残酷の映画史』有馬稲子＋樋口尚文、筑摩書房
『バラと痛恨の日々：有馬稲子自伝』有馬稲子、中央公論社
『「にんじんくらぶ」三大女優の軌跡：久我美子 有馬稲子 岸惠子』藤井秀男編、エコール・セザム
『俺 勝新太郎』勝新太郎、廣済堂文庫
『泥水のみのみ浮き沈み：勝新太郎対談集』勝新太郎著、文藝春秋編、文春文庫
『勝新秘録：わが師、わがオヤジ勝新太郎』アンディ松本、イースト・プレス

『別冊・太陽 勝新太郎』平凡社
『もう一度 天気待ち：監督・黒澤明とともに』野上照代、草思社
『あなたに褒められたくて』高倉健、林泉舎／集英社
『高倉健 1956-2014』文藝春秋編
『高倉健：七つの顔を隠し続けた男』森功、講談社
『高倉健、その愛。』小田貴月、文藝春秋
『俳優・高倉健：その足跡と美学』谷口春樹、青谷舎
『渥美清 わがフーテン人生』渥美清、毎日新聞出版
『渥美清：浅草・話芸・寅さん』堀切直人、晶文社
『最後の付き人が見た渥美清最後の日々：「寅さん」一四年間の真実』篠原靖治、祥伝社黄金文庫
『女は天使である：浅草フランス座の素敵な人たち』佐山淳、スパイク
『歌った、踊った、喋った、泣いた、笑われた。：浅草で、渥美清、由利徹、三波伸介、伊東四朗、東八郎、萩本欽一、ビートたけし…が』松倉久幸、ゴマブックス
『倍賞千恵子の現場』倍賞千恵子、PHP新書
『お兄ちゃん』倍賞千恵子、廣済堂出版
『「男はつらいよ」寅さん読本：監督、出演者とたどる全足跡』寅さん倶楽部編、PHP文庫
『夢一途』吉永小百合、主婦と生活社
『吉永小百合 私の生き方』NHK「プロフェッショナル 仕事の流儀」制作班 築山卓観、講談社
『夢の続き』吉永小百合、世界文化社
『私が愛した映画たち』吉永小百合著、立花珠樹取材・構成、集英社新書

『映画女優　吉永小百合』大下英治、朝日新聞出版
『越境者　松田優作』松田美智子、新潮社
『松田優作クロニクル』キネマ旬報社
『女優　夏目雅子：没後30年いつまでも語り継がれるその魅力』キネマ旬報社
『夏目雅子：27年のいのちを訪ねて』夏目雅子伝刊行会編、まどか出版
『永遠の夏目雅子：生誕60周年秘蔵写真公開！』「永遠の夏目雅子」制作委員会、宝島社
『ふたりの「雅子」：母だから語れる夏目雅子の27年』小達スエ、講談社＋α文庫
『なぎさホテル』伊集院静、小学館文庫
『さよならだけが人生さ：五社英雄という生き方』五社巴、講談社
『松竹九十年史』松竹株式会社
『東宝七十年　映画・演劇・テレビ・ビデオ作品リスト』東宝株式会社
『クロニクル東映：1947-1991』東映株式会社
『日本の映画』瓜生忠夫、岩波新書
『映画40年全記録』キネマ旬報社
『日本映画俳優全集・男優編』キネマ旬報社
『日本映画俳優全集・女優編』キネマ旬報社
『わが体験的日本娯楽映画史』田山力哉、現代教養文庫
『現代の映画』岩崎昶、朝日新聞社
『小説東映　映画三国志』大下英治、徳間書店
『巨匠たちの伝説：映画記者現場日記』石坂昌三、三一書房

『天気待ち：監督・黒澤明とともに』野上照代、文藝春秋
『昭和の劇：映画脚本家　笠原和夫』笠原和夫＋荒井晴彦＋絓秀実、太田出版
『芸能人別帳』竹中労、ちくま文庫
『スターの肖像：銀幕スターの素顔』文藝春秋
『映画が人生を教えてくれた』文藝春秋
『オールタイム・ベスト映画遺産　日本映画男優・女優１００』キネマ旬報社

著者略歴

一九四一年、北海道に生まれる。東洋大学社会学部卒業。東映AG、角川春樹事務所、㈱時代村、公益社団法人理事などを経て、現在会社役員。

著作には『北の映画物語』、『活字の映画館』（ダーツ出版）、『日本映画一〇〇年史』『昭和の映画ベスト10』『映画は変わった』（以上、ごま書房新社）、『美空ひばり 最後の真実』（さくら舎）などがある。美空ひばりの足跡を全て網羅した『美空ひばり公式完全データブック』（角川書店）の編纂にも携わる。

栄光《えいこう》の昭和《しょうわ》映画《えいが》スター
——知《し》られざる虚像《きょぞう》と実像《じつぞう》

二〇二三年三月一三日　第一刷発行

著者　西川昭幸《にしかわのりゆき》
発行者　古屋信吾
発行所　株式会社さくら舎　http://www.sakurasha.com
東京都千代田区富士見一-二-一一　〒一〇二-〇〇七一
電話　営業　〇三-五二一一-六五三三　FAX　〇三-五二一一-六四八一
編集　〇三-五二一一-六四八〇
振替　〇〇一九〇-八-四〇二〇六〇

装丁　石間　淳
カバー写真　共同通信社
印刷・製本　中央精版印刷株式会社

©2023 Nishikawa Noriyuki Printed in Japan
ISBN978-4-86581-380-7

本書の全部または一部の複写・複製・転訳載および磁気または光記録媒体への入力等を禁じます。これらの許諾については小社までご照会ください。
落丁本・乱丁本は購入書店名を明記のうえ、小社にお送りください。送料は小社負担にてお取り替えいたします。なお、この本の内容についてのお問い合わせは編集部あてにお願いいたします。
定価はカバーに表示してあります。

さくら舎の好評既刊

西川昭幸

美空ひばり　最後の真実

戦後の焼け跡に彗星のごとく現れ、不屈の魂で
夢をつかんだ天才歌姫！　成功の裏にある知ら
れざる闇を照らし、戦後昭和の感動を描く！

1800円（＋税）

定価は変更することがあります。